산탄데르 은행

Building a Global Bank

산탄데르 은행

Building a Global Bank

W미디어

금융을 완전한 국제적 활동으로 보는 사람들이 많지만 사실 상업 금융은 그 특성상 국제적으로 거래가 이루어지지 않는다. 그 이유는 국가 간에 수많은 정치 · 경제적, 그리고 문화적 장애물과 규제 조치가 형성되어 있기 때문이다. 그런 장애물을 극복한 몇 안 되는 은행 중의 하나가 산탄데르 은행(Banco Santander)이고, 그 점이 이 책을 쓰게 된 가장 큰 이유다. 게다가 산탄데르 은행은 통상적으로 금융업의 강국으로 분류되는 나라가 아닌 스페인에서 놀랄 만큼 짧은 시간에 그런 엄청난 일을 해냈기 때문이다.

세계 경제에서 산탄데르 은행은 구조적 불리함도 창의적인 방법으로 극복할 수 있다는 사례를 극명하게 보여준다. 빠른 성장세로 세계 10대 은행으로 발돋움한 산탄데르는 급속한 변화가 진행 중인 업계에서 결단력 있는 조치를 보여주고 있을 뿐 아니라 충분히 승산이 있다고 여겨지면 위기는 과감하게 감수함으로써 선도자와 그 뒤를 따르는 무리의 차이가 무엇인지를 확실하게 보여주고 있다.

이 책을 쓰면서 우리는 세계의 다른 부분을 보게 되었고, 금융 분야 뿐 아니라 정치와 경제에 대해 보다 개괄적인 발전상을 배울 수 있었다. 무엇보다 인터뷰에 응해준 은행가와 중역, 정책 입안자, 규제 기관 관계자와 학자들에게 감사한다. 그리고 우리가 추론이나 사실에 근거해 나아감에 있어 정확하지 못한 오류에 빠지지 않도록 도와준 IESE 경영대학원의 호세 마누엘 캄파(José Manuel Campa), 마드리드 카를로스 3세 대학의 훌리오 가르시아 코보스(Julio García Cobos), 오비에도 대학의 엑시스(PQ Axis)와 에스테반 가르시아 카날(Esteban García Canal)에게 감사한다. 여러 가지 개선할 점과 미진한 부분을 지적해준 편집자 팀 설리반(Tim Sullivan)과 이름을 밝히지 않은 프린스턴 대학 출판부의 비평가 두 명에게도 사의를 표한다.

또한 펜실베이니아 대학 와튼 경영대학원 학생인 크와미 아브라(Kwame Abrah), 카를로스 콜로머(Carlos Colomer), 에랑기 디아스(Erangi Dias), 아룬 헨디(Arun Hendi), 전미선(Misun Jun), 새미어 키탄(Sameer Khetan)의 도움이 없었다면 이 책의 연구와 분석을 하지 못했을 것이다. 라틴아메리카에서의 인터뷰 스케줄을 조정할 때는 아이린 콜로미나스(Irene Corominas)와 테미 나칸다카레(Tammy Nakandakare)가 도움을 줬다. 스페인에서는 에스테반 가르시아 카날이 풍부한 식견을 보여주었고, 비정상적인 주식 수익을 계산할 때도 도움을 줬다. 훌리오 가르시아 코보스와 그의 조수인 안톤 이에로(Antón Hierro)는 금융 산업 관계의 복잡성을 헤쳐 나가는데 방향을 잡도록 도움을 줬으며, 팔로마 마르티네즈 알모도바르(Paloma Martínez Almodóvar)는 주식 분석 보고서를 분석할 때 도움을 줬고, 푸리피카시온 플로레스(Purificación Flórez)는 스페인어 서적은 물론 잡지와 신문에서 정보를 수집할 때 조언을 해줬다. 또 여러 가지 참고 문헌과 역사 자료를 제공해준 학자들과 사서들에게도 감사한다. 펜실베이니아 대학 도서관과 마드리드의 에스파냐 은행(Banco de España)의 자료는 특히 많은 도움이 됐다.

혼자 힘으로 와튼 세계가족연합(Wharton Global Family Alliance)을 만든 와튼 경영대학원의 라파엘 아밋(Raphael Amit) 교수에게 특히 감사드린다. 와튼 세계가족연합의 연구 계획에서 지원한 풍성한 연구비 덕분에 이 책을 집필할 수 있었다. 아밋 교수의 격려와 그가 연구해온 주제인 가족 기업에 대한 자료는 우리가 분석한 자료에서 결론을 이끌어내는데 실로 엄청난 도움이 됐다.

그리고 우리 공동 저자의 아내인 산드라(Sandra)와 나오미(Naomi)에게 감사한다. 그들은 우리가 실망하거나 방향을 잃고 방황하고 있을 때마다 우리를 격려해줬다. 그리고 연구를 위해 상당히 긴 시간을 라틴아메리카와 유럽에 가 있으면서 가족에게 신경 쓰지 못하는 것도 너그럽게 용인해줬다. 이 책을 그들에게 바친다.

2007년 가을, 펜실베이니아주 필라델피아에서

차례

제1장

세계 경제 속의 **가족 주도 은행**

20년 전 나는 우리가 세계 9위 은행이 될 거라고는 꿈도 꾸지 않았습니다.
에밀리오 보틴 3세(Emilio Botín III), 〈유로머니(Euromoney)〉 2005년 7월 1일

산탄데르 은행 사례는 현대 금융에서 가장 놀라운 사건이다.
〈유로머니〉 2005년 7월 1일

　　산탄데르 은행은 세계 금융계의 대형 은행 중에서 기이한 존재다. 산
탄데르 은행은 20년 전까지만 해도 현재의 위풍당당한 위용은커녕 금
융업의 최첨단이라고 보기 어려운 스페인에서도 이류에 지나지 않았
다. 하지만 오늘날 산탄데르 은행은 세계 10대 은행에 들 뿐 아니라
2004년에는 영국의 애비 내셔널 은행(Abbey National Bank)을 150억 달
러에 인수하면서 국제 금융 인수 작업의 선구자가 됐다. 그리고 산탄데
르는 중간 규모의 스페인계 은행에서 라틴아메리카 최대 은행이자 시
장 자본을 거의 1,150억 달러 보유하고 있는 유럽 최대 은행, 북·동유

럽 지역 소비자 금융의 강자로 탈바꿈했다. 이 책은 그런 산탄데르의 눈부신 변화에 대해 이야기한다. 산탄데르는 또한 메트라이프(MetLife), 퍼스트 유니온(First Union), 스코틀랜드 왕립은행(RBS; Royal bank of Scotland), 소시에테 제네랄(Société Générale), 보다폰(Vodafone), 신세이 은행(Shinsei Bank, 新生銀行), 그리고 그 밖에도 수많은 회사의 지분 소유와 제휴 관계로 신문 머리기사를 장식하고 있다. 이렇게 다양한 기업과 은행의 지분을 사고팔아서 얻은 자본 이득만 70억 달러가 넘는다.

산탄데르는 한 집안이 최고 경영진으로 있으면서 휘하에 전문 경영진을 둔 체제로 운영되는 현대 기업의 한 형태에 속하지만 산탄데르만의 특별한 점이 있다. 산탄데르는 거대 은행으로는 유일하게 2.5퍼센트에 불과한 지분을 소유한 집안에서 3대가 연속해서 최고 경영자로 일을 해왔다. 1986년 회장에 취임한 에밀리오 보틴 3세(Emilio Botín III)는 국내 금융 분야의 규제 완화를 수용하면서 강력하고도 경쟁적인 행보를 시작했다. 먼저 라틴아메리카와 유럽, 미국으로 진출해 세계 153위에서 기세 좋게 10위권 내의 은행으로 단번에 진입했다. 향후 몇 년 뒤 보틴 회장이 퇴임하면 경험 많은 중역인 그의 딸 아나 파트리시아(Ana Patricia Botín)가 여성으로는 처음으로 세계에서 가장 크고 영향력 있는 금융기관 중 하나인 산탄데르를 이끌게 될 것이다.

산탄데르는 지리적으로도 유리한 위치에 입지해 있지 않았고, 세계 은행의 양대 산맥인 시티은행(Citibank)이나 HSBC처럼 다각적인 서비스를 제공하지도 않는다. 산탄데르는 주로 상업 금융(소매 금융)에 초점을 맞춰 운영 효율성, IT 기술, 마케팅을 주요 도구로 이용해 시장 점유율을 늘리거나 수익을 증대시키고 있다. 도매 금융과 프라이빗 뱅킹, 투자 금융과 같이 수익이 높은 종목은 산탄데르의 사업 부분에서 여전히 작은 부분을 차지하고 있을 뿐이다. 하지만 2006년 산탄데르는 76억 유로(103억 달러)의 수익을 올리며 세계 7위에 올랐다. 라틴아메리카의 경제 위기와 유럽에서의 인수 작업의 여파로 수년간 부진했던 시기도 있었지만 현재 산탄데르 은행의 230만 개인 주주들은 연간 30퍼센트가 넘는 배당수익을 즐기고 있는데, 이는 경쟁 은행의 배당수익을 상회하는 수치다.

많은 사람들이 150년 전 스페인 북부의 약간 외진 지방에서 시작된 가족 주도 은행이 지금 이렇게 세계적으로 주목받는 위치로 부상한 이유를 궁금해 하고 있다. 〈이코노미스트(Economist)〉지는 다음과 같은 질문을 던졌다(2006년 2월 16일). "스페인은 전통적으로 작은 규모의 사업을 기반으로 하는 중간 규모의 국가로 수입이 유럽 연합 평균 이하의 수준에다 언어 능력도 약한 편이고, 부존자원도 별로 없다. 그런 스페인의 기업들이 사냥을 당하는 처지가 아닌 사냥을 하게 되는 이유가 무엇인가?" 그 같은 물음에 대해 〈이코노미스트〉지는 스스로 다음과 같은 답을 내놓았다. "첫째, 많은 스페인 기업이 라틴아메리카를 훈련 무대로 삼아 확장을 하며 몸집을 불리고, 경영 기술을 익히고, 현금을 축적했다. 둘째, 스페인은 다른 유럽 국가보다 빨리, 그리고 거의 완전히 자국 시장을 개방했다. 스페인의 기업들은 이를 통해 살아남을 것인가 도태될 것인가를 배운 것이다."

이 책에 수록된 많은 증거 역시 위의 두 가지 답을 뒷받침해주고 있다. 수많은 스페인 기업이 세계 경제에서 성공을 거두는 비결은 무엇인가라는 포괄적인 질문 이외에 산탄데르 은행은 산탄데르에만 해당되는 흥미로운 질문을 제기하고 있다. '이미 성숙한 업계인 금융업에서 산탄데르가 세계적인 경쟁 은행을 능가할 수 있게 만든 힘은 무엇인가? 가족 주도 경영의 어떤 면이 인수를 통한 급격한 성장을 가능하게 했는가? 지분의 2.5퍼센트만을 소유한 보틴 가(家)에서 어떻게 기업 경영 구조와 전략적 결정에 영향력을 행사할 수 있는가? 경영 승계를 둘러싸고 제기되는 쟁점과 문제는 무엇인가?

이런 질문에 답하기 위해 이 책은—1980년대 중반 이후로 급격한 기술 혁명과 경쟁 체제의 변화를 겪고 있는 금융업계의 정황 속에서—산탄데르 은행을 분석하고, 유럽과 미국에 포진해 있는 산탄데르의 경쟁 은행들에 대해서도 연구한다.

제1장에서는 경제 활동으로서의 금융업의 특징을 검토하고 세계적으로 특히 스페인에 가족 주도 은행이 얼마나 많은지 알아볼 것이다. 제2장과 제3장에서는 19세기 중반 소박하게 시작한 산탄데르 은행의 기원에 대해 다룬다. 산탄데르는 보틴 집안의 지휘로 1940년대 인수 작업을 통해 지방 은행에서 스페인 정부의 승인을 받은 전국 단위 은행으로 성장했으며, 1960년대와 1970년대에 과감하게 사업을 다각화했다. 이로 인해 경쟁 은행들만큼 성장한 것은 아니었지만 1970년대와 1980년대 산업 위기를 이겨내는데 도움이 됐다. 제4장에서는 스페인의 3대 은행—바네스토(Banesto), 센트랄(Central), 히스파노 아메리카노(Hispano Americano)—과 결합해 SCH(산탄데르 센트랄 히스파노[Santander Central Hispano])를 만든 복잡하고 흥미진진한 과정을 자세히 알아본다. 그리고 또 다른 경쟁 은행이 합병 이후 경영의 어려움에 부딪혀 좌초하고 있는 동안 그들보다 앞서 나갈 수 있게 만든 산탄데르만의 가족 주도적 특

성에 대해서도 짚고 넘어갈 것이다. 제5장과 제6장, 제7장에서는 라틴 아메리카에서는 인수 작업으로, 미국에서는 중부 대서양 지역 은행의 소수 지분을 매수해, 그리고 유럽에서는 다른 은행과의 제휴 혹은 인수로 산탄데르가 국제화되는 과정에 대해 알아본다. 이와 더불어 점점 더 복잡해지고 정밀화되는 금융업의 IT 기술과 마케팅 분야에 대해서도 알아볼 것이다. 제8장에서는 수년간 산탄데르에 영향력을 행사해온 가족 주도의 지도력에 대해 다루면서 의사 결정 방식, 경영 구조, 경영 승계 부분을 중점적으로 살펴볼 것이다. 마지막으로, 제9장에서는 산탄데르의 실적과 미래, 강점과 약점, 성장에 있어서의 선택권, 본질적으로 다른 유럽 · 라틴아메리카 · 미국 그리고 중국 시장에서 중추적 역할을 할 잠재성을 다룬다.

이 책에 제시된 정보의 출처는 50명 이상의 은행 경영자, 정책 입안자, 주식 분석가, 기자와의 인터뷰는 물론 법률 서류, 인터뷰 도중 제공된 내부 자료, 산탄데르와 다른 은행의 실적을 비교한 재정 관련 자료, 주식 분석가의 보고서와 신문 기사 등 아주 다양하다. 우리는 인터뷰에 응해준 분들이 원하지 않는 경우를 제외하고는 가능할 때마다 그들을 밝힘으로써 그들의 협조와 노력에 사의를 표했다. 따라서 이 책은 분석 통계를 사용해 양적 · 질적인 면에서 기술적, 그리고 분석적으로 여러 가지 다양한 종류의 정보를 제공한다. 어떤 일에 대한 결정이나 사건이 일어난 시제상의 순서가 산탄데르가 세계에서 가장 큰 은행 반열에 오르는 것에 중요한 역할을 했으므로 서술 방식은 연대기 순으로 했다. 또 주제별로 여러 장을 연대기 순으로 배열해 놓기도 했다. 그래서 산탄데르 은행의 기원(1857 – 1950년), 산업 그룹의 탄생(1950 – 1986년), 국내 인수와 합병을 통한 성장(1986 – 1999년), 라틴아메리카와 유럽으로의 확장(1982년 – 현재), 경영 구조(1980년 – 현재), 실적(1986년 – 현재)으로 주제를 분류할 수도 있겠다.

1 _ 세계의 은행가와 은행

역사적으로 볼 때 은행가는 화폐를 발행하고, 예금을 받고, 대출을 연장하고, 어음을 할인하고, 제조회사에 자본을 대고, 모든 종류의 거래를 중계하고, 시장을 만들고, 자산을 관리하는 등 다양한 형태의 금융 활동을 해왔다.[1] 역사가, 성직자, 경제학자, 왕자, 세도가들은 시장 경제 체제에서 은행가와 은행을 때로는 영웅으로, 때로는 악당으로 묘사해왔다. 호황일 때는 눈에 띄게 부상하고, 불황일 때는 눈 밖에 났기 때문에 은행가는 언제나 주목을 끌어왔다.

사람들의 상상 속에서 은행가는 언제나 강력한 존재로 그려졌다. 토머스 제퍼슨(Thomas Jefferson)은 "우리가 누리는 자유에 군대보다 더 위험스러운 것이 금융업"이라고 생각했고, 제퍼슨만큼 금융업에 대해 비판적이었던 마크 트웨인(Mark Twain)은 "햇볕이 쨍쨍 내리쬘 때 당신에게 우산을 빌려줬다 비가 오면 걷어가 버리는 위인이 은행가"라고 말했다. 19세기 세계 각국의 정부가 통화제도에 권한을 행사하기 전, 은행의 역할을 잘 인식하고 있던 로스차일드(Mayer Anselm Rothschild)는 "나한테 한 나라의 화폐를 발행하고 통화를 통제할 힘을 달라. 그러면 누가 법을 만들든 전혀 신경 쓰지 않을 것이다"라고 말하곤 했다. 그리고 세상의 산업주의자들은 은행의 힘을 두려워하면서 동시에 혐오하는 성향을 키워왔다. 헨리 포드(Henry Ford)의 선언은 이런 정서를 잘 포착하고 있다. 그는 "국민들이 금융과 통화 제도를 잘 이해하지 못하는 것이 잘된 일이다. 만약 그들이 그것을 이해한다면 내일 아침이 오기 전에 혁명이 일어날 것이라고 나는 확신한다"고 말했다.[2]

금융과 산업화, 그리고 국가

금융은 주목을 끄는 동시에 상징적인 활동인데 그 이유는 은행이 경제 발전에서 중요한 역할을 하기 때문이다. 제조업이 성장하려면 엄청난 양의 자금이 역동적으로 움직이는 경제 분야로 유입되고, 외국의 차관이 대출 신청을 한 국내 기업으로 공급돼야 한다. 거센크론(Alexander Gerschenkron)은 〈역사적 관점에서 본 경제적 퇴보(Economic Backwardness in Historical Perspective)〉에서 은행이 제조업 발전에 기여한 점에 초점을 맞추고 국가 – 은행, 그리고 은행 – 기업과의 관계를 강조하며 추상적인 개념으로 은행을 연구했다. 하지만 수십 년에 걸친 연구에도 불구하고 거센크론의 책에는 경제 발전을 가속화하기 위해 금융 분야와 금융 시장 전반이 시장 중심 원칙에 따라 구성되어야 할지, 아니면 국가 중심 원칙으로 구성되어야 할지에 대한 합의가 이루어지지 않았다(Cameron 1972; Cameron 등. 1967; Fry 1995; Haggard and Lee 1993; Loriaux 1991, 1997a, 1997b; Zysman 1983). 그리고 최근에는 1970년대 정부가 은행을 소유했을 때 경제 성장이 지체되었을 뿐 아니라 1인당 국민소득과 생산성이 저하되었다고 밝힌 연구도 몇 가지 나왔다(La Porta 등 2002). 20세기 초 미국 같은 몇몇 나라에서는 법으로 은행의 활동 범위와 영향력을 제한했고, 그 결과 은행이 상업 금융과 투자 금융의 두 가지를 다 할 수 있는 보편적 금융기관 역할을 하는 독일 같은 나라와는 달리 소매 은행의 활동이 두드러지게 나타나지 않았다(Deeg 1999; O' Sullivan 2000). 한편 1980년대 중반까지의 한국처럼(Fields 1995; Woo 1991) 은행이 국가의 강력한 통제 하에 운영되는 나라가 있었다. 그리고 인도 같은 나라는 아직도 국가가 금융 분야를 소유해 운영하고 있다.

과거에 학계는 경제 발전에 대해 서비스가 산업화를 단순히 '지탱'한다는 가정 하에서 산업의 성장을 결정하는 인자에 초점을 맞췄다(Amsden 1989; Guillen 2001; Haggard and Maxfield 1993). 하지만 은행은 금융 제도의 한 부분이다. 이론적으로 봤을 때 효율적인 금융 제도는 자본을 '최적'의 프로젝트, 또는 위기를 감수하더라도 최고의 수익을 낼 수 있는 프로젝트에 배치한다. 이렇게 하면서 은행은, 효용 가치가 있는 사업 계획을 가지고 있지만 자본이 부족한 기업을 찾아 자금을 대주며 주어진 자본 비용에 부가된 가치를 최대화한다(여기에서 약간 애석한 부분은 효용 가치가 없거나 불안한 사업에는 은행이 자금을 제공하려 하지 않는다는 점일 것이다. 그리고 은행을 포함해 금융 제도가 잘 정비되어 있을수록 불안한 사업은 융자를 받을 수 있는 확률이 적고, 효용 가치가 있는 사업은 융자를 거부당할 확률이 적다). 금융 제도가 효율적으로 돌아가면 비슷한 사업 전반에 들어가는 자본 비용이 같아진다. 페이션트 캐피털(patient capital – 공익성이 높은 사회적 기업에 대해 이자율을 낮게 적용하고 투자이익 회수에도 완화된 기준을 적용하는 자본; 역자 주) 같은 데서 자본을 빌려와 위험을 분산시켜 자본 비용을 줄이거나, 신용 계약과 위험 분산 작업을 이용해 위험과 유동성을 변화시켜 자본 비용을 줄인다. 금융 제도는 새로운 상품과 유통 경로, 서비스를 개발해 이 작업을 수행하는데, 그러면 낮아진 자본 비용이 잠재 생산량을 증가시킨다. 따라서 이 작업은 절대 사소한 것이 아니며 금융 개발에 중요한 역할을 한다는 점이 분명해진다(De Gregorio and Guidotti 1995; King and Levine 1993; Lewis 1978).

역동적인 금융계는 효율적이고 효과적인 자금 동원력을 확보하고 있으며, 투자자에게 배당금을 주는 것 외에도 여러 가지 다른 이익을 가져올 잠재성이 있다. 첫째, 단순 은행원 직에서부터 고도의 훈련을 받은 금융 분석가와 관리자까지 수많은 일자리를 창출해낼 수 있다. 둘째, 보험과 관광, 교육, 정보 서비스, 소프트웨어, 통신과 같은 분야로 연계되는 연결고리를 만들어낼 수 있다. 셋째, 은행이 국제 경쟁력이 생겨 해외로 확장하기 시작하면 국내 기업과 제조업체가 진출할 새로운 시장을 창출해낼 수 있다.

소매 금융업계의 경쟁 규칙

금융이 서비스 활동이라는 점에 초점을 맞추고 산탄데르 은행이 수년간 소매 금융에 경쟁력을 키우는데 집중했다는 점을 고려할 때 금융업계 경쟁에서의 기본 규칙을 다시 한 번 짚고 넘어갈 필요가 있겠다. 은행은 돈을 싸게 빌려서 비싸게 대출해주려고 한다. 그 결과 파생되는 이자로 얻은 이윤이 기본적인 은행 수입으로, 이를 보통 '자산에 근거한 수입(asset-based income)'이라고 부른다. 은행은 자금 이체나 중계와 같은 서비스를 제공하고 수수료를 부과해 수입을 올리기도 하는데, 이는 '요금에 근거한 수입(fee-based income)'이라고 부른다. 그래서 "소매 금융은 지루하고 재미없다. 그리고 지루하고 재미없지 않으면 그건 소매 금융이 아니다"라는 말이 나오는 것도 무리가 아니다. 마지막으로, 은행은 환 거래나 이자율 시장 또는 은행이 해외에서 비 금융계 기업에 투자하고 주식을 보유해 창출된 수입으로 자본을 모은다. 하지만 이런 추상적인 특징 때문에 비용 절감을 위한 절차를 개선하고, 간편하면서도 고객의 충성도를 보상해주거나 고객의 문제를 풀어주는 혁신적인 상품을 개발하려는 마케팅의 창의성을 게을리 하게 된다. 이런 모든 활동을 통해 돈이 만들어진다. 그 결과 성공을 거두는 대규모의 소매 은행이 세계 각국에서 엄청난 영향력을 행사하고 있다.

은행의 전략을 두 가지 상보적인 관점에서 생각하는 사람이 있을 수 있다. 이런 견해 중 하나가 포터(Porter)의 3가지 범용 전략이다(1980). 포터는 ① '종합적 비용 지도제'는 효율적인 운영 체제를 구축하는 것과 관련이 있으며, 규모의 경제의 이점을 취한다. 하지만 이와는 대조적으로 ② '제품 차별화'는 품질과 서비스에만 초점을 맞춘다. 그리고 마지막으로 ③ '틈새 전략'은 시장을 분할해 구매자 중 수익이 날 만한 그룹을 가려내는 것이다. 이 3가지 전략은 서로 배타적이지 않으며, 시장에 따라 특히 경쟁자가 하는 행동에 따라 우선순위를 달리하긴 하지만 은행은 보통 이 3가지 활동을 모두 한다.

또 다른 관점은 공간에 대한 것이다. 월터(Walter)는 고객(client)과 활동 무대(arena), 상품(product)의 머리글자를 따서 'CAP'라는 말을 만들어 3차원의 매트릭스 혹은 금융기관이 차지하는 공간을 묘사하고 있다 (1988). 이 매트릭스 내의 조직을 기술하려면 그 은행이 주로 상대하는 고객이 누구인지 확실하게 설명하고, 실제로 그 고객이 있는 공간과 은행이 고객에게 전달하는 상품이 무엇인지를 알아야 한다. 여기서 고객은 정부, 금융업종이 아닌 일반 기업체, 고수익을 올리는 개인, 그리고 소매 고객이 될 수 있다. 이때 은행의 전략은 3차원의 매트릭스 안에서 어디에 자리 잡을지를 고르는 것이다. 이 3차원 공간에 어떤 특정 상품 생산 공정의 다양한 부분이 발생하는 곳을 포함해 여러 가지 활동을 연결하는 부가 가치의 연결 고리를 제4의 요소로 더하는 사람도 있을 것이다(Tschoegl 2000). 그러면 은행이 이 매트릭스 안의 어떤 조직을 차지하며 각자의 공간에서 어떤 방식으로 경쟁하는지에 대한 완전한 전략이 구성된다.

현재 세계적으로 금융 분야는 중요한 변화를 겪고 있다. 주요 흐름은 몇몇 은행의 국제무대 진출을 촉진시킨 금융 시장의 규제 완화와 관련이 있다. 이런 변화는 각기 다른 시간대에 일어났고, 나라별로 진행된 속도도 다르다. 이런 상이점 때문에 은행의 국제 진출의 독특한 양식—산탄데르 은행을 포함해서—이 생겨났다. 또 다른 중요한 경향은 탈중계화 혹은 소매상(월마트나 까르푸)과 같은 비 은행계 기업, 산업 기업에서 분사한 금융사(GE 캐피털, 혼다 파이낸셜, 포드 파이낸셜 서비스 등), 호텔 체인(힐튼) 또는 인터넷 기반 금융 중계 기관(페이팔[PayPal])과 경쟁을 하게 되기 시작했다는 점이다. 그리고 기술의 변화 역시 비영업 부서(back-office) 운영, 고객 접촉, 데이터 교환, 자금 이체, 그리고 해외에서 비영업 부서 운영과 고객 서비스를 실시하는 강화된 잠재력에도 상당히 깊은 영향을 미쳤다. 마지막으로 세계 곳곳의 금융과 기술 문화도 변했다.

이런 변화가 쉽게 눈에 띄는 영역은 유통 경로다. 요즘 미국의 경우 금융 거래의 약 40퍼센트는 지점에서, 30퍼센트는 자동인출기(ATM)로,

20퍼센트 정도가 인터넷에서, 그리고 10퍼센트가 전화로 이루어진다. 거래당 비용이 전통적인 은행 지점에서 할 때보다 100분의 1 정도 밖에 되지 않는 인터넷 거래가 점점 중요한 비중을 차지하는 쪽으로 가는 추세이지만, 새로운 상품을 판매할 때는 웹보다는 지점 혹은 전화로 하는 것이 훨씬 쉽다는 조사 결과가 나왔다. 이는 고객이 금융 거래시 중요한 결정을 내려야 할 때는 사람과 접촉하는 것을 선호한다는 증거다 (Capgemini 2006). 자동인출기나 인터넷을 통한 자동 배달 서비스는 일반적인 거래를 할 때 적격이다. 하지만 처음 혹은 단 한번 거래할 때는 사람과 접촉해서 할 필요가 있는 것 같다.

금융 분야에서는 기술을 성공적으로 통합해 이용하는 것이 쉽지 않다. 그 이유는 수많은 응용 프로그램이 한 쪽에 있는 기존 참여자의 가치가 다른 쪽에 참여자가 한 명씩 추가될 때마다 증가하는 2면 네트워크의 발전을 수반하기 때문이다(Eisenmann 등 2006). 예를 들어, 자동인출기 연결망은 이 서비스를 제공하는 은행이 늘어나고 인출기를 두는 장소가 증가할수록 고객은 이를 중요시하게 될 것이다. 반대로 은행은 고객이 자동인출기를 사용하는 한 이 서비스를 실시하는데 매력을 느낄 것이다. 이와 유사하게 신용 카드를 받는 상인의 숫자가 많아질수록 신용 카드의 중요성이 더해지며, 상인 입장에서는 지불 수단으로 신용 카드를 사용하는 고객이 많을수록 이 서비스에 가입하려 할 것이다. 2면 네트워크의 역학은 승자가 모든 것을 차지하는 게임을 만들어내며, 충성도의 가치를 강화하고, 공급자가 네트워크의 한 쪽을 이용해 다른 한 쪽을 보조해 규모를 얻는 가격 구조를 만든다. 따라서 은행은 제휴를 하고 다른 수단을 사용해 기술적 플랫폼을 성공적으로 만들어내려 한다.

규제 완화와 탈 중계화, 그리고 기술 변화에도 불구하고 소매 금융은 고전적인 개념의 경쟁력을 기반으로 추진되는 사업이다(Porter 1980). 다른 업계 기업과 마찬가지로 소매 은행은 진입시 장애물을 설치하고, 경쟁사를 줄이고, 대체 상품의 위협을 피하고, 고객과 공급자의 교섭력을 줄이려 한다. 이에 대해 하나씩 분석해보기로 하자.

경쟁을 저지하기 위해 소매 은행이 사용하는 방법이 몇 가지 있다. 역사적으로 가장 중요한 방법은 광범위한 지점망을 수립하고 고객의 충성도를 증진시키는 일과 관련이 있었다. 폰뱅킹과 인터넷 뱅킹이 이 진입 장애물의 효율성을 부식시키고 있지만, 은행가는 폰뱅킹이나 인터넷 뱅킹으로 새로운 시장에 진입하거나 지점이 많은 기존 은행을 몰아내는 것은 어렵다고 생각한다. 그리고 사람들은 자신이 거래하는 은행을 신뢰할 뿐 아니라 새로운 은행으로 바꾸는 것을 꺼린다. 산탄데르의 예를 봐서도 알 수 있듯이 이런 이유에서 은행은 새로운 시장, 특히 해외 시장으로 진입할 때 인수를 통해 들어가는 방법을 선호한다. 금융에서는 어떤 일정한 최소 시작점 이상으로 몸집을 불리는 것은 이점이 거의 없어 보이지만(이에 대한 증거는 Tortella 2001; Walter 2004 참조) 세계를 상대로 한 수탁 업무와 자산 관리, 비영업 부서 운영, 정보 시스템과 같은 몇 가지 활동 영역을 제외하고 몇몇 나라에서는 규모의 경제로 진입하는데 장애가 된다. 진입시 또 다른 주요 장애물인 자본 소요액은 금융 시장이 세계화되면서 줄어들었다. 그리고 테크놀로지도 진입에 장애가 될 수 있는데, 그 이유는 테크놀로지를 구매하는 것은 쉽지만 그것을 기존의 운영 체제에 적용시켜 효율적으로 사용하는 것은 어렵기 때문이다. 전반적으로 세계 금융계의 규제 완화가 시장 진입의 장애를 줄이는 역할을 했다.

다른 업계 기업들처럼 소매 은행도 이윤 강화를 위한 방법으로 경쟁자를 줄이기 위해 노력한다. 소매 금융 시장에서 경쟁은 개발도상국보다는 선진국에서 심한 편이며, 이로 인해 산탄데르를 포함한 수많은 은행이 신흥 시장에서의 성장을 꾀하고 있다. 이미 고도로 발달된 시장에서 경쟁을 줄이는데 사용할 수 있는 최고의 선택 사항은 상품과 서비스 차별화를 하는 것으로, 대부분의 은행이 마케팅과 기술 혁신으로 이를 추구하고 있다. 고도로 특화된 상품을 내놓고 판매하기에 조건이 유리한 틈새시장을 찾는 것 역시 수익성을 강화하기 위해 은행이 취해온 방법이다. 고수익 고객의 필요에 맞춘 프라이빗 뱅킹이 아마도 이런 사례에 가장 적절하게 들어맞는 상품일 것이다.

소매 은행은 대체 상품 판매에서도 안전한 자리를 확보하고 있다. 예를 들어, 요즘은 소비자 금융이 전통적인 대출 상품의 주요 대체 상품으로 부상했다. 신용 카드도 세계 여러 곳의 시장에서 소비자 대출에 혁신적 변화를 가져왔다. 은행은 신속하게 이런 새로운 영역으로 자리를 옮겨 비 금융계 중계 기관과 빈번한 경쟁을 해왔다. 산탄데르의 사례가 시사하는 바와 같이 소매 은행은 대체 상품에서 비롯된 경쟁 위협에 대해 상당히 효과적으로 선제공격을 가해왔다.

마지막으로, 소매 은행은 고객과 공급자의 교섭력 모두를 약화시키는데 아주 효과적일 수 있다. 그 이유는 수백만 명의 고객을 다루는 소매 은행은 기본 은행 구좌와 같은 특정 상품의 경우 고객의 충성도를 얻어내기가 비교적 쉽고, 비용면에서도 효율적이기 때문이다. 문제가 되는 것은 고객에게 다른 상품을 판매할 때인데, 산탄데르와 같은 대형 은행은 자국 시장에서 이런 기술을 효과적으로 터득했다. 그리고 금융 시장이 세계화되고, 금융 상품도 점점 더 복잡해지고 세분화되다 보니—은행을 무시할 정도로 힘 있는 고객을 제외하고는—소비자 입장에서 은행 없이 자신의 요구를 충족시키기가 어려워지고 있다. 공급자 입장에서 볼 때 소매 은행은 점점 증가하는 세계 금융 시장의 중요성과 치열한 경쟁을 향한 정보기술(IT) 산업 진화의 축복을 받고 있다. 따라서 IT 응용 기술을 은행의 필요에 맞추고 직원들을 훈련시켜야 하지만, 그래도 은행은 가장 중요한 자원을 저렴한 비용으로 확보할 수 있어야 한다. 그래야 소매 은행은 소비자와 공급자 모두에게 어느 정도 일정한 교섭력을 행사할 수 있는 것이다.

결론적으로, 소매 은행은 두 가지 기본 경쟁 도구를 가지고 있는 셈이다. 첫째, 은행은 마케팅을 통해 자사 브랜드의 명성을 강화하고, 브랜드 자체를 소비자에게 인식시키고, 시장을 분할하고 상품을 교차 판매하며 고객의 충성도를 만들어낼 수 있다. 둘째, 은행은 테크놀로지를 이용해 마케팅을 지원하는 것은 물론 비용을 절감할 수 있다. 다른 장에서 보여주겠지만 산탄데르는 자국 시장에서 수년간 이런 마케팅과 기술적인 능력을 발전시키는데 주력해 이를 해외 시장에서 활용했다.

소매 금융의 세계적 잠재성

진입에 장애물을 세울 수 있는 덕분에 소매 금융은 비교적 수익을 내면서도 경쟁자를 줄이고, 대체 상품의 위협에 먼저 공세를 취하며 고객과 공급자의 교섭력을 줄이고 있다. 하지만 역사적으로 봤을 때 소매 은행은 자국 시장을 벗어나 밖으로 진출하는 데는 어려움을 겪었다. 시티

은행(Citibank), HSBC, BNP 파리바(BNP Paribas), 산탄데르(Santander), BBVA(Banco Bilbao Vizcaya Argentaria), ABN 암로(ABN AMRO), 스코틀랜드 왕립은행(RBS; Royal Bank of Scotland) 같은 다국적 소매 은행은 특성 면에서 세계로 확장해 나가지 않는 업계에서 생겨났다(Claessens 등 2001; Demirguc Kunt and Huizinga 1999; Dopico and Wilcox 2002; Gruber 1977; Jones 1993, Tschoegl 1987). 그 이유는 다양하며 시장과 비용 규제, 그리고 경쟁 요소와 관련이 있다(Yip 1989).

소매 금융 시장은 나라마다 상당히 다르기 때문에 외국 은행이 현지 은행과 경쟁하기가 아주 힘들다. 첫 번째 중요 요인으로 꼽을 수 있는 것은 고객의 선호도와 취향이다. 미국과 같은 시장에서 고객은 고정 모기지 금리를 선호하지만 유럽 대륙의 표준은 변동 모기지 금리다. 이런 선호도의 차이는 서비스가 전달되는 방법의 차이에서도 확연히 드러난다. 유럽 대부분의 지역과 라틴아메리카에서는 사람들이 얼굴을 대면하고 거래하는 것을 선호한다. 그 결과, 방대한 지점을 보유하고 있는 은행이 있는 나라들이 있다. 스페인이 그런 나라 중 하나로 인구 10만 명당 은행 지점이 96개다. 이와는 대조적으로 독일은 49개, 캐나다는 46개, 프랑스는 43개, 미국은 31개, 그리고 영국은 18개다. 은행 자체도 지역 시장의 특성에 맞는 마케팅 전략을 채택하고, 필요하면 시장마다 브랜드를 달리하기까지 해가며 이런 차이가 생기는데 일조했다.

소매 금융에서 국가 간 분할 현상이 일어나는 또 다른 중요 요인은 정부 규제와 관계가 있다. 국가 간 자본 흐름이 비교적 자유롭고 기술상의 표준도 하나로 모아졌지만 바젤 협약과 같은 조치 덕분에 자격, 최소 자본 소요액, 예금 계수(필요한 만큼의 준비금), 다른 금융 서비스로 다각화할 법적 용인성, 그리고 특정 상품에 대한 규제가 시장마다 판이하게 다르다. 앞서 밝힌 바와 같이 몇몇 나라에서는 증권을 취급하고, 보험 상품을 판매하고, 부동산 활동을 하거나 비 금융권 기업의 지분을 보유하는데 있어 규제가 은행의 활동을 제한한다. 예를 들어, 상품 규제에 대해 칠레는 복권과 관련된 예금 구좌 개설을 금지하지만 이웃 나라인 아르헨티나는 이를 허용한다(Guillen and Tschoegl 2002).

시장 집중도도 나라마다 판이하게 다르다. 집중도가 경쟁을 초래하기도 하고, 그와 동시에 경쟁에 영향을 미치기도 한다. 집중도가 상당히 높고 발달된 금융 시장은 비교적 작은 나라에 존재한다. 예를 들어 캐나다, 벨기에, 스웨덴, 네덜란드는 4위까지의 은행이 전체 예금과 대출금의 75퍼센트를 차지한다. 이탈리아, 스페인, 프랑스와 같이 중간 크기의 나라는 상위 4개 은행이 30퍼센트에서 60퍼센트를 차지해 집중도가 중간 정도이고, 독일이나 미국과 같이 경제 규모가 큰 나라는 25퍼센트를 약간 밑도는 수준이다. 이런 시장에서는 예금과 대출, 또는 다른 형태의 지역 금융기관이 오랜 세월에 걸쳐 증가했다. 신흥 경제국인 칠레, 멕시코, 브라질은 집중도가 아주 높은 반면 한국이나 아르헨티나는 집중도가 그리 높지 않다. 시장에 따른 집중도의 차이 때문에 어떤 은행이든지 동일하면서도 세계적인 전략을 추구하기가 힘들다.

마지막으로, 비용 측면에서 보면 소매 금융업은 시장과 규제, 그리고 경쟁 요소가 시사하는 것보다 활동은 더욱 세계적으로 이루어지지만 세분화는 덜 되어있다. 정보 통신 기술의 발달 덕분에 비영업 부서와 고객 서비스 부서(콜센터) 운영은 외주에 맡길 수 있게 됐다(UNCTAD 2004). 규모의 경제는 최소 문턱 이상을 넘어서면 아주 가파르지 않을 수 있지만 금융 시장의 세계화로 인해 도매 금융과 기업 금융은 한층 더 금융 시장의 지배를 받고 있다(Walter 2004). 결정적으로 보편적인 금융 행위에 대한 제한이 없어지고, 은행은 고객 충성도를 강화하고 수익성을 높이기 위해 상품을 다른 나라에도 판매하려 노력하고 있으므로 범위의 경제가 점점 더 중요해지고 있다.

　세계 소매 금융 시장에서 상대적으로 세분화가 심화된 결과로 나온 것이 몇 가지 있는데, 산탄데르가 지난 20년간 성장해온 패턴을 분석할 때 그 점을 반드시 고려해야 한다. 어떤 시장에 진출할 때 외국에서 들어오는 은행은 처음부터 자신의 운영 체제를 구축하려 하기보다는 그 지역 은행을 인수하는 경향이 있다. 그러면 두 가지 목표를 달성하게 된다. 첫째, 중간 정도에서 고도로 집중화된 시장을 인수하면 진입할 때의 경쟁 장애물을 극복하는데 도움이 되고, 또 그 지역 은행을 인수함으로써 지역의 특수성을 이해할 수 있게 된다. 둘째, 세분화로 인해 외국에서 들어오는 경쟁사는 나라별로 자사의 운영 체제를 구성하며, 그러면 국제적으로 통제를 해야 하는 상황은 고작해야 비영업 부서 운영에 몇 가지 제한을 두는 정도가 된다.

2_가족 주도 은행이자 전문 은행인 산탄데르

소매 금융업계의 경쟁 체제에는 복잡성과 정교성, 세분화가 결합되고 축적돼 어떤 은행이든 국제적으로 영업을 할 때 이 엄청난 도전을 극복하기가 어려워졌다. 자료에서 지적하는 바와 같이(Tschoegl 1987) 과거에는 한 개 이상 나라의 소매 금융업계에서 강자로 군림하는 은행은 거의 없었다. 산탄데르는 그런 드문 다국적 소매 은행일 뿐만 아니라 세계 상위 10개 은행 중에서 유일하게 한 가족이 3대에 걸쳐 기업 경영이나 전반적인 전략에 대한 결정에 막대한 영향력을 행사하는 은행이다. 이런 특징 때문에 가족 경영의 장점과 단점을 탐구하는 사례 연구로는 산탄데르가 적격이다. 게다가 지분의 2.5퍼센트만을 보유한 집안이 그런 엄청난 영향력을 행사한다는 사실은 산탄데르 사례 연구를 한층 더 흥미롭게 만든다.

가족 왕조는 금융업계 전설의 한 부분을 차지한다. 근대 유럽의 메디치(Medici)와 푸거(Fugger) 가문, 19세기의 로스차일드(Rothschild), 블라이흐뢰더(Bleichröder)와 페레르(Pereires) 가문, 도금 시대(Gilded age – 미국 남북전쟁 이후 산업화에 불이 붙은 때부터 20세기 초까지 거부들이 활동했던 시기: 역자 주) 동안의 모건(Morgan), 워벅(Warburg), 멜론(Mellon), 록펠러(Rockefeller) 가문, 그리고 20세기 후반에 걸쳐 21세기를 아우르는 발렌베리(Wallenberg) 가문과 보틴(Botin) 가문 이야기를 보면 가족 사업으로 은행업을 한 사례가 많다는 것을 알 수 있다. 바클레이즈(the Barclays), 미쯔비시 – 도쿄(Mitsubishi –Tokyo), 파리바(Paribas) 또는 JP 모건 체이스(JP Morgan Chase)를 포함해 가족 사업으로 은행을 시작해 오늘날의 대형 은행으로 만든 경우가 많다. 국제적 은행으로 성장한 싱가포르의 대형 은행들을 연구한 사례에서도 특정 가문이 은행을 소유하거나 경영한 사실이 밝혀졌다. 아드리안 최글(Adrian Tschoegl 2002b)은 가족 경영이 주인 – 대리인 문제를 줄여 고도성장을 이루어낼 수 있지만 경영이 덜 효율적으로 되는 바람에 비용 면에서 더 큰 위험을 초래할 수 있다고 주장했다. 랜디스(Landes 1993)는 19세기 독일의 거대 개인 은행인 로스차일드와 블라이흐뢰더를 연구한 논문에서 상속과 관련된 문제가 실적을 저해(블라이흐뢰더의 경우)할 수도 있고, 계속적인 성공(로스차일드의 경우)을 이끌어낼 수도 있다고 지적했다. 싱가포르의 화교은행(overseas chinese banking corporation)(Tsui-Auch 2004), 스웨덴의 SEB(Skandinaviska Enskilda Banken)(Lindgren 2007; Sjögren 2006), 또는 산탄데르의 사례처럼(다른 가족 은행에 대해서는 〈도표 1.1〉 참조) 수많은 가족 은행 창립 가문이 경영 체제에 통제권을 잃지 않으면서도 가족 경영 체제에서 전문 경영인 체제로 성공적으로 전환했다.

이 책에서 우리는 한 가문이 3대, 어쩌면 4대에 걸쳐 경영하는 은행이 자국 시장의 경쟁자를 앞질러 성장할 뿐만 아니라 국제무대에서 어떻게 경쟁자들보다 더 많은 성장을 할 수 있었는지를 알아보고자 한다. 경쟁업체의 행보에 반격을 가하는데 필요한 결정적인 힘을 확보하고, 새로운 시장에 진입할 호기를 포착할 때마다 인수를 위한 적극적인 조치를 취하기 위해서는 가족 지도체제가, 이미 터를 잡은 기존 은행이 진입을 방해하는 높은 장벽으로 특징지을 수 있는 독점 체제 산업의 경쟁에서 유리한 이점을 만들어 낸다고 주장하는 사람도 있다. 사실 우리는 전에 실시한 조사를 통해 지난 15년간 산탄데르 은행의 주요 인수 합병 건을 성사시키는데 에밀리오 보틴 3세가 주도적인 역할을 했음을 알아냈다(Guillen 2001, 2005; Guillen and Tschoegl 2000). 수많은 업계 관측자들은 보틴 회장의 카리스마 넘치고 결단력 있는 경영 스타일로 산탄데르가 호기를 잡아 급속한 성장을 하고 주주들에게 고수익을 안겨줄 수 있었다고 본다.

우리는 산탄데르의 사례 연구를 통해 시간의 흐름에 따라 변신을 한 가족 기업을 더욱 잘 이해하는데 주력하고자 한다. 산탄데르는 1857년 스페인의 지방 은행으로 시작해 한 세기 후인 1950년대와 1960년대에 전국 은행으로 성장했다. 그리고 주목받는 소매 은행에서 1970년대를 거쳐 1980년대 초엔 다각화를 이룬 금융-산업 그룹으로 부상했다. 다시 1990년대엔 스페인 국내 기반 금융기관에서 라틴아메리카의 금융 강자로 변모했다. 이때도 산탄데르는 여전히 소매 금융에 초점을 맞추기로 결정했다. 21세기가 되고, 첫 5년 동안 산탄데르는 스페인 은행에서 세계적인 야망을 가진 유럽 금융기관의 총아로 탈바꿈했다. 이렇게 각 시기별로 변모되는 과정에서 보틴 가문이 계속해서 중요한 역할을 했다. 그렇다면 산탄데르 은행은 어떻게 스페인과 유럽의 경쟁 은행을 제치고 현재의 위치에 올라왔으며, 확장 전략과 관련된 위험은 무엇이었고, 그런 위험을 책임지고 완화하는데 가족 주도의 지도력은 어떤 역할을 한 것일까? 가족의 영향이 어떤 방식으로 자유화와 규제 완화의 외부 환경과 상호 반응해 좋은 실적을 낼 수 있었을까? 차등 의결 주식이나 소유권 피라미드 없이 어떻게 소유권 이상의 통제를 할 수 있었을까? 이런 것들이 앞으로 다룰 주요 질문이다.

<도표 1.1> 가문(Family)이 연계된 대형 은행(Tier-One Capital로 순위 선정, 2005년 말)

〈The Banker〉 세계 순위	Tier-One Capital 순위 (10억 달러)	은행	국가	가문	가문 출신 중역	가문 소유 지분(%)
10	38.4	Santander	스페인	Botín	회장, 이사	2.16[a]
42	13.8	MBNA Corporation[b]	미국	Lerner	회장, 이사	6.74
64	9.1	Golden West Financial Corporation	미국	Sandler	회장, CEO, 이사	13.88
69	8.3	Banco Bradesco	브라질	Aguiar	이사	10.99
90	7.0	Banco Itaú	브라질	Egydio de Souza Aranha (Setubal and Villela)	CEO, 회장, 이사	53.93
93	6.7	Skandinaviska Enskilda Banken (SEB)	스웨덴	Wallenberg	회장, 이사	19.40
99	6.3	United Overseas Bank	싱가포르	Wee	회장, CEO, 이사	17.10
112	5.6	OCBC (Oversea-Chinese Banking Corporation)	싱가포르	Lee	이사	24.00
113	5.5	EFG Bank	스위스	Latsis	회장, 이사	60.00
124	4.9	Fubon Financial	타이완	Tsai	회장, CEO, 이사	27.40

(continued)

〈The Banker〉 세계 순위	Tier-One Capital 순위 (10억 달러)	은행	국가	가문	가문 출신 중역	가문 소유 지분(%)
141	4.0	Unibanco—União de Bancos Brasileiros	브라질	Moreira Salles	부회장, 이사, CEO	18.30
148	3.7	Bank Hapoalim	이스라엘	Arison	이사	22.00
149	3.7	Franklin Resources	미국	Johnson	회장, 이사, CEO	33.00

Sources: *The Banker* (July 2006); Factiva.

[a]By the end of 2006 the percentage had climbed to 2.5 percent.

[b]Acquired by Bank of America in 2005.

* 참고 : Tier-One Capital : BIS 기준 자기자본 비율의 분자인 자기자본의 핵심이 되는 자본으로서 1순위의 자산 보통주(Common Stock), 누적/상환 아닌 우선주(Preferred Stock), 이익 잉여금(Retained Earning)을 말한다. – 역자 주

제**2**장

가족 은행의 기원

먼저 치는 사람이 두 배로 칩니다.[1]
에밀리오 보틴 1세 , 〈엘 파이스(El Pais)〉 2002년 2월 3일

무자비한 자유 시장 경제의 법칙에 자유로운 가족의 특권이나 유산 같은 것은 없습니다.[2]
에밀리오 보틴 2세, 〈엘 파이스〉 1976년 8월 1일

보틴 3세의 야망은 그의 선조들과는 비교가 안 될 정도로 크다.
레슬리 크로포드(Leslie Crawford), 〈파이낸셜 타임즈(Financial Times)〉 2002년 2월 22일

산탄데르 은행의 기원은 19세기 스페인의 정치, 경제의 변화에 깊은 뿌리를 두고 있다. 당시 스페인은 자국보다 발전한 유럽의 다른 나라를 따라잡기 위한 정치, 경제 모델을 채택하기 위해 애쓰고 있었다. 19세기 전반 동안 산탄데르는 경쟁 은행과 차별되는 점이 없었고, 영업도 비교적 작은 지역인 스페인 북부에서 다른 지방 은행과 경쟁하는 정도였다. 20세기 초반이 되어서야 산탄데르의 중역진은 소매 금융에 초점을 맞추는 중대한 결정을 내렸고, 20세기 중반에 들어 보틴 가문이 산탄데르 은행의 중책을 맡아 경영을 지휘하게 됐다. 산탄데르가 현재 세계적

으로 주목받는 위치에 서게 된 것은 1950년대 초반부터 시작된 일련의 행보와 결정에서 시작됐다. 먼저, 19세기의 비교적 소박하고 작게 시작해 위험한 산업체 또는 사회 간접 자본에 투자하는 것은 꺼리면서 소매 금융 쪽을 선호했던 시기를 재검토하는 것이 산탄데르 은행을 분석하는데 도움이 될 것 같다.

1 _ 산탄데르 지역 재계를 위한 은행

스페인이 쿠바, 푸에르토리코, 필리핀, 그리고 북 · 서아프리카의 스페인령 식민지 몇 군데를 잃으며 유럽에서 힘이 기울어질 당시인 1857년, 6명의 사업가가 스페인 변방 산탄데르에 은행을 설립했다. 당시 스페인은 산업 발전 측면에서 영국과 프랑스, 그리고 다른 유럽 국가보다 상당히 많이 뒤처져 있었다. 1860년 스페인의 경제 규모는 영국이나 프랑스 또는 미국의 4분의 1 수준이었고, 독일의 3분의 1 수준이었다. 1인당 수입은 영국이나 미국의 40퍼센트, 프랑스나 독일의 65퍼센트였고, 글을 읽을 줄 아는 사람은 전체 인구의 24퍼센트에 불과했다. 1860년에서 1914년 사이에 생활수준이 60퍼센트 향상되어 다른 유럽 국가들과는 보조를 맞춰나갔지만 미국에 비길 정도는 못됐다. 스페인은 당시 가장 발달된 나라들과의 차이를 메우지는 못했다(Maddison 2001).

　1850 −1860년대에 스페인 경제에 변화가 생겼다. 정부는 철도에 투자하는 외국 기업에 혜택을 줬는데, 이런 조치로 인해 선로 건설 사업에 투기성 거품이 생겼지만 상품을 팔 국내 시장을 통합할 만큼 충분하지

는 않았다. 스페인의 험한 지형을 고려할 때 역사적으로 시장 통합은 언제나 이루기 힘든 목표였다. 1868년 스페인은 페세타(peseta)를 자국의 통화로 채택했고, 1년 후에는 관세 개혁을 단행해 수입품에 대한 관세 장벽을 낮췄다. 1873년 왕정이 무너지면서 탄생한 스페인 역사상 첫 번째 공화국은 채 2년이 가지 못했다. 결국 현 스페인 국왕인 카를로스 1세(Juan Carlos I)의 증조부 알폰소 12세(Alfonso XII)가 다시 왕위에 올랐다. 보수파와 개혁파가 2세대에 걸쳐 스페인 왕위를 놓고 대립했으며, 나라를 분열시켰던 내란은 1876년에 종식됐다. 그 후 몇 번의 영고성쇠가 있었지만 평화는 1920년대까지 계속되며 이후 도래할 독재 정권과 경제 성장의 새로운 시대를 예고했다.

라 몬타나(현재 스페인의 19개 자치주 중의 하나인 칸타브리아로 알려진 지역)의 주도(州都)인 산탄데르는 바다(칸타브리아 해)와 눈 덮인 칸타브리아 산맥 사이에 끼어있는 작은 지방으로 카스티야 고원과 해변을 분리한다. 1857년 당시 2만 8,907명이 산탄데르에 살고 있었고, 그 지역 전체 인구는 21만 4,441명으로 스페인 전체 인구 1,550만 명의 1.4퍼센트를 차지했다. 비교적 고립되어 있지만 로마인에게 포르투스 빅토리에(Portus Victoriae)로 알려졌던 산탄데르는 신흥 부르주아들의 부상으로 장, 단거리 수송의 중요한 항구 도시였다. 농부 4명 중 3명이 땅을 소유하고 있었고, 그로 인해 상업이 번성해 응집력 있는 사회 구조가 형성됐다. 1865년 산탄데르 전체 인구 중 사업가가 561명(전체 인구의 약 2퍼센트), 전문 직업인(법률가와 의사 등)이 184명, 그리고 선주(船主)가 132명이었다(Hoyo Aparicio 1993, 19−20). 산탄데르 시는 1820년대 이후 특히 1830년대에 상업 분야가 급격히 성장했는데, 그 이유는 동쪽에 위치한 바스크 지방의 항구가 보수파와 개혁파 사이에 벌어진 1차 내전으로 곤경에 빠져 있었기 때문이다. 산탄데르 항구는 카스티야 지방에서 생산되는 밀과 밀가루를 스페인에서 인구가 가장 많은 지역(특히 카탈루냐)으로, 그리고 1898년 이전까지는 쿠바의 보호된 시장으로 수송하는 선박의 집결지였다. 그러면 그 배는 설탕과 코코아, 그리고 다른 식민지에서 나는 생산품을 가득 싣고 돌아왔다. 1850년대 후반에 시작되어 1860년대까지 해상 무역의 시작점과 도착점이 옮겨졌는데, 이는 카리브 해에 있는 섬에게 미국이 더욱 중요한 교역국이 되고, 스페인에서 일어난 철도 건설 붐 덕분에 육로를 통해 농산물을 운반하기가 쉬워졌기 때문이다. 그래서 산탄데르 항구도 근처 지방에서 채취된 아연, 철, 구리, 납과 같은 광물을 주로 벨기에나 영국으로 수송하는 일에 초점을 맞췄다. 스페인의 제조업 특히 금속, 섬유, 화학약품 제조 규모는 중간 정도이지만 상당히 중요한 위치로 올라섰다. 하지만 20세기가 되어서도 상당 기간 동안 산탄데르 항과 그 주변 지역은 여전히 농업과 상업이 우세했다 (Hoyo Aparicio 1993).

2_ 정치, 경제적 배경

19세기는 스페인에게 고난의 시기였다. 1808년 나폴레옹의 침입과 1814년 절대주의자들의 왕정복고로 혼란이 시작되어 아메리카에 있던 식민지의 독립과 나라를 온통 뒤흔들어 놓은 세 번의 내전, 몇 번에 걸쳐 군대가 권력을 장악한 사건, 단명해 버린 공화국 통치, 그리고 1898

년 미국과의 전쟁에서 패하면서 식민지였던 쿠바, 푸에르토리코, 필리핀을 잃는 사건 등이 계속됐다. 1876년부터 1920년대 후반까지는 정치적으로는 안정되었지만 문맹률, 빈곤, 선거 사기와 같은 기본적인 사회, 정치 문제가 여전히 해결되지 않은 상태였다. 가장 공업이 발달한 지역인 바스크와 카탈루냐에서 시작된 중앙 집권체제를 옹호하는 민족주의 운동과 노동운동의 시작은 이미 여러 문제에 눌려 신음하고 있던 스페인에 한층 무거운 부담감을 안겨줬다. 스페인이 급격한 정체성의 위기에 직면한 것도 전혀 놀라운 일이 아니었다(Alvarez Junco 2001).

경제는 반복해서 급격한 변화를 맞이했고, 경제 정책도 자유 무역과 보호주의의 양극단 사이를 오가는 어지러운 변화가 계속됐다(Tortella 1994). 한 저명한 역사경제학자는 최근에 펴낸 영향력 있는 저서의 제목을 〈1814 –1913년 스페인의 산업혁명 실패(The Failure of the Industrial Revolution in Spain, 1814 –1913)〉라고 붙이기도 했다(Nadal 1975). 19세기 동안 잉글랜드 방식의 산업화 모델을 따르려 노력했지만 1900년 당시 스페인 노동력의 3분의 2는 여전히 농업에 종사하고 있었다. 하지만 아스투리아스와 바스크 지방 북부―산탄데르는 이 두 지역 사이에 위치한다―에 대규모의 철과 강철 공장이 들어섰고, 또 같은 지역과 카탈루냐 지방에 금속 세공업, 아스투리아스에 석탄 산업, 그리고 상당히 기계화된 섬유 산업이 카탈루냐 지역에 성행한 것처럼 몇몇 분야의 산업이 발달하기도 했다. 하지만 지형 자체가 고립된 곳에 위치해 수송과 다른 유통 비용이 많이 든다는 점을 감안해도 국내 산업비용은 국제 수준을 훨씬 웃돌았다. 스페인의 산업은 항상 적자인 국가 예산, 실패로 돌아간 프러시아 방식의 농업 개혁의 파고(波高), 투기적 성격의 투자

(국내와 외국 투자 모두), 상대적으로 비경제적인 탄층(炭層), 부적질하고 비용이 너무 비싼 철도 건설, 노동 계층과 농부들의 문맹률, 사업에 있어서의 주도권 부재와 기술적 지식 결핍과 같은 문제가 끊임없이 계속되며 난항을 겪고 있었다. 산업에서 국제적으로 경쟁할 능력이 없다는 점을 감안할 때 제한된 스페인 시장은 문제와 상황 악화를 가중시킬 뿐이었다. 스페인의 농업은—수출 지향적인 동부 지중해 연안 여러 나라로의 수출은 제외하고—시장 지향적이기보다는 간신히 연명하는 수준이었고, 자꾸만 되풀이되는 문제에서 헤어나지 못했으며, 이는 결국 산업에도 심대한 타격을 입혔다(Nadal 1975; Tamames 1986, Tunon de Lara 1984).

정치 상황에도 변화가 많았다. 중앙 정부는 노동 계급의 도전에 직면했고, 바스크 지방과 카탈루냐 지방에서 발생한 민족주의 운동이 문제를 더욱 악화시켰다. 사회학자 후안 린즈(Juan Linz)가 관측한 바와 같이 현대 스페인 역사에는 '재발하는 양식'이 있다. 린즈는 이를 다음과 같이 표현했다.

『광범위한 시민 계층의 희망으로 이루어진 단기간 동안의 강한 혁명에의 열망, 빈곤 때문에 촉발된 노동자들의 시위와 저항, 온건한 개혁주의자들의 철퇴, 군대의 개입으로 인한 개혁 세력의 좌절, 보수 정부 수립, 그리고 상대적으로 평화와 번영이 연장되는 시기가 반복됐다. 하지만 근본적인 문제에 대한 해결책이 없었고, 합법적인 기관을 만들어내지도 못했다(린즈 1973, 56).』

진보 성향의 소수 독재 입헌 군주제 기간이었던 1876 –1923년의 왕정복고 시기 동안은 1900년 초와 1918년 이후의 중요한 사건을 빼놓고는 상당히 긴 시간 비교적 평화로웠고 번영을 누렸다. 1898년 쿠바, 푸에르토리코, 필리핀을 잃은 사건은 좋은 효과와 나쁜 역효과를 함께 가져왔다. 좋은 점은 식민지로부터 자본이 돌아오자 산업계와 연결된 강력한 은행이 생성되는데 도움이 됐고(제3장 참조), 나쁜 점은 카탈루냐의 섬유 제조업체 같이 수익성이 높은 산업을 유지할 수 있는 고정적이고 안전한 해외 시장인 식민지가 없어져 버렸다는 것이었다(Nadal 1975).

스페인 경제가 침체기로 들어선 원인의 많은 부분은 만성적인 회계 관리 불량과 문제를 해결하기 위한 정책이 오도된 것과 관련이 있다. 경제학자인 후안 빌라르데 푸에르테(Juan Velarde Fuertes)는 19세기 중반에서 20세기 중반까지의 스페인 경제를 다음의 6가지 정책에 근거해 구성했다.

① 회계 정책 – 다소 경직된 직접세 체제인 1845년 조세 체제를 채택했다.
② 통화 정책 – 국제 통화 시책을 기피했다.
③ 금융 정책 – 개인 발행 은행 체제에서 1900년 대륙 노선과 나란히 하며 중앙은행 체제로 전환했다.
④ 고립 노선 정책 – 1887년 보호주의 정책으로 전환한 후, 그리고 1918년(무어인 군대의 침입에 저항한) 코바동가 전투 1200주년 기념일에 재정장관 캠보(Cambo)가 경제 민족주의 노선을 발표한 후 바깥 세계와 점점 더 멀어져 갔다.

⑤ 국가 개입 주의 정책 – 국가가 개입해 1896년 유니온 에스파놀라 데 익스플로시보스(Union Espanola de Explosivos)의 카르텔로 만들었고, 1940년대 렌페(Renfe – 철도), 텔레포니카(Telefonica), 그리고 INI(Instituto Nacional de Industria – 국영지주회사)를 국유화시킴으로써 스페인 경제를 시장주의 원칙으로부터 멀어지게 했다.

⑥ 사회 정책 – 노동조합의 유토피아적 급진주의를 저지하기 위해 대중 영합적 사회 정책을 수립했다.

– (Pablo Torrente 2003, 14–15에서 인용)

3_ 산탄데르 은행의 설립과 초기 성장

일단의 사업가들이 산탄데르 은행을 설립했을 때 스페인의 금융 체제는 초보적이고, 국가 재무 상태는 장기간에 걸친 어려움에 직면해 있었다. 최초의 발권 은행인 산 카를로스 국립은행(Banco Nacional de San Carlos)은 1782년 설립되었으며, 이후 1829년 산 페르난도 에스파놀 은행(Banco Español de San Fernando)으로 이름을 바꿨다. 1844년 호세 데 살라망카(Jose de Salamanca)를 포함한 일단의 금융업자들이 이사벨 Ⅱ 은행(Banco de Isabel Ⅱ)을 설립했는데, 이 은행도 화폐 발행을 허가받았다. 이 은행은 1847년 산 페르난도 은행에 합병됐다. 바르셀로나 은행(Banco de Barcelona)은 스페인 최초의 민간 은행으로 1844년 설립되었고, 카디스 에스파놀 은행(Banco Español de Cadiz)은 1846년 이사벨 Ⅱ 은행의 지점으로 설립됐다. 이 은행들은 어음을 할인해주고 대출, 보통예금 계좌를 출시하며 서로 경쟁했다(Garcia Lopez 1994; Tedde de Lorca 1994).

스페인 최초의 포괄적 금융 관련법은 1856년 초에 발효됐다. 새로운 법의 시행으로 장관 위원회는 금융업 면허 신청을 평가하고 왕실 법령으로 이를 승인할 수 있게 됐으며, 은행은 상업은행이나 산업은행으로서의 역할보다는 발권기관으로 비춰졌다. 이 법으로 산 페르난도 에스파뇰 새 은행(Nuevo Banco Español de San Fernando)은 에스파냐 은행(Banco de España – 중앙은행)으로 이름을 바꿨지만 이사벨 2세 여왕의 정부가 몇몇 기업에 내준 부실 대출금을 짊어져야 했다(Tortella 1994, 139 –41). 이 법은 발권 은행과 대출 은행의 두 가지 형태의 기관에 대해 다루었으며, 법이 통과된 날 정부는 대출업을 하는 아이작 페레르(Isaac Pereire)와 에밀 페레르(Émile Pereire), 프로스트(Prost), 로스차일드 가(家)의 면허를 연장해줬다. 프로스트와 로스차일드 쪽 사업은 단명했지만 아이작과 에밀은 크레티토 모빌라리오 에스파뇰(Credito Mobiliario Español)과 크레디트 모빌리에(Credit Mobilier)를 설립했고, 철도와 가스, 채광 회사에 자금을 대면서 급속하게 성장했다(Tedde de Lorca 1994). 1864년 납입 자본금이 당시 스페인에서 영업하고 있던 60개 은행의 납입 자본금을 모두 합친 것의 3분의 1에 달했다(Alvarez Llano and Andreu Garcia 1986, 1:52 –54).

새로운 법이 실행된 후 정부가 인가한 최초의 주요 발권 은행은 빌바오 은행(Banco de Bilbao)으로, 1857년 3월 19일 인가를 받았다. 산탄데르 은행은 1857년 5월 15일 인가를 받았지만 영업활동은 빌바오보다 4일 먼저인 1857년 8월 20일에 시작했다. 이때 산탄데르 은행의 주주는

72명으로, 시에서 활동하는 사업가 일곱 명 가운데 한 명이 산탄데르 은행의 주주였다(Hoyo Aparicio 1993, 224−36: Jado Canales 1957; Rivases 1988, 113, 207−9). 산탄데르 은행은 상대적으로 규모가 작았다. 1864년 산탄데르 은행의 납입 자본금은 스페인에서 영업하는 모든 은행의 납입 자본금 가운데 0.5퍼센트를 차지했다. 빌바오도 작았지만 빌바오의 납입 자본금은 0.7퍼센트였다(Alvarez Llano and Andreu Garcia 1986, 1:52−54). 창립 때부터 경쟁해온 산탄데르와 빌바오, 두 은행이 오늘날 스페인을 대표하는 거대 은행이자 세계 은행 순위에서 상위 30위 안에 든다는 사실이 무척 흥미롭다.

1866년 공황으로 인해 경제 활동이 정지 상태에 이르기 전, 정부는 17개 은행에 새로 인가를 내줘 발권 은행—1856년 당시 이미 에스파냐 은행(Banco de España), 바르셀로나 은행(Banco de Barcelona), 카디스 은행(Banco de Cádiz)이 발권 은행이었다—의 권한을 부여했다. 정부와 철도회사에 닥친 재정 문제는 위기를 더욱 악화시켰고(Nadal 1975, 37−50; Tedde de Lorca 1994), 이로 인해 몇 군데의 신용기관도 영향을 받았으며, 결국 상당히 개방적인 무역과 외국 투자 정책을 채택하게 됐다. 이 위기로 인해 1874년 에스파냐 은행이 화폐 발행 독점권을 쥐게 됐다. 이런 화폐 발행 독점 현상은 스페인이 1999년 유로를 통화로 채택할 때까지 계속됐다. 대부분의 개인 발권 은행이 에스파냐 은행에 합병되었지만 산탄데르와 빌바오는 합병을 거부했고, 신용기관으로 변신했다(Tedde de Lorca 1974; Tortella 1994, 141−48). 당시 산탄데르의 회장은 순번대로 돌아가면서 역임했는데, 아구스틴 곤살레스 고르돈(Agustin Gonzalez Gordon)은 1873년 주주들에게 보내는 연례 보고서에서 다음과 같이 말하며 분개했다. "지역 은행을 에스파냐 은행과 합병할 것을 명기한 1874년 3월 19일 법령 때문에 전망이 좋았던 우리 사업에 심한 분열이 야기되었습니다. 항의하고 불만을 토로할 수는 있어도 법령을 훼손할 수는 없으니 의무를 다하는 의미에서 우리 경영진은 이 법과 그에 대한 여론의 입장 표명을 지지합니다."

단순히 항의하기만 한 산탄데르와 달리 빌바오는 사실상 정부가 내린 법령에 도전해 빌바오 은행에서 발행한 화폐를 유통망에서 빼버리는 것을 거부했다. 법령이 발효될 무렵 빌바오 시는 내란 당시 여왕의 정통성에 도전한 군대에 포위되어 스페인 다른 지역과 완전히 고립됐다. 정부는 빌바오 은행을 고소하는 수밖에 없었다. 결국 1878년 빌바오 은행이 항복하고 나서야 이 논란은 종지부를 찍었다.

은행 사이의 경쟁은 치열했다. 1874년부터 1892년 사이에 생겨났다가 사라진 은행이 58개였다. 1890년에 살아남은 곳은 바르셀로나, 빌바오, 산탄데르, 크레디토 모빌라리오 에스파뇰(Crédito Mobiliario Español)의 4개 은행이었다. 그 가운데 크레디토 모빌라리오 에스파뇰은 규모가 작아지고 명성도 예전 같지 않아 결국 1902년 퇴출됐다. 산탄데르는 규모가 커졌지만 1892년 당시 납입 자본금이 0.9퍼센트 밖에 되지 않았다. 하지만 빌바오는 그보다 5배 더 컸다(Alvarez Llano and Andreu Garcia 1986, 1:86).

1898년 스페인의 식민지 위기가 일어나기 전까지 은행과 다른 금융 기관의 활동은 문제없이 진행되어 나갔다. 쿠바와 푸에르토리코, 필리핀을 잃고 상환된 자본은 그 다음 세대에 중요 역할을 하게 되는 구이푸즈코아노 은행(Banco Guipuzcoano), 히스파노 아메리카노 은행(Banco

Hispano Americano), 비스가야 은행(Banco de Vizcaya), 크레디토 에스파 뇰(Banco Español de Crédito – 바네스토) 은행이 기초 토대를 형성하는데 직간접적으로 도움이 됐다. 다른 스페인 대형 은행의 기원은 1910년대 말과 1920년대로 거슬러 올라간다. 1918년 우르키호(Urquijo), 1919년 센트랄(Central – 이 은행 설립에 산탄데르와 다른 7개 소형 은행이 일정 역할 을 했다), 1926년 포퓰라(Popular), 그리고 1929년에 엑스테리어(Exterior) 가 설립됐다(Tedde de Lorca 1974). 이런 은행들이 선두에서 1910년대와 1920년대 스페인의 산업 특히 전기, 정유, 철강, 화학 분야의 발전을 이 끌었다. 식민지에서 자본이 돌아오고, 위의 7개 대형 은행이 설립되자 산탄데르의 중요성은 상대적으로 다시 줄어들었다. 1922년 산탄데르는 상위 50개 은행에도 들지 못했다. 당시 납입 자본금은 전체 은행 자본 금의 0.3퍼센트, 준비금이 1.5퍼센트, 예금액과 다른 부채가 0.8퍼센트 였다. 당시 그 지역에서 산탄데르 은행의 최대 경쟁 은행은 메르칸틸 은 행(Banco Mercantil)이었다. 다른 대형 은행과 함께 같은 기간에 설립된 메르칸틸 은행은 규모가 산탄데르의 3배였다(Alvarez Llano and Andreu Garcia 1986, 1:106 –9).

1930년대 스페인의 은행은 경제 침체기를 맞이하여 수익성이 줄었 고, 1936 –1939년에 걸쳐 발생한 내란으로 인해 정치적으로도 불안정 했다. 다른 은행과 마찬가지로 산탄데르 은행의 지점들도 교전 중인 양 측을 나누는 초기 라인의 주변에 자리하고 있었지만, 그래도 대부분의 지점이 공화국 정부에 충성하는 측의 영역에 있었다. 산탄데르 시를 포 함해 스페인 중북부 지방은 정부에 충성하는 다른 지역과 분리됐다. 산 탄데르 은행은 다른 지역 은행과 함께 정부가 지원하는 화폐 발행 작업에 참여해 도시가 고립됨으로써 야기되는 교환 문제를 피했다. 이렇게 발행된 화폐는 전쟁이 시작되고 1년이 약간 더 지난 시기인 1937년 8월 프랑코 장군의 국민군 부대가 산탄데르 시로 들어올 때까지 유통됐다. 산탄데르 은행의 고위 관리들은 다시 제자리를 찾았다.[3] 1930년대 말부터 1940년대 초까지는 고난의 시간으로 경제가 봉쇄되어 자급자족을 해야 했던 경제적 침체기였고, 스페인의 금융 분야 역시 성장이 아주 미미했다(Alvarez Llano and Andreu Garcia 1986, 2권). 산탄데르 은행도 1940년대 말을 거쳐 1950년대가 되어서야 성장을 했는데, 이는 확실히 보틴 가문과 연관이 있다.

4 _ 보틴 가문 이야기

보틴 가(家) 사람들은 19세기 중반부터 금융과 상업 활동에 종사했다.[4] 1795년 스페인 남부 카디스에서 태어난 호세 마리아 보틴(Jose Maria Botín)은 후일 외과 의사가 되었다. 해군에 복무하고 있을 때 결핵에 걸린 그는 건강을 위해 1828년 산탄데르 시에 정착하기로 결심했다. 1834년 산탄데르 시에 콜레라가 창궐했을 때 호세 마리아 보틴은 자신이 알고 있던 전염병에 대한 지식을 활용해 그 지역의 유명 인사가 되었다. 그는 그 지방의 유명 사업가였던 호세 라몬 로페즈-도리가 이 비알(Jose Ramon Lopez -Doriga y Vial)의 미망인 마리아 페트라 아귀레 로렌신(Maria Petra Aguirre Laurencin)과 결혼했다. 호세 라몬 로페즈-도리가 이 비알은 산탄데르 시의 로스차일드 은행 대표였고, 그의 아들 안토니오 로페즈-도리가 아귀레는 6인의 산탄데르 은행 설립사 중 한 명이었다. 이 로페즈-도리가 집안사람들은 산탄데르 시에서 가족 기반 사업을 하며 구축한 두터운 연결망의 중심에 서 있었으며, 상업에 종사하는 다른 가문과 결혼을 통해 긴밀한 관계를 맺고 있었다. 스페인에서는 사람 이름에 붙는 성이 두 개인데 첫 번째는 아버지의 성, 두 번째는 어머니의 성이다. 이를 따라 가면 저명한 기업 가문 사이의 결혼 패턴을 알아내는데 도움이 된다. 아귀레와 비알도 산탄데르 시의 상업계에서는 잘 알려진 이름이었다(Hoyo Aparicio 1993, 108-39).

로페즈-도리가 집안사람들은 산탄데르 은행 설립뿐 아니라 철도 사업에도 깊이 관여했고, 1866년 위기 이후 도산한 금융 회사인 유니온 메르칸틸(Union Mercantil) 설립에도 참여했다. 하지만 산탄데르 은행은 투자 전략에 있어서는 덜 위험한 길을 택했고, 비교적 편안하게 배당금 지불을 계속하면서 재정적 어려움을 견뎌냈다. 산탄데르 은행은 1870년대 확장을 위한 시간이 새롭게 시작됨을 알게 됐다(Hoyo Aparicio 1993, 224-36). 여기에서 산탄데르 은행이 산업 발전에 참여하길 주저했으며, 소매 금융에 초점을 맞추는 성향이 있었음을 시사하는 초기 증거가 나타난다. 1920년대부터 1960년대까지는 보편적인 금융에 대한 관심이 그다지 없었던 탓에 국내 성장에는 한계가 있었지만 1980년대와 1990년대엔 국제적으로 확장해 나갈 토대를 마련했다.

호세 마리아 보틴은 한참 붐이던 수출-수입 사업에 뛰어들었다(Hoyo Aparicio 1993). 장남인 라파엘 보틴 아귀레(Rafael Botín Aguirre)는 가족의 밀가루 교역 사업에 적극적이었고, 제일 먼저 산탄데르 은행 대출 사업 이사회의 일원이 됐다. 그는 1895년 산탄데르 은행의 경영 이사가 되었고, 1903년 사망할 때까지 그 자리를 지켰다. 라파엘 보틴 아귀레는 보틴 가문 사람으로서는 처음으로 산탄데르 은행 고위직에 오른 인물이었다. 이사회는 라파엘의 조카인 호세 마리아 고메즈 데 라 토레 이 보틴(Jose Maria Gomez de la Torre y Botín)을 그의 승계자로 임명했다. 호세 마리아 보틴의 다른 아들인 에밀리오 보틴 아귀레(Emilio Botín Aguirre)는 초기에 전기 사업에 관여하게 됐다. 그 후 에밀리오는 독일로 가서 사업 교육을 연구하고, 런던의 금융계에서도 일했다. 다시 스페인으로 돌아온 에밀리오는 몇 가지 소규모의 광산업, 낙농업, 맥주, 철도회사에 투자했고, 1901년 산탄데르 은행의 이사로 선출됐다. 미래에 있어 더욱 중요한 점은 그가 에밀리오 보틴 로페즈(Emilio Botín López)—이제부터는 에밀리오 보틴 1세라고 부르겠다—의 아버지라는 사실이다.

에밀리오 보틴 1세는 1909년 보틴 가문 사람으로는 처음으로 산탄데르 은행의 회장으로 선출됐다. 당시 산탄데르 은행의 연례 보고서에 의하면 보틴 가문 사람들은 200명에 달하는 주주의 일원으로 전체 지분의 1퍼센트를 소유하고 있었다. 산탄데르 지방법에 의하면 회장직은 1년 단위로 교체되는 직책이었다. 에밀리오 보틴 1세는 1911년, 1913년, 1917년, 1919년 회장직을 맡았다. 1920년에는 법이 바뀌어 회장 자리가 고정직이 됐다. 그 후 에밀리오 보틴 1세는 다시 회장으로 임명돼 1923년 사망할 때까지 그 자리를 지켰다. 그는 센트랄 은행(Banco Central)의 이사이기도 했다. 1999년 산탄데르 은행은 센트랄 은행을 합병했다(제4장 참조).

에밀리오 보틴 1세는 마리아 산즈 데 사우톨라 이 에스칼란테(Maria

Sanz de Sautola y Escalante)와 결혼했는데, 마리아는 1만 4,000년 전에 그려진 것으로 추정되는 암석 그림으로 가득한 알타미라 동굴을 아버지와 함께 발견한 유명 인사였다. 그들은 아들과 딸을 각각 둘씩 낳았다. 그 중 하나가 마르셀리노 보틴 −산즈 데 사우톨라 이 로페즈(1907 − 1971; 이 이름은 일반적인 성명 조합을 따르지 않았다)로 그는 1946년 산탄데르 은행의 이사회 임원으로 선출되었다. 마르셀리노의 업적은 1964년 마르셀리노 보틴 재단(Fundacion Marcelino Botín)을 만들어 예술과 지적 논쟁 증진에 공헌한 것을 들 수 있다. 이 재단은 현재 산탄데르 은행 지분의 1.45퍼센트를 보유하고 있다.

1923년 에밀리오 보틴 1세가 사망하자 주주들은 사투르니노 브리즈 라린(Saturnino Briz Larin)을 회장으로 선출했고, 그는 1949년 은퇴할 때까지 회장직을 수행했다. 그는 뛰어난 사업 감각으로 사람들의 사랑을 받았고, 자신이 어릴 때 살았던 쿠바에서 모은 사재 50만 달러에 달하는 금을 담보로 제공해 어려움에 처한 은행을 몇 번이나 구해내기도 했다. 산탄데르 은행은 1920년대 중반 이전까지는 산탄데르 지방 바깥으로 진출하지 않았다. 1920년대 중반 넘어서야 이웃 지방 팔렌시아(Palencia)에 지점을 열었다. 이후로도 20년 동안 산탄데르 은행은 지역에 근거한 작은 은행에 머물렀다. 그리고 지금까지도 브리즈 라린은 스페인의 금융 체제에 자신의 입지를 공고하게 다지고 있다.

산탄데르 은행은 1940년대 인수 작업을 통해 유기적으로 발전해 나갔다. 1946년 산탄데르 은행이 그 지방 최대의 경쟁사인 메르칸틸 은행을 인수하는 결정적 사건이 벌어졌다. 미래의 비전에서 가장 중요한 것은 브리즈 라린이 자신의 전임자의 아들인 에밀리오 보틴 −산즈 데 사우톨라 이 로페즈(Emilio Botín -Sanz de Sautola y López-에밀리오 보틴 2세, 1903 -1993)를 아끼고, 그의 스승 역할을 했다는 점이다. 그는 에밀리오 보틴 2세에게 경영자 훈련을 시켰고, 1929년에는 이사회 임원으로 선출되도록 도왔다. 1933년 에밀리오 보틴 2세가 경영 이사로 지명되었을 당시 보틴 집안은 2퍼센트가 조금 못 되는 은행 지분을 소유하고 있었다. 하지만 전임 경영자가 되려면 이사직에서는 물러나야 했고, 그렇게 물러난 후 1946년 보틴 2세는 다시 돌아왔다. 전 회장이 지지를 하긴 했지만 그는 수많은 협상을 거친 다음 1950년이 되어서야 산탄데르 은행의 회장이 될 수 있었다. 이에 대해 잘 알려진 이야기가 있다.

『에밀리오 보틴 2세의 입장에서는 온건하지만 영향력이 센 이사회에 자신이 모든 시간과 에너지를 바쳐 은행을 경영하겠다고 설득하기가 쉽지 않았다. 처음에 이사회에서는 그를 이사로 영입하는 것을 환영했지만 최종적으로 보틴 2세가 은행을 경영하도록 허락한 다음에는 이사회에서 물러날 것을 요청했다. 보틴 2세는 스페인 내전과 프랑코 치하의 첫 10년 동안 어려움을 겪으며 산탄데르 은행을 경영했다. 또한 보틴 2세는 스스로 놀라운 나라라고 생각하며 깊은 감명을 받은 영국과 미국을 여행하며 금융업에 대해 배울 수 있는 것은 모두 배웠다. 그는 산탄데르와 칸타브리아에 자신의 뿌리를 내렸다. 그의 고향은 산탄데르였으며, 마드리드에 있을 때는 은행 본부에서 살았다. 그는 한참이 지나서야 마드리드에 집을 마련했다(Gonazalez Urbaneja 1993, 61).』

에밀리오 보틴 2세는 프랑코 정권 하의 격변하는 정치 상황과 경제 정책이 실행되는 시기에 산단데르 은행을 경영했다. 그는 1950년대 시작되어 1960년대를 거쳐 1970년대까지 계속된 산탄데르 은행의 라틴 아메리카와 유럽에서 국제화를 이루는데 필요한 초기 절차와 작업을 지휘했다(제5장 참조). 그는 1950년대 인수 작업을 통해 산탄데르 은행을 다졌다. 하지만 여전히 산탄데르는 경쟁 은행들과 마찬가지로 많이 성장하지는 못했는데, 그 이유는 정부가 새로운 지점을 열 때 규제를 가했기 때문이었다. 주주에게 보고되는 은행의 연례 보고서를 보면 좀 더 빨리 확장해 나가지 못하는 것에 대해 느끼는 답답함을 표현하는 문구들이 은근히 드러나 있다. 산탄데르 은행이 창립된 지 100주년이 되는 해인 1957년 산탄데르는 스페인의 50개 주 가운데 28개 주에 129개 지점을 보유하고 있었으며 런던, 아바나, 멕시코시티, 카라카스에 대표사무소를 뒀다. 하지만 다른 은행을 인수해도 산탄데르를 전국 단위로 운영되는 은행으로 보지 않는 사람도 있었다. 산탄데르 은행은 여전히 스페인 북부 지방과 바르셀로나, 빌바오, 마드리드 같은 대도시에 초점을 맞추고 있었고, 산탄데르 부근과 주변 지방을 제외한 대부분의 시골 지역과 남부 지방, 그리고 지중해 주변 지역에서는 최소한도로만 영업을 하고 있었다.

1960년대 동안 에밀리오 보틴 2세는 새로운 지점을 열어 상대적으로 규제가 덜한 환경에서 이득을 봤다. 그는 더 나아가 브라질과 아르헨티나의 은행 지분을 사들였다. 1965년 보틴 2세는 뱅크 오브 아메리카(Bank of America)와 합작해 훨씬 작은 규모의 은행인 뱅크인터(Bankinter)를 설립했다(제6장 참조). 업계 관측자들은 이런 행보의 이면에 숨겨진 진의는 당시 좌파와 우파 모두 국가가 금융업계 전체를 맡아서 관리하는 것을 옹호하는 분위기 속에서 가족의 자산과 은행 국유화가 이뤄질 경우 금융업계에서의 위상을 지키기 위해서라고 봤다 (Gonzalez Urbaneja 1993, 65; Hernandez Andreu 2000; Perez 1997).[5] 다음 장을 보면 알 수 있듯이 작은 규모와 보수적인 투자 전략 덕분에 1970년대 산업 위기가 닥쳐왔을 때 산탄데르는 경쟁 은행들보다 위기를 잘 이겨낼 수 있었다.

에밀리오 보틴 2세는 1973년 자신의 아들 에밀리오 보틴 3세를 산탄데르 은행의 서열 2위인 부회장으로, 그리고 1976년에는 최고 경영자로 임명해 산탄데르 은행에서 보틴 가문의 위상을 공고히 다진 뒤 1986년 경영 일선에서 물러났다. 따라서 산탄데르 은행에서의 보틴 가문의 부상에 대한 이야기는 약 100년 전, 라파엘 보틴 아귀레가 경영 이사로 임기(1885–1903)를 지낸 시기부터 시작해 에밀리오 보틴 1세가 1909년부터 1923년까지 단속적으로 회장직을 맡았던 시기를 거쳐 1934년 에밀리오 보틴 2세가 경영 이사로 있다가 회장과 최고 경영자(1950–1986)로 일한 기간까지 이어진다. 보틴 2세는 마지막 10년 동안은 회장으로만 일했으며, 그 기간 동안은 아들이 최고 경영자로 있었다. 에밀리오 보틴 2세는 은퇴하면서 스페인 내의 지점 1,500개, 외국 지점 150개, 직원 수 10,000명에 달하는 건실한 은행을 아들에게 물려줬다. 하지만 산탄데르는 국제적인 수준은 고사하고 스페인 국내 수준에서 볼 때도 상대적으로 규모가 작았다.

에밀리오 보틴 3세는 확실한 비전을 가지고 아버지의 뒤를 이었다. 바로 산탄데르 은행을 세계 금융계의 강자로 만든다는 계획이었다. 보틴 2세가 활기 없는 지방 은행을 스페인에서 상위 7위 안에 드는 은행으로 만드는데 성공했다면, 보틴 3세는 수차례에 걸친 국내/국제 인수 합병을 성사시켰고, 이로 인해 산탄데르는 세계 상위 10위 안에 드는 은행이 됐다. 아버지가 산탄데르를 유럽과 라틴아메리카로 인도했지만 나중에는 확장한 사업을 다시 되돌릴 수밖에 없는 처지에 놓였다. 아들은 산탄데르를 ABN 암로, 시티은행, HSBC, ING, 스코틀랜드 왕립은행(RBS), BBVA와 그 밖에 소수의 은행으로 구성된 특별한 그룹에 속하는 진정한 세계적 소매 은행으로 만들었다.

산탄데르가 세계적인 소매 은행으로 부상해가는 멀고도 지난한 길은 1980년대에 시작되어 1990년대 몇몇 산업체 지분을 솜씨 좋게 처분하고 국내 합병과 국제 확장을 거듭해가면서 라틴아메리카에 진출했고, 잇달아 서부와 동부 유럽으로 행보가 이어졌다. 앞으로 계속될 산탄데르 은행의 놀라운 발전에 있어 가장 중요한 토대는 아마도 산업 발전에 관여도가 상대적으로 낮았다는 점으로, 다음 장에서 이에 대해 집중적으로 논의할 것이다.

제**3**장

산업체 그룹

사업에서는 1퍼센트 아니면 51퍼센트를 택한다.

에밀리오 보틴 2세

산탄데르 은행과 다른 경쟁 은행을 구분 짓는 특징이 있다면 그것은 산탄데르가 산업 발전이나 사회간접자본 건설에 관여하는 것을 주저했다는 점이다. 은행들은 스스로 비 금융계통 기업의 지분을 사고팔지만 주식을 장기간 보유하는 주주로 간주하지는 않는다. 산탄데르는 1940년대와 1950년대를 거치는 동안 전국 규모의 은행이 되었고, 1960년대에 들어서면서 기로에 서게 됐다. 스페인에서는 일련의 자유주의 성향의 경제 개혁이 단행되었고, 빠른 성장세를 보였다. 20년에 걸친 경제 침체기 이후 프랑코 정권은 자급자족과 수입 대체 경제에서 수출 주도의 성장으로 경제 정책을 선회했다. 1964년 스페인 정부는 프랑스의 '지시적 계획(indicative planning)'을 본받아 만든 1차 발전 계획을 승인했다. 경제 계획을 바꾸자 민간 분야에서도 자금 조달이나 기업 경영에 여유가 생겼다. 스페인의 주요 은행들은 산업체의 지분을 사들이기 시작했다(Munoz 1967; Munoz 등 1978; Tamames 1977). 산탄데르 은행도 이런 흐름에 동참했지만 무질서하게 퍼져나가는 산업 그룹의 중심에 서지는 않기로 했다. 그 결과 산탄데르는 다른 은행만큼 성장하지는 못했다. 하지만 원래 태생인 상업 금융을 포기하지 않은 것이 1970년대 산업 위기의 격랑을 헤쳐 나갈 때 도움이 됐으며, 경쟁 은행들보다 훨씬 재정이 튼튼한 상태에서 1980년대로 진입할 수 있었다.

2000년대 초, 산탄데르 은행이 다른 기업에 투자한 자본은 전체 자본의 3.7퍼센트였다. 이 투자로 7퍼센트의 수익을 올렸고, 현금화되지는 않았지만 30퍼센트에 상당하는 자본 이득을 올렸다(Echenique Gordillo and Grima Terre 2001, 80). 대부분의 업계 관측자들이 보기에 산탄데르는 1980년대 말부터 시작해 1990년대 내내 전략적 면에서 국내 경쟁사를 능가했는데, 그 이유는 산탄데르가 다른 은행보다 더 기민하고 집중력이 있었기 때문으로 보고 있다. 다만 광범위한 산업체 자산 포트폴리오 문제를 처리해야 했기 때문에 상업 금융업계에서 국제적으로 팽창해 나가는 것이 지연되었고, 한계도 있었다.

1 _ 산업에서의 은행의 역할

금융 체제는 경제 발전에서 중요한 역할을 한다. 그 이유는 제조업의 성장, 에너지 생산과 수송 시설, 농업 현대화를 위한 기본 토대를 마련하는데 엄청난 자본을 필요로 하기 때문이다. 그래서 많은 자금이 역동적인 활동이 이루어지는 경제 분야로 들어가고, 외국에서 비롯된 자본이 국내 특정 기업에 조달된다. 금융 체제를 시장 중심, 은행 중심, 그리고 국가 중심으로 구분한 논문이 있다(Cameron 1972; Cameron 등 1967; Fry 1995; Guillen 2000; Loriaux 1991, 1997a; OECD 1995, 1998; Roe 1993; Zyman 1983). 시장 중심 체제에서 기업의 주요 자금 조달 재원은 주식과 채권 시장으로, 은행은 일반적으로 비 금융계 기업의 지분을 소유하지 않는다. 학자들은 20세기의 미국을 전형적인 시장 중심 체제로 본다(O'Sullivan 2000). 은행 중심 체제에서 비 금융계 회사는 주식을 팔고 대출을 받아 은행에서 필요한 자금을 확보한다. 이 유형에 해당하는 대표적인 국가는 독일이다(Berglof 1988; Gerschen－kron 1962; Zysman 1983). 마지막으로 국가 중심 체제에서는 국가가 운영하거나 소유한 기관이 금융을 장악하는데 프랑스와 한국, 그리고 1950년대와 1960년대, 1970년대 몇몇 라틴아메리카 국가가 이 범주에 들어간다(Amsden 1989; Field 1995; Haggard and Lee 1993; Haggard and Maxfield 1993' Loriaux 1997b; Woo 1991).

이 장이 증명하는 대로 스페인의 금융 체제는 역사적으로 볼 때 은행 중심과 국가 중심 모델의 요소가 결합되어 있지만 은행 중심 특성이 우세한 상황에서 변화를 주는 방식으로 진화해왔다(Perez 1997). 그런 맥락에서 대부분의 대형 은행들은 산업 분야 발전에 뛰어들어 규모가 더 커졌다. 다만 산탄데르는 그렇게 하지 않았다는 점에서 두드러진다. 경쟁 은행들이 산업체 지분에 더욱 의존한 반면 산탄데르는 상업 은행으로의 발전에 초점을 뒀다.

2_ 스페인에서의 은행 – 산업의 연결고리

스페인 근대 역사에서 산업체와 은행이 연관되는 현상은 스페인이 중립을 선언해 스페인 기업들이 전쟁 중인 유럽 강국에 주요 자금원이 된 시기인 1차 세계대전 중에 시작됐다. 1917년 에스파냐 은행(중앙은행)은 은행의 신용 대출액을 은행 자신이 보유하고 있는 공적 부채의 90퍼센트까지로 늘려줌으로써 산업계에서 수익성이 좋은 곳에 투자할 수 있게 했다(Tortella and Palafox 1984). 하지만 페레즈(Perez 1997, 49)가 관측한 바와 같이 새로운 스페인식 은행 – 산업 관계 모델은 독일 고전 모델과 비교했을 때 겉모습만 비슷할 뿐이었다.

『인플레이션을 유발하는 공적 재정으로 산업 육성 비용을 조달하기 때문에 스페인의 은행들과 산업 분야의 관계는 '원죄(original sin)'로 인한 오명을 입었다. 여기서 '원죄'란 은행이 경쟁력 있는 장기적 산업 투자 전략에 필요한 내적 능력과 문화를 개발하지 않고 산업체 투자를 통해 특별 수익을 올리는 것을 의미한다. 은행이 직접 투자하는 분야는 자연적으로 독점적인 분야(에너지)나 높은 관세 보호로 인해 이득을 보는 분야에 몰려 있었다. 그리고 은행은 자사의 직접 자산은 빼고 단기 부채 상환을 연장해 거의 압도적으로 산업 투자에 자금을 댄다. 독일의 사례 같은 '페이션트 캐피털(patient capital)'은 절대 없었다.」

　대부분의 스페인 은행은 예금 계좌를 개설하고, 단기 대출을 연장해 주고, 어음을 할인해주는 일반적인 상업 금융 활동과 함께 장기 대출을 하고, 주식과 정부 부채를 보유하는 등의 투자 활동도 하는 '혼합' 은행이 됐다(Garcia Ruiz and Tortella 1994; Tortella 1994, 336). 큰 대형 은행들—히스파노 아메리카노, 빌바오, 우르키요, 센트랄, 비스카야, 바네스토—은 1920년대와 1930년대 산업체 지분의 포트폴리오를 두 배 이상으로 키웠다. 이들은 대부분의 유명한 광산업, 철강과 강철 산업, 철도, 전력 기업의 이사회에 이사를 파견했다(Tortella and Palafox 1984). 그들은 예금에 최소 이율을 고정시켜 놓고 1921년 제정된 협동조합주의자 금융법을 이용해 금융 분야로 진입할 때의 조건을 규제했다. 이 금융법은 민간 금융 분야에서 선발된 대표로 구성된 새로운 자율규제기관 구조인 '고등금융위원회'가 포함되어 있는 금융 카르텔에 대해 기술하고 있다.

　혼합 은행의 부상은 기업 발전과 통제에 독특한 양식을 만들어냈다. 정치경제학자 프란시스코 베르니스(Francisco Bernis)는 그 당시에 대한 논문에서 세기가 바뀌는 시기의 재계에서는 은행가, 유대인 출신의 자본가, 인디아노스(indianos - 식민지에서 돌아온 신흥 부자), 외국 기업의 자회사에서 일하는 능력 있는 경영자, 부유한 지주, 예수회 성직자, 그리고 주요 독점 기업의 이사회 소속 정치인들이 활동했다고 밝혔다

(Roldan 등 1973 1:26−27). 이런 금융과 산업의 소수 독재 체제는 강력한 로비를 하는데 상당히 효과가 있어 이를 통해 관세 보호 조치나 노동법을 유리하게 만들 수 있었다. 현대 법은 경제 민족주의의 독점 이념을 반영하고 있으며, 노동자나 노동자가 결성한 조직에게 그 어떤 이권도 양보하지 않는 자세를 강하게 고수하고 있다. 소수 독재 체제는 우수한 정신과 전통적인 권위, 그리고 기업을 성공적으로 이끌었다며 기업과 노동자들을 지배하고 통제하는 것을 정당화시켰다(Montoya Melgar 1975, 73−77).

1930년대 초는 희망의 시기였다. 왕정이 무너지고 1931년 제2공화국이 선포됐다. 하지만 이런 변화는 곧 사회에 정치적 격변을 몰고 왔고, 폭력이 가중되어 결국 내란이 일어났다(1936−1939). 공화국은 금융계 상황에 거의 아무런 변화도 이끌어내지 못했다(Munoz 1967, 167−73; Perez 1997, 53−55; Tortella 1994. 334−35). 프랑코 장군이 이끄는 보수와 반동, 그리고 파시스트의 정치적 행보가 모두 하나로 뒤섞인 혼합체가 승리한 후 처음에는 자급자족 정책을 펼쳤지만 그들 사이의 이해관계 때문에 곧 수입 대체로 전환됐다. 국가가 경제에 깊숙이 개입하기 시작했는데, 이는 부분적으로는 2차 세계대전의 발발과 1940년대 말기의 연합 금수조치(禁輸措置)에 대처하기 위해서였다. 프랑코는 자신의 정치 활동의 날개 역할을 하는 파시스트 정당인 팔랑헤(Falange) 당이 요구한 은행 국유화를 거부했는데, 그 이유는 은행가와 기업들이 전쟁 기간 동안 프랑코를 지지했기 때문이었다(Tortella and Garcia Ruiz 2003). 1939년 프랑코는 상황을 그대로 유지하려는 신호를 보냈다. 1940년 은행 비밀주의가 법적인 근거를 얻었고, 1941년 법령은 배당금 지불에 제한을 두는 것을 허용했다. 이런 일련의 조치 덕분에 그 다음 수십 년 동안 은행의 대차대조표는 강화됐다(Tortella and Garcia Ruiz 2003). 1946년 금융법이 다시 제정되어 자율 규제와 은행 카르텔이 가능해졌다. 이 은행 카르텔에는 7개 대형 은행—바네스토, 센트랄, 히스파노 아메리카노, 빌바오, 비스카야, 포플라, 산탄데르—이 포함되어 있었다. 이 카르텔은 예금에는 최고 금리를, 대출에는 최저 금리를 도입했고, 새로운 금융 허가 신청을 검토했다(Munoz 1967, 167–73). 에스파냐 은행은 시중 은행이 보유하고 있는 공적 부채를 담보로 대출해주는 관행을 다시 시작했다. 이런 관행으로 인해 대형 은행은 더 크게 성장할 수 있었고(Perez 1997, 61), 은행과 프랑코 정권은 급격히 가까워졌다. 1939년부터 1945년까지는 정부의 행정부서나 입법부 또는 규제 기구의 임원으로 있는 은행 이사가 11명뿐이었지만 1975년 프랑코가 사망했을 당시에는 거의 20배 늘어나 213명에 달했다(Tortella and Garcia Ruiz 2003).

1950년대 중반, 내부 지향적인 성장 모델이 추진력을 잃고 위기로 치닫자 프랑코 정권은 스스로를 공산주의에 대항하는 보루로 세우고 미국과 국제통화기금의 지원을 얻는데 성공했다. 1959년 새로운 경제 계획을 채택했는데, 그 안에는 국제 제품 시장에서 경쟁할 목적으로 통화 태환성(兌換性)과 새로운 금융법(1962)이 포함되어 있었다. 새로운 금융법은 프랑스 방식의 '특권을 부여 받은 금융망(privileged financial circuits)'을 만들어 국가의 '지시적(indicative)' 경제 계획의 청사진을 따르면서 그와 동시에 산업 분야에 자금을 대는 것을 허용했다. 정부는 에스파냐 은행에 특별 신용 한도를 제정해 시중 은행이 회사에 해준 대출을 재할인 할 수 있게 했다. 시중 은행은 이 새로운 체제에서 중요한 역할을 맡아 1960년대와 1970년대 초반 스페인을 완전히 공업화된 국가로 변모시켰다. 특별 산업 은행을 만들려는 국가의 시도가 수익성과 금융 카르텔의 시장 점유에 가해지는 영향력을 제한하기는 했지만 새롭게 만들어진 산업 은행 15개 중 9개가 상업 은행의 자회사였다. 외국의 직접 투자에 많은 분야를 개방하기는 했지만 외국 자본이 금융업계로 들어오는 것을 허가하는 1962년 법 개정 조항은 결코 발효되지 않았다 (Perez 1997, 68 – 84).

3 _ 산업계에서 보인 산탄데르의 소극적인 역할

다른 은행들과는 달리 산탄데르는 기업 연결망에서 중심이 아니다. 〈그림 3.1〉은 2006년 말 현재 스페인 대기업 사이에 가장 중요한 지분 연결 관계를 단편적으로 보여주고 있다. 이 연결망에서 주요 역할을 하는 것은 저축은행인 라 카이샤(La Caixa), 카하 마드리드(Caja Madrid), 카이샤 갈리시아(Caixa Galicia), 건설회사인 ACS와 FCC, 자동차 보험회사인 무투아 마드릴레나(Mutua Madrileña), 그리고 2006년 렙솔(Repsol) – YPF 와 텔레포니카(Telefonica) 주식을 매각했다고 발표한 산탄데르의 최대 경쟁 은행인 BBVA다. 산탄데르가 대규모 투자를 한 회사는 정유회사인 CEPSA다. 2006년 가을 건설회사 ACS, 악시오나(Acciona), 사키르 발레에르모소(Sacyr – Vallehermoso)는 각각 이베르드롤라(Iberdrola), 엔데사(Endesa), 렙솔 – YPF의 대주주로 이 연결망 내에서의 역할이 더욱 중

〈그림 3.1〉 스페인 기업 연결망 내의 지분 제휴 관계(2006년 말)

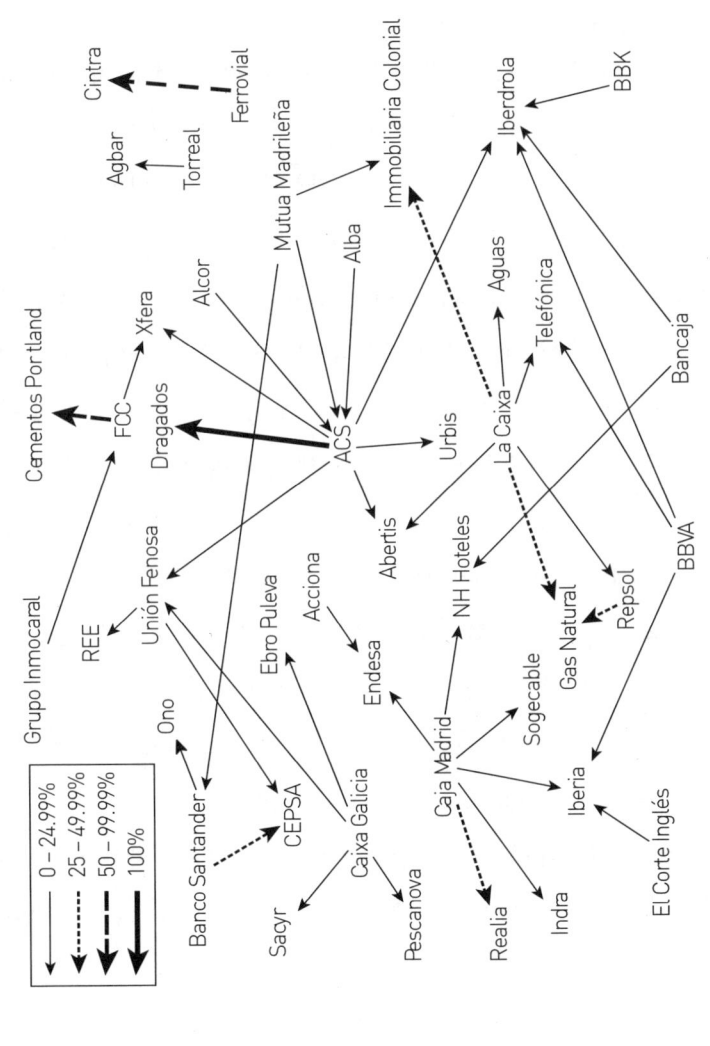

Sources: Company Web sites.

요해졌다. 산탄데르는 악시오나와 사키르에 자금을 공급했다.

역사적으로 산탄데르는 기업간 연결망 내에서 작고 부수적인 역할을 했다. 스페인의 경제가 급속히 성장한 시기였던 1960년대 말 산탄데르는 약 10개 주요 기업인 맥주, 건설, 전기, 철강, 정유, 자동차, 화학 회사의 지분을 보유하고 있었는데(Munoz 1967, 277) 이 중 몇 가지는 그 이전부터 보유하고 있던 것들이었다. 예를 들어, 1946년 산탄데르가 메르칸틸 은행을 인수했을 때 메르칸틸이 소유하고 있던 철강회사 누에바 몬타나 키야노(Nueva Montana Quijano)의 지분을 승계했는데, 이는 산탄데르가 보유한 비 금융권 기업의 지분 중 비중이 가장 큰 사례였다. 이 회사는 자동차 조립공장을 확장해서 1950년대와 1960년대에 상당한 수익을 올렸다. 하지만 1980년대에는 심각한 위기에 빠지게 됐고, 그래서 산탄데르와 다른 주주들은 보유하고 있던 주식을 처분했다 (Hoyo Aparicio 2000). 산탄데르가 맥주업계의 세르베사스 라 크루즈 블랑카(Cervezas La Cruz Blanca)를 인수했던 것도 운이 나쁘기는 마찬가지였다. 세르베사스는 경쟁사와의 경쟁에서 밀렸다.(Hernandez Andreu 2000). 그리고 정유와 전기에 투자를 한 이유는 센트랄 은행과의 합작 관계 때문이었다(Tortella and Garcia Ruiz 2003, 90 - 91).

산업체 기업의 주식 보유분이 상대적으로 작았기 때문에 산탄데르는 다른 대형 은행들 같이 심하게 산업체와 맞물리지는 않았다. 1960년대 말 산탄데르의 이사회 임원이면서 다른 기업의 이사로 등재되어 있는 숫자는 179명이었다. 이에 비해 빌바오 478명, 비스카야 463명, 센트랄 390명, 바네스토 378명, 우르키요 336명, 포퓰라 228명, 히스파노 아메리카노 201명이었다. 연동된 이사 179명 중 에밀리오 보틴 2세가 27곳,

그의 동생인 마르셀리노가 19곳, 아들인 하이미와 에밀리오가 각각 11곳과 9곳의 이사로 등재되어 있다. 산탄데르가 이사를 공유하는 기업은 자동차, 시멘트, 맥주, 유제품, 조선, 금속, 전기 기구, 전력, 정유, 철도, 건설, 금융, 호텔, 그리고 물 사업 분야에서 활발하게 활동하고 있었다. 1960년대와 1970년대 산탄데르의 회장을 지낸 에밀리오 보틴 2세는 당시 평균 5개 대기업의 이사로 있었는데, 거의 모두가 전기와 제조업체였다(Munoz 1967, 467, 495 – 551; Tamames 1977, 239).

산탄데르가 산업 분야에서 그다지 왕성한 역할을 하지 않은 것이 계획된 일이었느냐에 대해서는 약간의 논란이 있다. 몇몇 업계 관측자들은 에밀리오 보틴 2세가 관심이 있기는 했지만 산업 분야에 투자해서 성공을 한 적이 전혀 없었거나 아니면 관심은 있었지만 최소한 다른 은행들만큼 성공을 거두지는 못한 때문이라고 말한다. 소문에 의하면 보틴 2세는 산업계 발전의 변화를 예측해 목표를 가려내는데 그리 뛰어나지 못했으며, 투자한 기업이 성공하도록 적극적으로 돕지도 않았다고 한다. 1960년대 중반, 그는 산탄데르의 주주들에게 "뱅크인터가 우리의 산업 은행이 될 것입니다"라고 말했지만 이후에도 여전히 상업 금융에 초점을 맞췄다. 하지만 지나고 보니 산탄데르가 산업계에서 그 위상이 그리 강하지 않았던 것이 1970년대 세계적인 경제 위기 때문에 스페인의 산업 활동이 급격히 하강하는 시기가 닥쳤을 때 오히려 축복이었다는 점이 입증됐다.

4 _ 1970년대 산업 위기와 은행

1960년대 말, 무분별한 재할인 정책과 산업 은행, 특히 공식 신용 대출 기관의 대출 정책 때문에 문제가 발생하기 시작했다. 프랑코 정권 내 권력 균형에 변화가 생기자 에스파냐 은행의 경제학자들이 개혁 조치를 단행해 중앙은행의 규제 당국이 전체 개인 신용 대출 시장을 규제할 수 있게 됐다. 그로 인해 부수적으로 경제 계획의 영향력이 감소했으며, 값싼 신용 대출 정책도 종결됐다. 은행-산업체 연결고리가 위태롭다는 조짐이 이미 1960년대 초, 중반 국제적으로 경쟁력이 없던 철강과 석탄 산업에서 일기 시작했다. 은행이 새로운 자금 지원을 거부하자 정부가 이런 기업의 손실분을 떠맡았고, 공적 분야도 이런 짐을 상당히 많이 떠안았다(Martin Acena Comin 1991; Perez 1997, 108-9). 1970년대 초반, 조선업도 같은 길을 걸었고, 국가가 이에 개입하자 은행은 가까스로 조선업체와의 관계를 끊을 수 있었다. 이후 1970년대 내내 비 금융계 기업에 대한 은행의 역할은 더욱 감소했다. 그래서 은행은 값싼 여신 정책을 실시하는 동안만 산업체에 자금 공급을 원활하게 할 수 있었다. 수익성을 강화하기 위해 대형 은행들은 그 유명한 월례 오찬 모임에서 최소 이자율을 고정시키는 관행을 시작했고, 이는 1980년대 말까지 지속됐다. 은행 사이의 경쟁은 가격에서 유통과 마케팅으로 전환되었으며, 독점 체제에서 예상할 수 있듯 지점 연결망이 더욱 확장되었다. 이 시기 스페인의 1인당 은행 지점 수는 유럽 연합 평균의 2배에 달했다. 금융 카르텔은 손쉽게 고비용을 고객들, 즉 가계와 비 금융권 기업이 부담하게 만들 수 있었다(Casilda Bejar 1997; Perez 1997, 112-13).

스페인의 산업체들은 증가하는 금융비용뿐 아니라 두 번의 석유 파동과 1976년 시작된 민주주의로의 과도기가 오기 전과 과도기 동안 발생한 임금 인플레이션을 견뎌내야만 했다. 그런 부담을 국가에 지우려던 노력에도 불구하고 금융 분야는 그 위기에서 피해를 입고 말았다. 1977 – 1985년 사이에 거의 60개 중, 소형 은행이 도산했다. 그리고 새롭게 생긴 상대적으로 큰 두 개의 금융 그룹—방카 카탈라나(Banca Catalana)와 루마사(Rumasa)—이 예금액의 27퍼센트를 차지하게 됐다. 이런 은행의 대부분은 1960년 이후 창설되었으며 산업계와 깊은 관계를 맺고 있었다. 국가가 위기 비용의 5분의 4를 책임졌고, 나머지는 개인 은행이 맡았다(Cuervo 1988). 7대 대형 은행 중 히스파노 아메리카노 은행(Banco Hispano Americano)이 가장 심하게 타격을 입었는데, 그 이유는 가까운 파트너인 우르키요 은행을 통해 산업체와 깊은 합작 관계를 맺었기 때문이었다(Munoz 1967, 145 – 47; Tortella and Garcia Ruiz 2003). 1984년 스페인의 상위 은행 중 배당수익 지급을 하지 못한 은행은 히스파노 아메리카노 뿐이었다. 그 직후인 1985년부터는 대형 은행의 행장들이 국영 은행인 엑스테리어의 회장이자 전 경제장관인 미구엘 보이어(Miguel Boyer)를 그들의 월례 오찬에 초대하면서 정부와 은행 사이의 관계 조정 작업이 더욱 확연히 드러났다.

5 _ 산업체 지분에 대한 산탄데르의 최근 전략

비 금융권 기업의 지분에 대한 산탄데르의 공식 정책은 1990년대에 확실하게 세워졌다. 이사회 임원이사 전 최고 경영자인 로드리고 에시니케(Rodrigo Echenique)와 그의 책을 함께 집필한 공동 저자인 총괄이사는 "금융업에서 치열한 경쟁이 일어나고, 자본 시장이 위험에 크게 노출된 현재 시점에서 비 금융권 기업의 투자 결정에 도움이 되는 기준이 딱 하나 있다면 그것은 바로 수익성이다. 목표는 그런 투자를 최대화해 —순수익과 배당금 지불, 그리고 판매를 통해 거둔 자본을 포함해—그룹의 수익을 강화하는 것이다"고 말했다(Echenique Gordillo and Grima Terre 2001, 80).

이 두 사람은 대기업의 지분을 소유하며 생기는 '유발 금융 사업(induced banking business)'은 정의하고 측정하기가 더욱 힘들다고 말했다. 이들은 또한 세금 규제를 호의적으로 해 은행이 자사의 소득을 제대로 알 수 있게 돼야 한다고 지적했다. 마지막으로, 그들은 산탄데르가 비 금융권 기업의 지분만을 전문적으로 다루는 팀을 두지 않았기 때문에 산업이 발전하는 다양한 시기 — 캐시카우(cash cows), 유동성(liquidity), 성장(growth)—마다 그에 맞는 혼합 투자 관리를 하지 못했고, 그래서 산업체에서 커다란 수익을 얻지 못했다고 말했다.

나름대로의 투자 기준을 세워 실행해온 산탄데르는 지난 20년 동안 자사의 산업체 포트폴리오의 상당량을 재배치시켰다. 1985년 스페인이 유럽 연합에 가입하기 전 날, 당시 산탄데르 투자의 대부분은 비 금융권 기업인 제조업체와 에너지(특히 화학제품), 금속세공, 식품 가공, 물, 그리고 전력 회사에 몰려 있었다(도표 3.1 참조). 1980년대 후반부터 1990년대 초반에 걸쳐 은행이 저성장 산업에서의 활동을 줄이려 할 때 산탄데르는 제조업체에 투자했던 지분을 다른 곳으로 이동시켰다. 2004년까지 산탄데르는 자사의 주식 보유량을 전면적으로 조사해 석유 유통과 소매 판매업을 하는 정유회사 CEPSA만 빼고 제조업과 중장비 사업 분야에서의 활동을 대폭적으로 줄였다. 산탄데르는 빈틈없이 지분을 부동산, 건설, 도매와 소매업, 통신과 미디어, 여행과 레저, 인터넷과 전자 상거래, 그리고 소프트웨어와 데이터를 포함해 스페인에서 가장 빨리 성장하는 분야로 옮겼다. 산탄데르는 또 상당히 많은 수의 소규모 서비스 회사 지분도 보유하고 있었다. 고성장 산업에서 목표를 맞춘 투자 전략은 엄청난 자본 이득을 창출했고, 다음 부분이 입증하듯 산탄데르도 몇몇 경우에는 이것이 사실임을 깨달았다.

6 _ 바네스토 산업체 지주회사

산탄데르가 보유한 산업체 투자 자산 중 따로 분리해 놓은 부분이 있는데, 이 부분은 1994년 산탄데르가 전통적으로 제조업과 사회간접자본 건설에 커다란 관심을 보여 온 바네스토 은행을 인수한 것과 관계가 있다(제4장 참조). 바네스토를 인수하자마자 언론은 산탄데르가 바네스토 산업체 그룹을 어떻게 할지를 예측했다. 예를 들어 〈이코노미스트〉(1994년 4월 30일자)는 다음과 같이 보도했다.

『산탄데르는 바네스토 자산의 일부도 매각할 수 있다. 에밀리오 보틴 회장은 이미 뱅커스 트러스트(Bankers Trust), 아메리칸 뱅크(American Bank)에 문의해 바네스토가 보유한 정치적으로 민감한 미디어 부문 주식을

〈도표 3.1〉 직/간접적으로 산탄데르가 지분을 보유했던 비 금융계 기업의 숫자
(1985-2004)

	1985	1986	1987	1988	1989	1990	1991	1992	1993
농업	0	0	0	1	2	2	0	0	0
광산업	2	2	2	2	2	2	3	0	0
정유산업	0	0	0	0	0	0	0	0	0
산업재	13	7	6	7	9	4	2	1	1
소비재	3	3	1	3	3	4	2	1	1
건설	1	0	0	0	0	1	0	0	0
부동산	3	2	1	1	3	5	4	2	2
도소매업	1	1	1	1	0	0	0	0	0
통신과 미디어	0	0	0	0	0	0	0	1	0
전기	5	5	4	4	5	3	0	0	1
여행과 레저	2	3	4	3	4	5	5	3	2
인터넷과 전자상거래	0	0	0	0	1	1	1	1	0
소프트웨어와 데이터	0	0	1	1	1	1	1	0	0
기타 서비스업	9	8	7	3	10	11	10	4	5
합계	39	31	27	26	40	39	28	13	12

Sources: Annual reports.
Notes: Because firms vary enormously in size from industry to industry, the annual totals do not necessarily correlate with the amounts
involved in the investments. Companies from the Corporación Banesto are excluded unless they were kept on Banesto's balance sheet.

신속하게 처리해줄 것을 요청했다. 여기에는 사회주의 정부에 상당히 비판적인 자세를 취해온 신문 〈엘 문도(El Mundo)〉와 TV 채널인 〈안테나 3(Antena 3)〉가 포함되어 있다. 뒤죽박죽인 바네스토 산업체 지분을 없애버리는 것은 훨씬 더 어려운 작업이 될 것이다. 그 포트폴리오에는 클러치를 만드는 금속 기계업체부터 대형 아연 생산업체까지 포함되어 있다. 스페인 경제가 최악의 침체기에서 이제 조심스럽게 조금씩 벗어나고 있으므로 보틴 회장은 바이어가 다시 나타나기를 바랄 것이다.」

1994	1995	1996	1997	1998	1999	2000	2001	2002	2003	2004
0	1	0	0	3	0	1	1	3	3	3
0	0	0	0	0	0	0	0	0	0	0
0	0	0	0	0	1	1	1	1	1	1
8	7	3	3	3	6	3	3	4	3	3
1	1	1	0	0	2	0	0	1	1	2
0	0	0	1	0	1	1	2	1	2	2
1	1	1	4	3	6	7	4	18	18	22
0	0	1	1	0	1	2	2	5	4	4
3	3	1	0	0	0	0	1	4	7	4
1	0	0	0	0	1	2	1	2	3	2
4	2	3	4	3	2	2	1	8	7	8
0	0	0	0	0	0	3	2	21	19	17
0	0	0	2	2	2	0	1	8	6	6
2	3	2	2	1	1	2	1	19	23	24
20	18	12	17	13	23	24	20	95	97	98

바네스토가 지분을 사들인 기업체 대부분은 1993년 손실을 봤으며, 그에 따라 엄청난 빚을 지고 있었다. 보틴이 바네스토로 파견한 경영 팀은 알프레도 사엔즈(Alfredo Sáenz)가 회장을 맡았고 산티아고 잘덤비디(Santiago Zaldumbide)가 최고 경영자로 부임한 코퍼라숀 바네스토(Corporacion Banesto – 산업체 지주회사)였는데, 이들은 아주 신속하게 움직였다. 1994년 말 은행을 인수한 지 8개월 후 그들은 튜더(Tudor – 유럽에서 3번째로 큰 건전지 제조업체), 카부로스 메탈리코스(Carburos Metalicos – 산업 가스 회사)와 아스투리아나 데 징크(Asturiana de Zinc) 지

분의 23퍼센트를 외국의 다국적 기업에 팔았다. 빌바오 비스카야 은행 (BBV)의 와인 회사는 보데가스 AGE(Bodegas AGE)를 샀다. 1995년 초 바네스토는 아르고만(Agroman)을 페로비알(Ferrovial)에 넘겼다(이번 거래로 페로비알은 스페인 건설회사 순위 3위에 올랐다). 1998년까지 산탄데르는 라디오트로니카(Radiotronica – 통신장비 제조업체), 이솔룩스 와트 (Isolux Wat – 전기기반시설 회사), 그리고 아스투리아나 데 징크(Asturiana de Zinc)의 나머지 주식을 포함해 주요 주식을 매각했다. 남아있던 바네스토 산업체 지주회사 중 중요한 것은 부동산 개발업체인 우르비스 (Urbis)뿐인데 그것도 2006년 여름 7억 7,800만 유로를 수익으로 제공하는 조건으로 매각했다. 이러한 거래는 모두 산탄데르가 상업 금융에 매진한다고 밝힌 정책과 그 기조를 같이 한다. 그리고 위의 회사들의 손익계산서가 아주 저조해 처분을 하려면 대대적인 준비와 부채 조정을 해야 했다.

7 _ CEPSA의 경우

스페인 제2의 정유회사인 CEPSA의 사례는 보틴이 외부 연결 경영 방식으로 비 금융권 기업을 관리하는 수법을 보여주는 좋은 경우다. 1929년 설립된 CEPSA는 원래 카나리아 제도에서만 영업을 했다. 센트랄 은행이 초기 주주 중 하나였고, 산탄데르도 약간의 주식을 보유하고 있었다. 1990년 CEPSA는 프랑스의 거대 정유회사인 토탈(Total – 지금의 엘프 토탈 피나[Elf Total Fina])을 끌어들여 토탈이 CEPSA의 주요 주주가 됐다.

1999년 산탄데르가 센트랄 히스파노은행(BCH)을 합병했을 때 BCH는 CEPSA의 주식을 약 18퍼센트 보유하고 있었다. 2002년 보틴이 합병한 은행 내에서 영향력을 행사하고 있을 당시(제8장 참조) 산탄데르는 CEPSA의 지분을 약 20퍼센트 가지고 있었다. 2003년 9월, 산탄데르는 여기저기에 분산된 상태로 여러 주주들이 보유하고 있던 CEPSA의 지분 20퍼센트 중 12억 유로에 상당하는 16퍼센트를 공개 매입하겠다고 발표해 시장을 놀라게 했다. 이것이 성공했다면 CEPSA 지분의 45퍼센트를 보유한 토탈에 이어 산탄데르가 36퍼센트를 장악했을 것이고, 아랍에미리트 연합의 국제석유투자공사(International Petroleum Investment Company)가 9.5퍼센트를 소유했을 것이다.

하지만 CEPSA의 직접 지분 외에도 산탄데르는 토탈, 그리고 전기설비회사인 유니온 페노사(Union Fenosa)와 함께 소마엔 도스(Somaen Dos) 지분의 59.5퍼센트를 보유하고 있었기 때문에 이로 인해 CEPSA 지분의 총 33퍼센트를 보유하고 있는 상태였다. 산탄데르는 사실상 소마엔 도스의 의결권 주식을 거의 모두 소유하고 있는 셈이었다. 이런 방법은 1990년대 중반 프랑스 회사가 스페인 최대 기업 중 하나를 통제한다는 비난을 피하기 위해 사용한 방법으로, 경제계에서 구사하는 전략적 방법 중 하나다.

토탈은 이런 상황에 대해 불신하는 반응을 보였고, 의결권 주식 문제를 네덜란드 헤이그의 법정으로 가져가—산탄데르와 맺은 개별 주주 협정에 의하면 다른 측의 승인 없이 CEPSA의 주식을 팔거나 살 수 없다는 것을 이유로 들어—중재를 요청했다. 한편 스페인의 증권거래위원회는 이 의결권 주식을 승인했고, CEPSA 이사회는 소액 주주들에게 주식을 산탄데르에 팔 것을 권고했다. 유니온 페노사까지 소유하고 있는 지분 5퍼센트를 산탄데르에 팔겠다고 제안했다. 그래서 산탄데르가 12퍼센트 약간 넘는 주주를 모으는 데는 성공했지만 토탈의 변호사들은 산탄데르가 CEPSA의 지분에 대해 행사할 수 있는 권리를 잠시 제한하게 만들었다. CEPSA 주식은 산탄데르가 주식 공개 매입시 제안한 28유로보다 2유로 이상 올랐다. 2004년 중반, 시장 내 투기로 인해 토탈이 주식을 발행해 그것을 산탄데르가 보유하고 있는 CEPSA 주식과 맞바꾸길 원할 가능성이 있다는 추측이 돌았다(산탄데르가 슈퍼디플로[Superdiplo]를 어홀드[Ahold]에 팔고 에어텔[Airtel]은 보다폰[Vodafone]에 팔았을 때 이런 결과가 나왔다). 2006년 4월 헤이그에서의 중재 과정은 산탄데르에 유리하게 끝났다. 산탄데르는 관계사가 지분의 25퍼센트 이상을 소유하고 있을 경우 2003년 제정된 새로운 투명성 법에 따라 개별 주주 계약은 무효가 된다고 주장했다. 최종적으로 법정은 토탈이 소송을 하는데 쓴 비용을 산탄데르에게 배상하라고 명령했다. 그리고 산탄데르가 보유한 CEPSA 주식 중 4퍼센트를 주당 7유로에 매각하라는 판결을 내렸다. 하지만 보틴의 행보는 나름대로 성과가 있는 것 같았다. 경제 일간지인 〈싱코 디아스(Cinco Dias)〉는 2005년 4월 4일자에 다음과 같이 보도했다. "산탄데르는 어제 CEPSA 주식 27.7퍼센트로 13억 유로의 자산 매각 소득을 얻은 것으로 추산했다. 이는 토탈이 4.35퍼센트를 사기로 한 옵션을 받아들이기로 결정했으므로 장부 가액과 주당 가격을 45유로로 계산해서 얻은 수치다." 즉 2003년 산탄데르가 공개 매입 가격으로 써냈던 것에서 60퍼센트가 상승한 효과를 봤다고 생각한 것이다. 이 책을 쓰는 시점에도 산탄데르는 여전히 CEPSA의 주요 주주다. CEPSA의 사례는 직접 보이지 않는 자본 이득이 처음에 예상했던 것보다 한층 더 복잡하다는 사실을 깨닫게 한다.

8 _ 특별 수익

에밀리오 보틴 3세의 진두지휘 하에 산탄데르는 기업, 또는 기업의 일정 부문을 사고팔아 상당한 자본 이득을 올렸다. 〈도표 3.2〉는 가장 중요한 거래를 요약해놓은 것이다(금융 회사와 서비스 회사가 많고, 제조업체는 유제품 업체 풀레바[Puleva] 하나뿐이라는 점에 주목한다). 이 수익성 좋은 분할 사업의 길고 긴 목록에서 가장 인상적인 면을 들자면 이런 사업의 2배 이상이 스페인에서와 마찬가지로 외국에서도 일어났는데, 사업에서 얻은 자본 이득이 단순히 국내 시장에서 누린 특권의 결과가 아니라는 점을 보여준다는 것이다. 투명성이 그다지 좋지 않은 신흥 시장과의 거래 역시 특권을 누린 결과가 아니었다. 산탄데르는 소액 지분을 인수한 다음 나중에 미국의 퍼스트 유니온과 메트라이프, 영국의 스코틀랜드 왕립은행과 보다폰, 프랑스의 소시에테 제네랄, 일본의 신세이 은행에 매각 처분했고, 그러면서 70억 달러가 넘는 혼합 자본 이득을 봤다. 이런 거래건 중 몇 가지는 앞서 기술한 CEPSA 지분 운용의 모범이 됐다. 에어텔의 지분을 모두 보다폰에 넘긴 다음 3단계를 밟아 보다폰 주식을 처분한 것을 예로 들 수 있다. 이렇게 성공을 거둔 거래는 모두 대대적인 언론의 주목을 받았다.

산탄데르의 산업체 지분 운용에 대한 경험을 통해 은행 – 산업 연결

〈도표 3.2〉 주요 제휴 관계사 지분 매각으로 인한 산탄데르의 자본 이득(또는 손실)

연도	회사	산업	국가	매각처	매각한 지분율 (%)	판매 가격 (단위: 100만 유로)	자본 이득 (단위: 100만 유로)
1993	Entel	통신	칠레	Chilquinta (3.42%); Sipsa (3.24%); CNS (2.37%); Aetna Chile (0.97%)	10.00	43.5	23.4
1996	Puleva	유제품 제조	스페인	Caja Gral. Granada; Caja S. Fernando	9.00	...	6.0
1997	First Union	은행	미국	Market	10.90	1,802.9	1,502.4
1999	Banco Comercial Português	은행	포르투갈	Banco Comercial Português	13.80	...	480.8
2000	Airtel	통신	스페인	Vodafone	30.45	...	36.1
2001	Royal Bank of Scotland	은행	영국	Market	1.53	...	400.0
2001	Société Générale	은행	프랑스	Market	4.43	...	185.0
2001	Compañía de Seguros de Vida Santander, and Compañía de Reaseguros de via Soince	보험	칠레	MetLife	100.00	284.0	160.0

(continued)

연도	회사	산업	국가	매각처	매각한 지분율 (%)	판매 가격 (단위: 100만 유로)	자본 이득 (단위: 100만 유로)
2001	MetLife	보험	미국	Market	3.2	...	300.0
2001	Vodafone	통신	영국	Market	1.10	...	1,619.6
2001	Superdiplo[a]	소매	영국	Ahold	0.86	1,250.0	421.0
2002	Royal Bank of Scotland	은행	영국	Market	3.00	1,360.0	809.0
2002	Vodafone	통신	영국	Market	0.56	...	274.0
2002	Dragados	건설	스페인	ACS	22.00	900.0	520.0
2002	Vallehermoso	부동산	스페인	Sacyr	24.50	568.8	301.0
2002	Société Générale	은행	프랑스	Market	1.50	...	92.0
2002	MetLife	보험	미국	Market	0.64	...	76.0
2002	Banco Bital	은행	멕시코	HSBC	27.00	260.0	125.0
2002	Aguas de Valencia	물(Water)	스페인	Banco Valencia (10.61%); Fomento Agricola Castellonense (6.42%); Luis Batalla SA (4.94%)	21.97	32.5	16.0

연도	회사	산업	국가	매각처	매각한 지분율 (%)	판매 가격 (단위: 100만 유로)	자본 이득 (단위: 100만 유로)
2002	Patagón América	인터넷	아르헨티나	Wenceslao Casares and Guillermo Kirchner	100.00	10.7	(700)
2003	Antena 3	TV	스페인	Grupo Planeta	8.50	128.0	41.1
2003	Antena 3	TV	스페인	Market	2.98	47.2	16.8
2003	Santander-Serfin	은행	멕시코	Bank of America	24.90	1,600.0	700.0
2004	Royal Bank of Scotland	은행	영국	Market	2.51	1,845.0	472.0
2004	Vodafone	통신	영국	Market	0.46	…	241.0
2004	Shinsei Bank	은행	일본	Market	4.00	…	118.0
2005	Royal Bank of Scotland	은행	영국	Market	2.57	2,024.0	717.0
2005	Unión Fenosa	전기	스페인	ACS	22.00	2,000.0	2,000.0
2005	Auna	통신	스페인	ONO; France Telecom	23.49	12,800.0	355.0
2005	Banco Santa Cruz	은행	볼리비아	Banco Mercantil	96.33	31.7	16.7

Sources: Factiva; various newspapers.

aPurchased and sold through Vista Capital, a private equity firm jointly owned by Santander and Royal Bank of Scotland.

고리의 이득과 손해 두 가지 모두를 살펴볼 수 있다. 산탄데르가 산업에 투자하기를 주저했던 것이—어떤 이들은 능력이 없었던 거라고 말하지만—초기 은행의 국내 성장을 제한했다. 하지만 산탄데르가 산업계에서 역할이 미미했던 점이 1970년대 위기 이후에는 불리한 점에서 유리한 점으로 변했다. 산탄데르는 작지만 건실한 구조 덕분에 국내는 물론 국제 금융업계에서 경쟁 은행을 능가했고, 경쟁 은행이 투자에서 기대 이하의 실적을 보이고 어려운 구조 조정에 붙잡혀 고전하고 있을 때 국내와 국제 인수합병을 통해 주도권을 쥘 수 있었다. 산탄데르도 비 금융계 기업에 투자했지만 대부분이 장기간 동안 인내심 있는 주주로 행세하기 위해서라기보다는 자본 이득을 얻기 위해서였다. 하지만 이어지는 3개 장에서 연속적으로 소개하듯이 산탄데르는 이번 장에 나왔던 특별 자본 이득을 종종 국내외 성장에 필요한 자금으로 사용해 국내는 물론 국제 소매금융업계에서 아주 급격하게 성장했다.

제**4**장

강자 생존

스페인의 은행들은 '유럽 통합'이라는 상황에서 생존하기 위해 아주 힘든 시간을 보내게 될 것입니다. 우리가 합병 과정을 더 이상 지연시킨다면 외국 은행이 우리를 내리누르며 압박할 때 억지로 합병을 해야만 하게 될 것입니다.

– 경제장관 카를로스 솔차가(Carlos Solchaga), 〈로이터 뉴스(Reuter News)〉 1987년 12월 11일

오늘날 산탄데르 그룹의 3분의 1을 차지하는 애비 내셔널을 우리는 아주 자랑스럽게 생각합니다. 센트랄 히스파노 인수 역시 아주 중요했지만 최근 우리 은행 역사에 있어 가장 결정적인 인수 작업은 바네스토였습니다. 우리 산탄데르로서는 엄청난 대약진이었지요.

– 에밀리오 보틴 2세, 〈유로머니〉 2005년 7월 1일

뒤죽박죽인 상황을 숨기려고 또 다른 것을 어질러 놓는 것이 합병이다.

–페르난도 곤살레스 우르바네야(Fernando González Urbaneja), 은행가&저널리스트, 2006

소매 금융 분야의 태두가 되는 두 학파—하나는 스페인에 있었다—의 주장을 소개한다. 한 학파는 적자(適者), 즉 경영이 잘 되는 은행이 생존해서 성공한다고 봤다. 이 견해에 의하면 강력한 자본 토대를 만들고, 위기관리 능력을 개발하며, 인적 자원과 정보 체계에 투자하고, 상품 차별화와 빈틈없는 마케팅 전략을 세우고, 효율적 현금 관리와 저비용 구조를 유지하는 것이 고도의 실적을 내는 열쇠다. 이 논리에서 보면

소형 은행과 대형 은행 모두 고도의 수익성을 올릴 수 있다.

다른 학파의 견해는 금융 시장의 통일과 세계화로 인해 그 어느 때보다 규모가 중요하며, 이로 인해 은행이 더욱 효율적으로 운용될 수 있다고 보았다. 이에 대한 이유로 두 가지를 언급하는데, 먼저 세계를 대상으로 한 수탁 업무와 자산 관리, 비영업 부서 운영에서 규모의 경제의 중요성이 점점 증가한다는 점(Walter 2004)을 들고 있고, 다른 하나는 적대적 인수합병을 방어하기 위해 몸집을 불리는 방법이 상당히 유용하기 때문이라 한다.

세계의 거의 모든 소매 금융 시장을 보면 틈새 전략을 세우는 은행도 여전히 존재하지만 크기를 늘리고 성장을 추구하는 은행이 대부분이다. 따라서 상대적으로 작은 은행도 그 상황에 맞는 지역이나 시장을 찾아 거기에 맞춰 경쟁력을 키우도록 노력해야 한다.

스페인에서는 BBVA와 산탄데르가 국내 합병과 외국 은행 인수 작업을 통해 적극적으로 몸집을 불리려 노력했다. 하지만 이와는 대조적으로 포풀라 에스파뇰 은행(Banco Popular Español)과 사바델 은행(Banco de Sabadell)은 국내 시장에 초점을 맞추면서 인수 작업도 더욱 선별해서 했다. 그 결과 이 은행들은 경쟁 은행에 비해 규모는 6분의 1밖에 되지 않지만 경영은 물론 자본 출자도 잘 되며, 세계에서 가장 수익을 잘 내는 은행이 됐다.

이 책을 집필하기 위해 우리가 인터뷰를 한 수많은 전문가와 분석가들은 기업 성장을 위해 주주에게 돌아가는 수익을 소홀히 하게 되는 문제가 생길 가능성을 제기했다. 그들은 인수와 합병이 주주들에게 좋은 것만은 아니라고 주장했다. 특히 대등 합병은 다른 업계에서는 물론 금융업계에서도 빈번히 일어나는데, 이 경우 서로 간에 충돌이 생기고, 결국에는 한 쪽이 다른 쪽을 장악하게 되는 경우가 많다. 산탄데르 은행의 지난 20년간의 눈부신 성장을 분석하며 반드시 숙지해야 할 중요한 점은 스페인이 유럽 연합에 가입하면서 금융 분야에서 경쟁의 역학 관계가 갑작스럽게 전환됐다는 것이다. 스페인 은행들보다 규모가 크고 더욱 발달한 다른 유럽 국가의 경쟁 은행들을 보며 스페인 은행들은 동등한 상태로 경쟁하기 위한 수단으로 인수와 합병을 선택하게 됐다.

기민하게 움직이면서 산업체 투자에서 비교적 손해를 적게 본 산탄데르는 산업과 금융계 위기의 격랑이 밀려온 1970년대를 이겨내고, 자유화와 규제 완화가 정점을 이룬 1990년대를 지나며 선도적 위치를 점할 수 있는 최고의 자리를 차지했던 것 같다. 에밀리오 보틴 3세가 최고 경영자의 자리를 굳건히 지키고 있고, 능력 있는 경영자들이 그를 보필했기 때문에 산탄데르는 결정적인 행보를 할 수 있었던 것이다.

1 _ 자유화와 규제 완화를 맞이한 수동적인 금융 분야

스페인의 은행들은 수십 년 동안 외국 은행이 들어오기에는 상당히 규제가 많은 환경 속에서 보호받으며 영업을 하고, 이자율로 인한 이윤과 높은 수수료로 수익을 올렸다. 앞 장에서 살펴본 바와 같이, 7대 대형 은행은 1960년대 값싼 여신 정책과, 1970년대 위기 이후의 신용 시장의 카르텔화를 겪으며 효율성이 최저인 상황에서도 이득을 보며 번성했다. 이 상황을 위협한 유일한 사건이 있었다면 1965년 재무장관이 센트랄 은행(Banco Central)과 히스파노 아메리카노 은행(Banco Hispano Americano) 사이의 계획된 합병을 지지한 일 정도였다. 이 사건이 아주 중요했던 이유는 이 합병으로 대형 은행 간 경쟁의 평형 상태가 와해될 가능성이 있었기 때문이다. 하지만 프랑코 장군은 이로 인해 야기될 결과의 파장이 너무도 강력할지 모른다는 우려에서 그 합병을 막았다. 프랑코 장군의 측근은 그의 말을 다음과 같이 인용했다. "나는 이 합병에 대해 언제나 반대였다. 이 합병이 성사되면 엄청난 괴물이 탄생해 모든 것을 장악할 것이고, 이들과 손잡고 일하지 않으면 모든 것을 잃어버리게 될 것이다. 그런 독점 체제를 허용하느니 은행을 국유화하는 게 낫다고 생각한다."[1] 프랑코가 독재자이긴 했지만 그의 권력 기반은 파시스트부터 전통적인 보수주의자들에 이르는 불안정하고 계속해서 변화하는 연합에 근거하고 있었다는 점을 기억해야 한다. 그래서 프랑코는 언제나 자신의 정권 내 어떤 한 파벌이 다른 파벌보다 우세하지 않을까 의심해왔다. 1950년대 후반부터 1960년대 초반에 이르는 동안 프랑코 정권은 일련의 노동과 자본과 소비자 시장, 그리고 다른 국가와 경제, 재정 관계를 현대화하는 새로운 경제 정책을 도입했지만 이 개혁은 금융 분야까지 확대되지는 않았고, 금융계는 여전히 7대 대형 은행이 장악하는 상황이 계속되고 있었다.

1977년 처음으로 민주적 방식으로 들어선 정부가 에스파냐 은행의 지원으로 금융계를 자유화하고, 규제 완화를 하기 시작했다. 정부와 에스파냐 은행은 스페인이 세계 경제에 통합되고 궁극적으로 유럽 연합의 회원국이 되기 위한 조건을 충족시키기에 자국의 금융계가 부적합하다는 사실을 깨달았다. 초기 개혁은 통화 정책에 변화를 주고, 예금에 대한 이자율과 외국 은행의 진출을 약간 풀어주는 소극적 의미의 자유화 조치를 골자로 하고 있었다. 하지만 그 정도 조치로는 여신 시장의 상황에 변화를 주기에는 한계가 있었다. 외국 은행 중 1차로 스페인에 진출한 은행은 주로 미국 은행(제6장 참조)이었는데 많은 것을 성취하지는 못했고, 몇 년 만에 철수했다(Casilda Bejar 1997; Perez 1997, 126 – 28).

1982년 선거에서 사회당 정권이 대대적으로 승리하고, 정부가 유럽연합에 가입할 준비에 박차를 가하자 금융 분야에도 곧바로 변화의 바람이 불어왔다. 두 명의 경제장관인 미구엘 보이어와 카를로스 솔차가는 중앙집권적 금융을 꾸린 전력이 있었으며, 은행을 개혁할 방법을 찾고 있었다. 에스파냐 은행의 새로운 총재 마리아노 루빌(Mariano Rubil)(1984 – 1992) 역시 개혁을 지지했으며, 예금과 여신 기관을 현대화하는데 초점을 맞췄다. 은행들은 처음에는 규제 환경의 변화와 경쟁 구도를 열정적으로 감싸 안지 않았다. 하지만 유럽 통합 과정이 돌아갈 수 없는 지점에 도달하자 개혁에 참여해 자신들의 실정에 맞게 모양을 잡아갈 방법을 찾는 것이 최선임을 깨달았다(Gonzalez Urbaneja 1993; Perez 1997, 140 – 47).

정부의 첫 번째 행보는 공공 분야 부채를 청산하기 위한 단기 시장을 만들어내는 것이었는데, 이는 당시 엄청난 예산 적자에 투입할 자금을 조달하고 실업률이 전체 노동 인구의 20퍼센트에 육박하는 시기를 헤쳐 나가기 위해 필요한 조치였다. 1984년 정부는 외국 은행의 진입을 잠시 저지하고 정부와 자국의 7대 대형 은행 사이에 타협안을 생각할 시간을 가졌다. 1985년 정부는 지점 개설을 자유화했는데, 이는 은행 간 경쟁을 부추길 가능성이 있는 조치였다. 하지만 이런 개혁 조치는 유럽 연합 회원이 되면 야기될 변화에 비하면 아주 미미한 것에 지나지 않았다.

2 _ 스페인과 유럽 연합

1986년 1월 1일의 스페인을 상상해 보라. 이제 막 유럽 연합의 회원이 된 스페인은 다른 11개 회원국과 더불어 1993년 1월 1일까지 상품과 서비스를 위한 단일 시장을 만드는 원대한 계획에 뛰어들었다. 1989년 유럽 위원회는 '유럽 인증(European passport)'을 발급하는 새로운 금융 강령을 발표했다. 유럽 인증이란 유럽 연합 회원국에서 금융업을 하도록 허가 받은 은행은 다른 회원국에서 규제 당국의 행정 승인이 없어도 지점을 열 수 있도록 하는 조치다. 스페인은 금융 분야 개혁에 7년의 과도기를 가지기로 협상을 한 상태였지만(Perez 1997) 스페인 은행들이 경쟁하는 법을 배우지 않은 채 몸집만 불리면 단일화된 유럽 시장에서 살아남을 가능성이 아주 희박하다는 것이 너무도 자명해졌다. 1980년대 중반, 스페인에서 '대형'이라 불린 은행들은 사실상 세계 표준은 물론이고 유럽 표준에 비춰 봐도 작았다. 7대 은행 중 가장 크다는 센트랄 은행이 세계 순위 100위로 BNP 파리바 은행(Banque Nationale de Paris)이나 크레디 아그리콜(Credit Agricole) 규모의 5분의 1, 바클레이즈 은행(Barclays Bank)이나 도이치 방크(Deutsche Bank)의 4분의 1 정도였다. 산탄데르와 포풀라르는 7대 은행 중에서도 가장 작았다. 이 일이 있기 전, 몇 년 동안 제조업과 보험 분야에서 상대적으로 커다란 스페인 기업 수

십 개가 유럽 경쟁사에 먹혀버리는 등 외국 제조업체들이 스페인으로 들어와 제조업계의 반 이상을 장악한 상태였다. 스페인의 은행가들은 이런 상황을 우려했고, 직원들은 자신들의 일자리는 물론 경력과 특권을 잃을까 염려했다. 총체적으로 봤을 때 미래가 위태롭다고 생각한 그들은 외국 경쟁 은행이 국내로 들어오는 것을 피하기로 결심했다.

부분적으로 유럽 연합에서 요구하는 필요조건에 자극받아 정부는 신속하게 움직여 반경쟁 규제를 없애고, 금융 서비스에 대해 시장을 자유화했다. 1987년에는 이자율 상한제를 폐지했고, 수수료를 자유화하고, 의무 투자 계수도 줄였다. 1988년 정부는 주식시장의 중개업을 자유화했지만 시장에 자본 문턱을 높이 세워놓아 은행이 효율적으로 운영할 수 있게 했는데, 이는 정부가 은행의 편의를 봐줬다는 것을 다시 한 번 보여주는 사례였다.[2] 1989년 정부는 저축은행에 대한 규제를 완화해 전국에 지점을 둘 수 있게 했다. 저축은행은 저축액을 1977년 32퍼센트에서 1994년까지 50퍼센트 이상으로 늘렸다. 저축은행 중 라 카이샤와 카하 마드리드는 엄청나게 성장해 규모나 영향력 면에서 볼 때 상업 은행에 경쟁이 될 정도가 됐다. 라 카이샤는 유럽에서 가장 큰 저축은행으로 성장했다. 1990년 에스파냐 은행은 의무 현금 준비금 계수를 5퍼센트까지 줄였고, 1992년 말까지 단계적으로 폐지해 나갔다. 그리고 1991년에는 국가 간 자본 유출입도 자유화했다. 1993년 초까지 유럽 연합의 기준에 맞춰 자본 시장과 거래를 완전히 자유화했다. 1994년 정부는 에스파냐 은행을 독립시키는 법을 통과시켰는데, 그로 인해 중앙은행인 에스파냐 은행은 인플레이션과의 싸움에서 운신의 폭이 좀 더 자유로워졌다. 그동안 에스파냐 은행은 예금과 여신 기관을 규제하는 감독기관으로서 은행들에게 엄청난 영향력을 행사해왔다. 그런 기관이 독립을 한다는 것은 가격 안정성을 추구하는 능력을 강화할 뿐만 아니라 금융 분야의 감독기관으로서의 역할에도 더욱 큰 권한이 부여됨을 의미하는 것이었다.

1980년대 말과 1990년대 초는 금융 혁신이라는 면에서 진정한 개혁의 시기였다. 은행이 새로운 상품과 서비스를 선보이고, 시장 세분화 전략을 도입하고, 기술력도 향상시켰다. 양도성 예금증서, 퇴직 계좌, 뮤추얼 펀드, 신용 카드, 보험 같은 새로운 상품을 개발해 새로워진 마케팅 방식으로 고객에게 포괄적인 금융 서비스를 제공하고자 했다. 또 자동화기기와 폰뱅킹, 대화형 TV 등을 도입하는 등 고객과 소통하는 방식도 전면적으로 개편했다. IT 기술, 통제 시스템, 위험 관리, 전자 데이터 교환 시스템 등 기술력 증진에도 많은 투자를 했다. 마케팅에 쏟는 노력도 더욱 세밀화시켜 특정 상품 개발에 많은 노력을 기울였으며, 통일된 기업 이미지를 고객에게 전달하고자 했다(Casilda Bejar 1997, 82-88). 하지만 영국의 은행들이 지점을 방문하는 고객과 얼굴을 맞대고 대면하지 않고 새로운 기술을 적용했던 것과는 달리, 스페인 은행들은 계속해서 지점에서 직원들이 직접 고객을 맞이하게 했다. 이런 결정은 2004년 애비 내셔널을 인수했을 때 결정적으로 중요한 요소였음이 드러났다(제7장 참조). 전반적으로 스페인 은행들은 비교적 강하고 훈련이 잘된 인력과 기술력을 보유한 준비된 기관으로써 자유화 과정을 거쳐 왔다. 하지만 돈을 거래할 때 사람들과 접촉하는 것을 선호하는 사람들이 많은 나라에서 경쟁력을 높이기 위한 노력에 초점을 맞추도록 각 지점을 교육하는 등 여전히 전통적인 방식을 고수하고 있는 부분도 많았다.

3 _ 합병 대유행

1980년대 중반에 일어난 포괄적이면서도 갑작스러운 정치와 기술, 그리고 경쟁 형태의 변화를 고려할 때 은행이 서로 결합을 시도하게 되었다는 점은 전혀 놀랍지 않다. 〈도표 4.1〉을 보면 주요 합병 건이 요약되어 있다. '스페인 제2의 은행, 적대적 인수의 목표가 돼 새로운 시대의 도래를 예고하다' 라는 제목의 〈월스트리트 저널〉 기사(1987년 12월 1일)도 있었다. 빌바오 은행이 11월 초 바네스토를 인수하기 위해 처음에는 '우호적' 으로 시도했으나 바네스토 경영진이 이를 반대한다고 발표한 후 결국 적대적인 자세로 돌아섰다. 입찰가는 지분당 거래 가격에 40퍼센트의 할증이 붙었다. 당시 빌바오 은행 회장은 건실한 경영을 하는 기술관료 출신의 호세 앙헬 산체스 아시아인(Jose Angel Sanchez Asiain)으로, 그는 펠리페 곤살레스 정부와도 연결되어 있었다(Gonzalez Urbaneja 1993; Rivases 1988). 이 사건은 은행가와 주식 중개인들에게 충격을 줬는데, 이유는 전통적으로 그 정도 중요한 거래는 비공개 석상에서 결론을 지을 일이지 공개 시장에서 주주들에게 호소해 성사되는 경우는 없었기 때문이다. 바네스토를 인수하려던 빌바오의 시도는 허사로 돌아갔는데, 그 이유는 부분적으로는 금융업계의 기존체제, 특히 센트랄 은행이 빌바오를 강력하게 반대했기 때문이었다(Gomez Escorial 2004; Rivases 1988). 마드리드 주식시장 운영국은 절차상의 문제를 들어 주식 공개 매입을 거부했다. 이런 행위는 19세기에 제정된 구태의연한 규정 덕분에 독점적 방식으로 교환을 조절할 수 있었던 주식 중개인과 주식 거래를 자유화시키고자 했던 정부 사이에 긴장이 있었음을 반영했다.[3]

〈도표 4.1〉 스페인 금융 분야에서 시도된, 또는 성공을 거둔 인수&합병

연도	관련 은행	결과	주석
1965	Banco Central and Banco Hispano Americano	실패	재무장관이 지원했지만 궁극적으로 시장 집중화와 권력 집중화가 과도하게 이뤄질 것을 우려한 프랑코 장군이 이를 막음
1987	Banco de Bilbao's hostile bid for Banesto	실패	간접적으로 마리오 콘데가 바네스토 회장으로 선출되는 토대를 마련함
1988	Merger of Banco Central and Banesto	실패	정부가 합병을 반대했는데, 이는 부분적으로 얌베르토 형제(센트랄 자본의 12퍼센트를 소유)가 은행을 인수하는 것을 막기 위한 조치였음
1988	Merger of Banco de Bilbao and Banco de Vizcaya	완료: BBV	몇 달 후 비스카야 은행 회장 톨레도가 사망함. 빌바오 중역들이 은행을 인수하고 이로 인해 비스카야 중역들은 다른 은행으로 빠져서 나가게 됨
1991	Merger of Banco Exterior, Caja Postal, Banco de Crédito Local, Banco de Crédito Industrial, and other state-owned banks	완료 : 아르헨타리아	엑스테리아 은행 회장인 프란시스코 루손이 대응 국영 은행을 만들어야 한다고 경제 장관 카를로스 솔차가를 설득함
1991	Merger of Banco Central and Banco Hispanoamericano	완료 : BCH	두 은행 중 상대적으로 더 큰 센트랄이 주요 은행이 됨. 히스파노 아메리카노의 재무 상태가 미약함

(continued)

연도	관련 은행	결과	주석
1994	Banco Santander bids for Banesto	완료	불안정한 재무 상태와 마리오 콘데가 저지른 부정 관행으로 인해 1993년 에스파냐 은행(중앙은행)이 바네스토를 인수함
1999	Merger of Banco Santander and BCH	완료 : SCH	산탄데르가 입찰에서 아르헨타리아와 BCH를 이김
1999	Merger of BBV and Argentaria	완료 : BBVA	초기에는 대등 합병이었지만 BBV 은행은 보수 정부와 대치 국면에 접어들었고, 조세 피난처에 비밀 연금 계좌를 만든 스캔들이 폭로된 후 BBV 중역들이 햅뱅 은행 내에서 세력을 잃음
2003	Banco Sabadell bids for Banco Atlántico	완료	사바델 은행이 포르투갈의 카이사 제랄 도 데포지토스(Caxia Geral do Depositos)와의 정치적 전투에서 승리함

Sources: Factiva; Tortella and García Ruiz (2003); and Gómez Escorial (2004).

빌바오 은행 회장은 그런 결과를 개탄했다. 그는 "우리는 항의하시는 않을 것입니다. 하지만 우리가 거부당했다는 것을 당신들은 알아야 합니다. 이것은 절대로 우리 의사가 아닙니다. 언젠가는 스페인의 현대화를 정지시킨 이 역사적인 실패에 대해 누군가는 대답을 해야 할 것입니다"[4]라고 말했다. 산체스 아시아인의 분석은 정확했다. 그의 실수는 불가능한 꿈을 이루려 추구해서가 아니라 잘못된 방법을 택한 때문이었다.

하지만 실패로 돌아간 인수 작업은 3가지 중대한 영향을 미쳤다. 첫 번째는, 당시 은행가들에게 시대가 바뀌었고 내전 이후 스페인에 찾아온 기나긴 안정과 타협의 기간이 갑자기 끝났다고 경고하는 것이었다. 두 번째는, 7대 대형 은행들이 새로운 환경에서 주도적 입장을 유지하려면 준비를 더욱 잘 해야 한다는 신호를 보내는 것이었다. 은행가들은 갑자기 그들 모두가 평등하지 않다는 점을 깨달았다. 어떤 사람이 다른 사람보다 우월하다는 사실을 깨달은 것이다. 빌바오의 적대적 인수 시도로 인한 세 번째 영향은 1987년 12월 외부 인사인 39세의 마리오 콘데(Mario Conde)가 갑작스럽게 바네스토의 회장에 취임하게 된 사건이었다. 콘데는 바네스토 은행 지분의 최소 5퍼센트에서 많게는 8퍼센트까지 쥐락펴락할 수 있는 자본가 후안 아베요(Juan Abello)와 함께 바네스토의 최고 경영진을 약화시켰다. 콘데는 바네스토 주식을 소유하고 있던 주요 집안의 의중에 회장감으로 이상적인 인물이 아니었지만 그들은 다른 후보를 지지할 수 없었다(Pablo Torrente 2003, 122-24).

콘데가 바네스토의 최고 경영자에 오른 것은 몇 년 후 산탄데르에게 아주 중요한 결과를 가져올 결정적인 사건이었음이 입증됐다. 왜냐하면 이후 콘데의 경영 미숙으로 에스파냐 은행이 개입해 은행을 경매에 붙였고, 결국 산탄데르가 입찰에 성공해 바네스토를 인수하게 되었기 때문이다. 따라서 산체스 아시아인이 바네스토 인수를 위해 전례에 보기 드문 입찰을 시도했을 때 시작된 일련의 사건을 모른다면 현재 스페인 금융계의 구도를 잘 이해하지 못할 사람도 있을 수 있다.

특히 카를로스 솔차가가 경제장관(1985 – 1993)으로 재직했던 펠리페 곤살레스 정부는 은행 합병을 예의주시하고 있었다(Rivases 1988). 빌바오 은행이 바네스토 인수에 실패하자 솔차가는 빌바오와 바네스토가 스페인 은행으로 남아 있으려면 외국 은행이 들어오기 전에 다른 스페인 은행과 합병을 해야 한다고 주장했다.[5] 솔차가는 정부 내 유력한 인사로 1980년대 말 경제 수치 면에서 좋은 성적을 냈고, 특히 GDP 성장으로 위세를 더욱 강화했다. 정부는 외국이 인수하는 것을 피하고 싶었기 때문에 국내 합병을 선호했지만 다른 이유도 있었다. 정부는 장기간에 걸친 제조업 분야, 특히 몇 개 은행이 주요 대출 은행이면서 지분을 보유하고 있는 중장비 산업 분야의 구조조정을 하고 있는 중이었다. 또한 오래된 은행가 군단을 갈아치우고 정부에 '좀 더 친화적인' 새로운 간부진을 세우고 싶어 했다. 콘데가 부상하자 이 목표를 달성하기가 복잡해졌다(Gonzalez Urbaneja 1993; Rivases 1988). 정부와 경제부처가 인수 합병에 엄청난 영향력을 행사할 수 있었던 이유는 자본 이득을 회계 보고하고 자산의 장부 가액을 최신화할 때 회계 신용을 승인할 수 있고, 거부도 할 수 있었기 때문이다.

당시 정부는 특히 쿠웨이트 투자사무소(KIO; Kuwait Investment Office)와 카탈루냐 출신의 자본가이자 스페인 최대 은행인 센트랄 은행의 지분을 많이 보유한 대주주 하비에르 데 라 로사(Javier de la Rosa)가 부상하는 것을 우려했다. 경제장관과 에스파냐 은행 총재는 정계와의 두터운 친분이 있었으며, 건설업계에서 왕성한 활동을 벌이던 '알베르토 형제'로 알려진 알베르토 알코세르(Alberto Alcocer)와 그의 사촌 알베르토 코르티나(Alberto Cortina)에게 직/간접적으로 KIO 지분의 12퍼센트를 이체하는 작업을 배후에서 조정하고 있었다(Gonzalez Urbaneja 1993, 110 – 130). 1988년 5월 바네스토의 회장으로 임명되자마자 콘데는 센트랄 회장인 알폰소 에스카메스(Alfonso Escamez)와 두 은행을 합병할 것에 합의했다. 그러나 정부의 반대로 이 거래는 무산됐다. 두 은행의 겹쳐지는 지점망과 폐쇄될 지점, 그리고 직원 감축이 발생할 것을 감안해 합병이 이치에 맞지 않다고 봤기 때문이다(Gomez Escorial 2004).

센트랄 은행과 비스카야 은행 합병의 막후 시도가 결렬된 후 1988년 빌바오는 이번에는 비스카야를 우호적으로 합병하기 위한 두 번째 시도를 했다. 이로 인해 탄생된 빌바오 비스카야 은행(BBV)에 대해 〈월스트리트 저널〉은 다음과 같이 논평했다. "새로운 은행의 자산은 6조 페세타(530.17억 달러)로 전체 스페인 금융 시장의 20퍼센트를 차지하게 될 것이다. 그러면 자본과 보유고를 합한 총액이 2,300억 페세타인 스페인 최대, 세계 69위, 유럽 33위 은행이 될 것이다."(1988년 1월 25일).

우호적 합병이긴 했지만 합병 직후 기간은 어려웠고, 빌바오와 비스카야 간부들 사이의 알력과 갈등도 공공연하게 드러났다. 이 두 바스크 지방 은행은 각기 긴 역사와 탄탄한 경영 팀을 보유하고 있었으며, 자부심도 높았다(Pablo Torrente 2003, 126 – 27). 1989년 12월 비스카야의 페드로 톨레도(Pedro Toledo) 회장이 갑자기 사망하자 에스파냐 은행의 기호에 따라 힘의 균형이 기울어졌고, 이로 인해 빌바오 중역진에게 승리의 토대가 만들어졌다. 이런 상황을 바라보는 빌바오의 관점이 잘 나타난 부분은 빌바오의 산체스 아시아인 회장의 말을 통해 확인할 수 있다. 그는 이 비스카야 합병에 대해 두 개의 문화가 결합된 것이 아니라 하나의 문화와 문화가 결여된 개체의 결합이라고 말했다.

4 _ 보틴의 등장

산탄데르보다 규모가 큰 경쟁 은행이 합병을 시도하거나 완성시키고 합병 후 통합 문제로 고민하고 있을 때 산탄데르는 조용히 이를 지켜보고 있었다. 에밀리오 보틴 3세는 성장을 위한 전략을 실행에 옮기는데 있어 중요한 요소 두 가지를 이용했다. 첫째, 산탄데르는 산업체에 투자한 부분이 많지 않았기 때문에 민첩하고 건실한 구조를 유지하고 있었다. 둘째, 산탄데르는 상부에서 하부까지 조직이 단호한 방식으로 운영되고 있었다. 1989년 보틴은 첫 번째로 과감한 결정을 내려 이자율이 높은 당좌 예금인 '수퍼쿠엔타(supercuenta)'를 선보였다. 수퍼쿠엔타는 잔고가 500,000페세타(약 4,000달러)이거나 그 이상일 때 11퍼센트의 이자를 주는 상품이었다(당시 소비자 물가 지수는 약 6.8퍼센트였다). 이로 인해 소위 '게라 델 파시보(guerra del pasivo)' 일명 예금 전쟁이 촉발됐다. 바네스토만이 산탄데르의 도전에 정면으로 맞섰다. 하지만 약 다섯 달 후 내부 재정 문제로 인해 바네스토의 수익은 급격히 악화돼 1993년 말이 되자 거의 파산할 지경에까지 이르렀고, 이런 상황으로 인해 산탄데르가 득을 보게 됐다. BBV와 히스파노 아메리카노도 산탄데르보다 덜 공격적이지만 이에 필적할 만한 상품을 내놓았다. 하지만 산탄데르는 저소득층의 시장 가능성을 지켜봤다. 1990년 BBV는 복권과 연결된 당좌 예금 상품인 '리브레통(libreton)'을 내놨는데 이는 상당히 혁신적인 반격으로 후일 스페인 은행들이 라틴아메리카로 진출할 때 가치 있는 것으로 밝혀졌다(제5장 참조). 그러자 1991년 산탄데르는 1990년대 내내 인기를 끌 투자 펀드 상품을 내놓았고, 넉 달 후 BBV가 다시 반격했다. 1993년 기본 이자율을 다른 은행들이 보통 14퍼센트 물릴 때 산탄데르는 12퍼센트로 하는 '수퍼히포테카(superhipoteca)'라는 이름의 모기지 대출 상품을 내놓자 '게라 델 아티보(guerra del activo)'라 불리는 대출 전쟁이 시작됐다. 이런 추세에 따라 1994년에는 처음으로 개인 대출 상품도 나왔다. 이런 상품들이 출시되면서 대대적인 마케팅이나 광고를 하는 쪽으로 은행 마케팅의 특성이 변하기 시작했다(Bocigas Solar 2001). 보통 산탄데르가 먼저 주도권을 잡고 나가면 다른 은행들이 그에 반응하고, 다시 산탄데르가 그들의 조치에 반응했다.

거의 같은 시기에 새로운 형태의 합병이 시작됐다. 1991년 5월은 스페인 금융 역사에서 가장 격정적인 한 달이었다. 5월 4일 경제장관 솔차가가 엑스테리어 은행을 포함한 몇 개의 국영 은행을 하나로 합병해 복합 은행 아르헨타리아를 만든다고 발표했다. 나중에 정부는 1993년부터 이 은행을 단계적으로 민영화시키기로 결정한다. 솔차가는 자신의 견해를 되풀이했다. 그는 "외국 경쟁 은행으로부터 자신을 보호하려면 스페인 은행들은 합병을 하는 것이 좋습니다. 스페인 은행들의 규모는 국내 시장용으로는 적합하지만 유럽 단일 시장에서 경쟁하기에는 역부족입니다"(1991년 5월 6일자 〈월스트리스 저널〉)라고 말했다. 11일 후 솔차가는 센트랄이 히스파노 아메리카노와 합병한다는 뉴스를 터뜨렸다. 당시 히스파노 아메리카노는 1980년대 초부터 시작된 재정적 어려움을 겪고 있었다. 그렇게 해서 센트랄 히스파노 은행(BCH)이 탄생했다. 그때까지 센트랄의 회장인 에스카메스는 콘데의 지저분한 홍보 전략의 도움을 일부 받고 있던 알베르토 형제가 가하는 위협을 줄이느라 애쓰고 있었고, 또 이라크가 쿠웨이트를 침공하는 바람에 KIO가 센트랄에 신경을 쓰지 못하고 있는 상태였다. 전쟁으로 콘데가 새롭게 만든 코퍼라숀 바네스토(Corporacion Banesto)에 투자자를 유치하는 일이 한층 어렵게 되자 콘데의 계획과 전망에 차질이 생겼다. 코퍼라숀 바네스토는 바네스토 은행이 산업체 기업에 투자한 엄청난 양의 주식을 재개편하는 일을 했다. BCH에 대한 소식이 발표되고 하루, 이틀 사이 솔차가는 산탄데르와 바네스토가 합치는 것이 '바람직하다'고 주장하며 또 다시 합병을 종용했다(Textline Multiple Source Collection, 1991년 5월 15일).

스페인의 3대 은행인 BBV, BCH, 아르헨타리아가 어려운 합병 건을 소화하는데 힘을 쏟고, 바네스토는 재정상의 어려움 속에서 고전하고 있는 동안 에밀리오 보틴의 산탄데르는 계속해서 유기적으로 성장하며 자신보다 큰 경쟁사들의 어려움에서 이득을 보고 있었다. 그리고 산탄데르는 유럽의 소비자 금융에 뛰어들어 스코틀랜드 왕립은행(RBS)과 중요한 제휴 관계를 맺고 포르투갈, 푸에르토리코, 미국에서 금융업을 하고 있었다.

산탄데르는 1994년 바네스토를 인수할 때 중대한 고비를 맞이하는데, 이는 경제장관 솔차가가 미처 예상할 수 없었던 일련의 사건이 일어난 뒤의 일이었다. 보틴이 말한 표현을 그대로 인용하면 "산탄데르의 근래 역사에서 가장 괄목할 만한 발전은 바네스토 인수라는 것은 의심의 여지가 없습니다. 이 일로 우리 은행 구조가 바뀌었습니다. 국제 시장에서 활동하려면 먼저 자국 시장에서 1위가 되어야 한다는 것을 우리는 알고 있었지요. 바네스토 인수로 인해 그 일이 가능해졌습니다. 우리 산탄데르로서는 엄청난 대약진입니다."(〈유로머니〉 2005년 7월 1일). 보틴은 자신이 얼마나 그 순간을 기다렸는지에 대해서도 반추했다. "수년 동안 우리는 기회를 잡을 순간을 위해 꾸준히, 그리고 신중하게 페세타화란 페세타화는 모두 끌어 모으며 자본을 축적해 왔습니다."(〈파이낸셜 타임즈〉 1994년 5월 3일).

바네스토는 자본이 모자랐다. 이런 위험한 상황은 콘데가 대단위 미디어 그룹을 만들어 정치적 영향력을 행사하고, 은행의 산업체 자산을 재편하면서 산탄데르와 다른 저축은행들의 공격적인 상업 행위를 따라잡기 위해 야심차게 밀어붙인 데서 비롯됐다. 1차 걸프전으로 인해 콘데는 JP 모건이 대단위로 주식을 공모했을 때 이에 참여할 수 없었다. 이에 성공했다면 아마 잠시라도 은행이 적자를 면할 수 있었을 것이다. 1993년 12월 28일, 존경받는 경제학자이자 대학 교수인 에스파냐 은행 총재 루이스 앙헬 로호(Luis Angel Rojo)는 법적 절차를 따라 콘데와 그의 경영진, 그리고 이사회 전체를 해임했다. 로호는 매각을 염두에 두고 바네스토를 재개편했고, 자본을 만드는데 BBV에 밀렸던 옛 비스카야 은행 출신의 은행가들로 그 자리를 교체했다. 1994년 5월에 열린 경매에서 산탄데르는 BBV보다 14퍼센트 높은 입찰가를 제시했다. 〈이코노미스트〉지가 이에 대해 다음과 같이 흥미로운 점을 지적했다. "논란의 여지가 있기는 하지만 다른 두 입찰자는 바네스토 입찰 경쟁에서 불리한 입장에 처해 있었다. 점진적으로 민영화 작업을 실행하고 있던 아르헨타리아는 무모하게 입찰하지 말라는 정치적 압력을 받고 있었기 때문에 결국 최저 입찰가를 써 넣었다. 그 자체가 합병 상품인 BBV는 혼란스러운 금융업계 문화로 여전히 어려움을 겪고 있었다. 바네스토 내에서 관리인 역할을 대행한 경영인들 덕분에 BBV가 그 은행의 가치를 평가하기에 최적의 위치에 있었다.” 바네스토 경매는 자신이 원하는 것을 얻으려면 값을 확실하게 치를 것이라는 보틴의 의지를 보여준 몇 가지 인수 합병 건 중 첫 번째 사례였다.

바네스토 인수로 산탄데르는 스페인의 2대 은행 중 하나가 된다는 목표를 이뤘다. 이 거래는 확실히 이점이 있었다. 비록 여러 가지 알력과 문제가 있었지만 이는 합병이 아닌 분명한 인수였다. 이런 면이야말로 미래에 있어 가장 중요한 요소임이 밝혀졌다. 또한 1994년 산탄데르는 BBV가 이끄는 컨소시엄을 깨고 그동안 많이 탐내온 통신업체의 2차 면허증을 따는 입찰을 시도했다. 이는 후일 산탄데르가 중요한 자본 이득을 만들어내는데 도움이 됐다. 에스파냐 은행 역시 이 일을 통해 영향력을 강화했다. 〈인터내셔널 뱅킹 레귤레이터(International Banking Regulator)〉(1994년 5월 2일)는 “바네스토 건에 개입한 것은 유동성 위기를 처리하는 올바른 방법으로 금융 역사에 기록될 것이다”라고 했다.

바네스토를 인수하는 조건으로 산탄데르는 4년간 바네스토 브랜드와 지점망을 유지해야 했다. 하지만 보틴은 합병에는 관심이 없었다. 대부분의 업계 관측자들은 보틴이 계속해서(주가의 거의 12퍼센트가 부동증권인 채로 상장된) 바네스토를 산탄데르와는 분리된 개별 은행으로 유지해 자신의 딸인 아나 파트리시아를 포함한 중역진들을 훈련시키기 위한 시험대로 이용하고, 향후 있을 유럽의 국가 간 인수 합병에서 협상이나 교환의 수단으로 사용할 것이라고 믿었다. 분석가들은 산탄데르가 현재 바네스토를 매각하면 시간이 경과한 것을 적용시킨다고 해도 인수 가격보다 3-4배 높은 자본 이득을 볼 수 있을 것이라고 계산했다. 바네스토를 경영하기 위해 보틴은 전 비스카야 중역이었고 에스파냐 은행이 경매 준비를 위해 회장으로 지명했던 알프레도 사엔즈를 기용했다. 우리 인터뷰에 응한 사람 중 한 명은 "산탄데르가 사엔즈를 얻은 것은 바네스토를 인수한 것보다 산탄데르의 향후 발전에 있어 더욱 중요한 사건이었다"라고 말했다.

1996년 펠리페 곤살레스의 사회당 정부 시대가 막을 내릴 무렵, 스페인 금융계의 모습도 완전히 달라져 있었다. 이 기간 동안 금융 시장이 자유화됐고, 여러 가지 금융 관행에 규제 완화가 이루어졌으며, 두 번의 거대 합병(BBV와 BCH)이 있었고, 12개 국영 은행이 아르헨타리아로 통합되었으며, 산탄데르의 바네스토 인수가 이루어졌다. 7대 대형 은행이 4대 대형 은행이 됐다. 하지만 유럽이 직면해 있던 금융 시장 통합이라는 도전을 생각할 때 여전히 상대적으로 규모가 작았다. 1995년 당시 스페인 최대 은행이었던 BBV의 규모가 피레네 산맥 북부 지방의 은행 중 가장 큰 곳의 3분의 1 수준이었다.

5 _ 보수 정부와 유로

1996년 보수파인 민중당(Partido Popular)이 승리하자 1992년 사회당 정부가 들어섰을 때처럼 금융계에 커다란 변화의 바람이 불어왔다. 가장 큰 변화는 1999년 스페인이 유럽경제통화동맹(European Monetary Union)에 창립 회원국으로 가입하기로 한 결정에서 비롯됐다. 이로 인해 금융 통합은 그 어느 때보다 시급한 과제로 떠올랐다. 정부는 발 빠르게 움직여 다시 금융계에 영향력을 행사하며 프란시스코 루손 (Francisco Luzon)을 대신해, 성공한 중개인 출신의 프란시스코 곤살레스(Francisco Gonzalez)를 아르헨타리아 회장으로 임명했다. 그런 다음 여러 가지 방법으로 호세 마리아 아스나르(Jose Maria Aznar) 총리를 분노하게 만들었다는 소문이 떠돌고 있던 BBV에 주의를 기울였다(Gomez Escorial 2004). 첫째, BBV 은행과 BBV 회장 에밀리오 이바라(Emilio Ybarra)가 간접적으로 보수 정부에 비판적이었던 텔레비전 채널 텔레 5(Tele 5)를 부분적으로 소유하고 있었다는 것, 둘째는 BBV 경제 연구 부서장이자 널리 알려진 사회주의자인 미구엘 세바스티안(Miguel Sebastian)이 BBV 보고서를 통해 보수 정부의 경제 정책을 비판했다는 것, 셋째는 바스크 민족주의당 출신이자 바스크 주 경제장관(1980 – 1984)을 역임했던 BBV의 새로운 최고 경영자 페드로 루이스 우리아테 (Pedro Luis Uriate)가 마드리드의 보수 정부가 몹시 싫어하는 독립 찬성 정책을 좋아한다는 말을 아스나르가 들었던 것이었다(아스나르 자신도 야당 지도자로 있을 때 테러 공격을 당한 적이 있었다). 그 후로 몇 년 동안 아스나르 정부는 이바라와 그의 부하인 우리아테의 힘을 약화시키기 위해 온갖 수단을 동원했다.

이 사건도 보틴이 이끄는 산탄데르에 이점으로 작용했다. 정치적으로 언제나 신중하고 기민하며 정부의 경제 정책을 지지하고 금융과 관련되지 않은 주제에 대해서는 논평을 하지 않던 에밀리오 보틴은 보수 정부와 이렇다 할 문제가 없었다.

수주간에 걸친 협상과 정부의 암묵적인 지지가 있은 다음 1999년 1월 BCH와 산탄데르는 대등 합병을 발표했고, 각 은행 최고 경영자가 공동으로 새로운 은행을 대표하기로 했다. 대부분의 대등 합병 사례와 마찬가지로 발표 후의 여파가 문제가 됐다. 두 파당 간의 긴장이 3년 정도 지속되다가 전략상 후퇴를 했던 보틴이 결국 합병된 은행(Santander Central Hispano)의 통제권을 다시 장악했다. 이로 인해 산탄데르는 스페인 시장의 선도자 자리를 꿰찼을 뿐만 아니라 라틴아메리카로 확장해 나가며 유럽에서 가장 큰 은행 중 하나가 됐다.

시장 경쟁에서 소수에 의한 독점 이론이 예측하듯 BBV는 자꾸 반복되는 산탄데르의 성공 행보에 압력을 받았다. BBV는 산탄데르를 따라 라틴아메리카로 진출했을 뿐만 아니라 1999년 당시 거의 완전히 민영화된 아르헨타리아와 합병을 선언해 BBVA(Banco Bilbao Vizcaya Argentaria)로 다시 태어났다. 2001년 12월에 이루어진 BBV와 아르헨타리아의 대등합병은 아르헨타리아 최고 경영진이 우연히 일으킨 경영 쿠데타가 되어버렸다(이 합병의 배후에는 아스나르 정부의 암묵적 승인이 있었다). 이 합병은 전 BBV 회장과 최고 경영자가 일으킨 스캔들이 일파만파로 커져 그들이 사임을 하고 난 후 일어났다. 사임한 최고 경영진은 해임되기 전 저지(Jersey)의 채널 아일랜드(Channel island)와 리히텐슈타

인에 있는 불법 계좌와 연기금을 이용해 몇몇 이사회 임원들에게 추가로 보상금을 지불했던 것이다(대부분은 그들이 모르게 이 일이 이루어졌다). 그리고 멕시코에서 방코메르(Bancomer) 은행을 매수할 때의 수수료도 이 돈으로 지불했다(Gomez Escorial 2004). 결국 아스나르 정부는 사회당 정권이 하지 못한 두 가지 업적을 이뤘다. 민간이 운영하며 정계에 친화적이고(BBVA) 정치보다는 금융에 더 관심이 많은(SCH) 거대 은행 2개를 만들어낸 것이다.

6 _ 예상치 못한 결과

2004년 보수당이 사회주의자들에게 패배하자 스페인 금융계는 엄청난 변화를 겪게 됐다. 자국 시장은 이제 기본적으로 2개의 거대 은행—산탄데르와 BBVA—과 2개의 중간 규모의 은행—포퓰라와 사바델—구도로 재편됐다. 이들은 총 예금액 중 상업 은행이 보유한 53퍼센트를 제외하고 나머지 중에서 40퍼센트를 차지하고 있던 저축은행, 그리고 나머지 7퍼센트를 차지하고 있는 신용협동조합과 기타 기관들과 치열한 경쟁을 벌이고 있었다. 자신의 아들을 다소 과소평가하며 산탄데르 은행을 시장의 선도자로 만들 능력이 있을지에 대한 예측은 제대로 하지 못했지만 1983년 에밀리오 보틴 2세가 했던 예측은 사실로 드러났다. 1993년 9월 23일 〈익스펜숀(Expansion)〉 8페이지에 다음과 같은 기사가 실렸다. "비교적 가까운 미래에 스페인 금융계에는 서너 개의 주요 은행만 남을 것이라는 의견이 팽배하다. 이것이 사실로 드러난다면 내 조력자와 나는 산탄데르 은행이 그 중 하나일 것이라고 확신한다."
당시 금융업계나 정부는 누구도 산탄데르가 센트랄, 히스파노 아메리카노, 바네스토를 인수 또는 합병해 스페인 최대 은행이 될 것이라고 예측하지 못했던 것이다. 모두가 금융계 통합을 기대했지만 마지막에 어떤 은행이 통합에서 우위를 점할지는 그저 추측만 할 수 있을 뿐이었다. 그 전체 과정은 다양하고 개성 강한 인물들의 자존심과 욕망, 이해관계 때문에 추진된 음모와 조작으로 무르익었다. 그리고 여러 가지 우연과 예기치 못한 사건들, 몇 가지는 정치, 경제적 혹은 조직적 문제에서 야기된 것들이 결과물로 나왔다. 문화 충돌도 여기에 한 몫을 했다.

〈도표 4.2〉는 스페인이 유럽 연합에 가입하기 한 해 전, 그리고 에밀리오 보틴 3세가 그의 아버지의 뒤를 이은 해인 1985년 이후 산탄데르의 혜성 같은 부상을 보여주고 있다. 〈뱅커(The Banker)〉에 의하면 당시 산탄데르는 세계 은행 순위에서 152위를 차지했었는데 2005년 말에는 10위로 부상했다. 1985년 빌바오, 비스카야, 엑스테리어는 그 규모가 각각 산탄데르보다 약간 컸었다(산업체 투자 지분은 계산에 넣지 않았다). 하지만 2005년 말 2단계 합병을 거쳐 탄생한 BBVA는 세계 은행 순위에서 무려 100계단을 올라와 33위를 기록했다. 포풀라와 2대 대형 저축은행(라 카이샤와 카하 마드리드)도 100위에서 200위 사이에 있다가 같은 기간 100위 안으로 진입했다.

다른 나라의 은행들도 인수 합병으로 빠르게 성장했다. 특히 미국의 JP 모건 체이스와 웰스 파고(Wells Fargo), 영국의 스코틀랜드 왕립은행(RBS)과 HBOS(과거 스코틀랜드 은행), 일본의 미쯔비시 – 도쿄, 프랑스의 BNP 파리바, 그리고 이탈리아의 방카 인테사(Banca Intesa – 암브로시아노 은행[Banca Ambrosiano]과 암브로베네토 은행[Banca Ambroveneto], 그리고 다른 소규모 은행의 합병으로 만들어졌다)를 예로 들 수 있다. HSBC와 중국은행(Bank of China)은 인수 작업을 통해 유기적으로 성장해 나갔다. 그 밖에 1980년대 중반에 이미 대형이었던 시티그룹, 뱅크 오브 아메리카, 크레디 아그리콜, 미즈호 파이낸셜 그룹(Mizuho Financial Group – 과거 후지 은행[Fuji Bank]), 그리고 바클레이즈도 계속해서 빠르게 성장해 나갔다. 오랜 기간 동안 제휴 관계를 맺어왔던 산탄데르와 스코틀랜드 왕립은행은 지난 20년 동안 순위에서 많은 계단을 상승한 기관으로 돋보인다. 이런 은행들이 성장하거나 성장의 보조를 맞추고 있는 동안 독일 은행들은 규모면에서 상대적으로 가장 큰 손실을 봤다. 독일 최대 은행인 도이치 방크(Deutsche Bank)는 1995년 세계 6위에서 2004년에는 21위로 내려앉았다. 확실히 스페인 은행들이 약진해 세계 소매 금융계에서 높은 순위로 부상한 것이 가장 주목할 만한 변화라고 할 수 있겠다.

스페인 금융 분야가 통화 안정성의 길고 먼 길을 걸으며 내놓은 가장 중요한 결과는 이자율이 급강하했다는 점으로(Mosley 2006), 이는 인플레이션이 상승할 때 같이 일어났다. 1981년 은행들은 3년 동안 18.2퍼센트의 이자율을 적용해 대출을 해줬는데 당시 인플레이션이 14.6퍼센트로 실제 이자율은 3.6퍼센트였다. 1986년 스페인이 유럽 연합에 가입했을 때 대출 기간 3년의 이자는 15.4퍼센트였고, 인플레이션은 8.3퍼센트(실제로 7.1퍼센트)였다. 이자율을 자유화하기 전의 명목 이자율이 올라갔고, 실제 이자율은 1990년대 중반까지 9퍼센트에서 11퍼센트를 유지했다. 1998년 유로화가 발족되기 하루 전 모기지론 이자율이 5.1퍼

〈도표 4.2〉 세계적인 대형 은행과 스페인 은행들의 상대적 위치

은행명	2005		1995		1992		1985	
	순위	Tier-One Capital	순위	Tier-One Capital	순위	Tier-One Capital	순위	전체 자산
Major banks								
Citigroup	1	79.4	4	19.2	29	7.8	1	167.2
HSBC Holdings	2	74.4	1	21.4	10	11.8	30	68.8
Bank of America	3	74.0	12	14.8	25	8.6	9	114.8
JP Morgan Chase	4	72.5	30	9.6	37	6.8	31	67.6
Mitsubishi UFJ Financial	5	63.9	9	16.7	5	16.0	5	132.9
Crédit Agricole	6	60.6	2	20.4	7	15.6	8	122.9
Royal Bank of Scotland	7	48.6	106	3.3	85	3.1	112	21.1
Sumitomo Mitsui Financial	8	39.6	7	18.6	1	19.5	4	135.4
Mizuho Financial Group	9	38.9	11	15.4	4	17.0	3	142.1
Santander	**10**	**38.4**	**55**	**6.0**	**73**	**3.7**	**152**	**15.0**
China Construction Bank	11	35.6	72	4.8	39	6.4	-	-
HBOS	12	35.6	122	2.9	151	1.7	178	12.0
UniCredit	13	34.0	115	3.1	89	2.9	71	37.2

은행명	2005		1995		1992		1985	
	순위	Tier-One Capital	순위	Tier-One Capital	순위	Tier-One Capital	순위	전체 자산
Barclays Bank	14	32.5	24	11.1	21	9.0	16	94.2
ABN AMRO Bank	15	32.4	14	13.4	15	9.5	48	51.3
Selected smaller banks								
UBS	18	30.4	3	19.9	8	12.8	33	67.2
Wells Fargo	19	29.9	100	3.5	103	2.6	87	29.2
ING Bank	22	27.6	50	6.3	24	8.6	-	-
Deutsche Bank	23	25.8	6	18.9	11	11.3	15	95.8
BNP Paribas	24	25.1	19	11.4	14	10.2	6	123.1
BBVA	31	19.2	ñ	-	-	-	-	-
La Caixa	68	8.4	105	3.3	113	2.4	205	10.3
Caja Madrid	80	7.7	123	2.9	117	2.3	264	7.7
Banco Popular Español	91	6.7	133	2.7	142	1.8	213	9.8
Merged Spanish banks								
BBV	-	-	47	6.4	43	5.6	-	-
Argentaria	-	-	57	5.6	51	4.9	-	-
BCH	-	-	102	3.4	49	5.1	-	-
Banco Central	-	-	-	-	-	-	100	23.2
Banesto	-	-	-	-	80	3.4	101	23.1

은행명	2005		1995		1992		1985	
	순위	Tier-One Capital	순위	Tier-One Capital	순위	Tier-One Capital	순위	전체 자산
Banco Hispano Americano	-	-	-	-	-	-	122	19.2
Banco de Bilbao	-	-	-	-	-	-	130	17.5
Banco Exterior de España	-	-	-	-	-	-	133	17.0
Banco de Vizcaya	-	-	-	-	-	-	137	16.7

Source: The Banker, several issues.
Note: Tier-One Capital and Assets expressed in billion U.S. dollars of each year.

센트였고, 인플레이션은 1.4퍼센트(실제 3.7퍼센트)였다. 그리고 2005년 이자율이 3.2퍼센트, 인플레이션 율은 3.7퍼센트(실제 −0.5퍼센트)로 실제 이자율이 처음으로 마이너스로 돌아섰다. 이 현상은 은행에 좋은 영향과 나쁜 영향 두 가지 모두를 미쳤다. 부정적인 영향은 중계 활동으로 인한 수익이 계속해서 줄어든 것을 꼽을 수 있다. 중계 수익은 1990년대 항상 4퍼센트 대를 유지하다가 2002년 2.2퍼센트까지 떨어졌다 (Berges 2003). 긍정적인 영향은 은행이 이제는 값싼 비용으로 해외로 진출할 수 있게 됐다는 점이다. 이 두 가지에 힘입어 국내 시장에서는 마케팅에 초점을 맞추고 상품 차별화 경쟁 전략을 펼칠 수 있게 됐고, 해외 시장 특히 저개발 국가의 금융 시장으로 좀 더 적극적으로 확장할 기회를 잡게 됐다.

스페인 금융 분야 통합 과정이 시사하는 것은 작고 빠르게 움직일 수 있는 은행이 사냥을 당하기보다는 사냥을 하는 입장이 됐다는 점이다. 산탄데르는 확실히 경쟁 은행의 대차대조표가 불안정하고, 산업체 지주회사의 실적이 저조해 부담을 느낄 때를 틈타 이점을 누렸다. 산탄데르는 새로운 상품을 선보이고 자신보다 덩치가 큰 경쟁 은행이 대등 합병으로 인한 어려움 속에서 고전할 때 인수를 하는 식으로 주도권을 잡았다. 산탄데르의 최고 경영진과 독특한 경영 구조는 이런 성장 과정에서 중요한 역할을 했다. 이번 장에서 분석한 국내 인수와 합병은 아직 끝나지 않은 연극에서 이제 겨우 제1막을 연기한 것에 불과하다. 시장 자유화와 규제 완화가 금융계 통합과 집중을 촉발시켰다. 그로 인해 나온 산탄데르와 BBVA의 소수 독점적 경쟁은 저축은행과의 치열한 경쟁과 더불어 제2막을 위한 추진력을 가했다. 말 그대로 이 추진력에 힘입어 스페인의 양대 은행은 라틴아메리카로 진출했다. 이에 대해서는 다음 장에서 자세히 논의할 것이다. 라틴아메리카로 진출하지 않았다면 산탄데르와 BBVA는 외국의 경쟁 은행에 비교했을 때 덩치를 크게 불리지 못했을 것이다. 21세기가 시작될 무렵, 라틴아메리카에서의 경험을 토대로 스페인 은행들은 다시 유럽으로 주의를 돌렸다. 연극의 제3막이 시작되는 순간이었다.

제5장

신세계

라틴아메리카에서 왕성한 활동을 하는 스페인 기업이 그렇게 하지 않는 기업보다 미래에 제휴나 인수 작업을 할 때 협상에서 유리한 위치를 차지하고 있다.

— 프란시스코 곤살레스(Francisco González), BBVA 회장, 2001[1]

우리는 매년 라틴아메리카에서 수익을 냈습니다. 모든 나라에서 매년 돈을 벌지는 못했지만 전체적으로 보면 결과는 언제나 긍정적이었습니다.

— 아나 파트리시아 보틴(Ana Patricia Botín), 〈월스트리트 저널〉 2002년 3월 27일

산탄데르는 두 번의 파도(Cardone – Riportella and Cazoria – Papas 2001)를 타고 라틴아메리카로 팽창해 나갔다. 첫 번째 파도는 2차 세계 대전 직후 시작돼 '잃어버린 10년(Lost Decade)'이 시작되기 전에 끝났다. 두 번째 파도는 산탄데르가 스페인의 주요 지방 은행을 인수하며 현재의 위상을 갖추기 시작한 1990년대 초반에 시작되어 1990년대 중반에 그 작업이 가속화된 것과 관계가 있다. 두 번째 파도를 타면서 산탄데르는 성장 전략을 라틴아메리카로 전환했음을 나타냈다. 이렇게 중대한 초점의 변화는 스페인 금융계 내에서 경쟁의 법칙을 변화시킨 일

련의 결정적인 유행과 사건에 대응하며 비롯됐다. 국내 시장은 절망적으로 포화상태가 되어갔고, 상업 은행에 비해 상대적으로 저축은행이 시장 내 점유율을 높여가고 있었다. 국내 합병으로 몸집을 불린 은행들은 더 큰 시장이 필요했으며, 스페인은 유럽 연합에 가입했다. 스페인의 유럽 연합 회원국 지위는 EU가 1993년까지 상품과 서비스를 위한 단일 시장을 만들겠다고 선언한 해인 1986년에 발효됐다. 시장 포화상태와 유럽 통합이 가한 경쟁 위협이 국제화를 촉진시킨 두 가지 엔진이었던 것이다. 스페인 은행들은 유럽 다른 회원국 은행에 비해 여전히 상대적으로 작았고, 이 때문에 전략적인 구상을 하게 됐다. 산탄데르의 한 중역은 다음과 같이 말했다, "우리는 인수 대상이었습니다. 성장을 해야만 했어요. 그래서 한바탕 쇼핑을 하러 나갔지요."[2]

산탄데르만 그런 것이 아니었다. 산탄데르의 뒤를 이어 다른 대형 은행인 BBV, 아르헨타리아, BCH도 비슷한 급박함을 느꼈다고 밝혔다. 그들도 비슷한 문제에 직면한 다른 유럽 은행, 특히 네덜란드 은행인 ABN 암로와 노바스코샤 은행(Bank of Nova Scotia) 같이 대서양을 건너 뻗어나가며 성장하는 전략을 추구했다.

그렇다면 어떻게 산탄데르처럼 상대적으로 작은 스페인 은행이 라틴 아메리카에서 가장 큰 은행이 되었을까? 이 흥미로운 질문에 답을 하려면 새로운 세계에서 잡을 수 있는 기회의 특성을 연구 분석해야 한다. 외국 은행이 어떤 지역에 진입하는 방법, 스페인 은행이기 때문에 누릴 수 있는 이점, 신흥 경제에서 영업을 할 때 감수해야 하는 위험, 그리고 그 지역에 관심이 있는 다른 은행의 행동에 대해 상호 반응하는 복잡하고 난해한 방법을 잘 알아야 한다.

이제부터 산탄데르가 급속히 새로운 세계로 확장해나간 이야기를 상술하겠다. 산탄데르가 서반구에서 성공한 대형 은행이 될 운명이었다는 식으로 너무 당연하게 받아들이지 않기를 바란다. 산탄데르가 매번 성공을 거둔 것도 아니었으며, 항상 다른 은행들과 힘든 경쟁을 해야 했다. 그리고 대서양 건너편 대륙에 있는 나라에서 어느 정도의 위치를 얻은 것이 그저 똑같은 모델이나 외국 시장 진입 전형을 반복 실행해서 얻은 결과라고 간주하지 않도록 당부한다. 사실, 나라마다 특유의 경영 방식과 광범위한 전략적, 조직적 적응 방식을 필요로 하는 재정, 경제, 정치적 특성이 혼합된 상황이 있었다. 어떤 시장에서는 상황이 나빠져 실패하기도 하고, 그 지역의 전반적인 수익이 제한되기도 하고, 심지어는 주식 가격까지 타격을 받는 경우도 있었다. 그렇기에 산탄데르가 신세계에서 이루어 놓은 업적은 더욱 놀랍기만 하다.

1 _ 신세계를 재발견한 스페인 은행

신세계는 획일적으로 표현하기가 무척 어렵다. '디 아메리카스(the Americas)'라는 복수는 여러 가지 의미를 상징한다. 식민지 건설과 정착, 그리고 정치, 경제 발전 양식이 다양한 현실을 반영하는 모자이크를 만들어 냈다. 금융업의 관점에서 볼 때 각각 엄청난 내부적 변수를 포함하고 있는 아메리카는 3개의 주요 지역으로 나눌 수 있다. 라틴아메리카는 리오그란데 강 남쪽으로 멕시코, 중앙아메리카, 그리고 남아메리카가 위치하며 스페인어권 국가와 포르투갈어권 국가가 있다. 경제적인 측면에서는 아니지만 인구 면에서 봤을 때 이곳이 신세계에서 가장 커다란 지역이다. 산탄데르는 현재 예금과 대출 기준으로 봤을 때 라틴 아메리카에서 소매 은행으로는 최대 규모를 자랑하고 있다.

그 다음 지역은 카리브 해 부근으로 3개 주요 지역 중 아마도 가장 이 질적인 요소가 혼재된 복잡한 곳일 것이다. 쿠바에서는 활동이 제한되어 있지만 이를 제외하면 스페인 은행들은 문화적 유산은 스페인을 따르면서 재정이나 통화 정책은 주로 미국의 것을 채택하는 푸에르토리코를 주요 목표로 삼아왔다. 사실 푸에르토리코는 카리브 해에 있는 나라로는 유일하게 1970년대부터 산탄데르가 소매 금융 분야에 해외 성장 전략을 세워 계속해서 실행하고 유지해온 나라이며, 현재는 신세계 시장에서 가장 중요한 곳 중 하나다.

마지막 세 번째 지역은 미국과 캐나다인데, 이 지역에서 스페인 은행의 진출은 미미한 편으로 산탄데르도 이 지역에서는 수년째 공격적인 지역 은행과 작은 규모로만 제휴 관계를 맺으며 일시적으로 활동을 해왔다. 소매 금융의 관점에서 볼 때, 미국은 커다란 시장은 아니지만 50개 주에 달하는 시장을 하나의 묶음으로 보면 50개 주에 지점을 한꺼번에 세운다는 것은 무척 어려운 일이다. 그리고 중요한 히스패닉 인구는 주로 캘리포니아와 애리조나, 뉴멕시코, 텍사스, 플로리다, 뉴욕에 분포하고 있으므로 라틴아메리카를 무대로 활동하려는 스페인 은행에게는 위와 같은 특정 주가 더욱 매력적으로 다가올 것이다.

산탄데르가 아메리카에 투자를 한 시기나 양식을 보면 주로 같은 문화와 언어 공유의 중요성이 드러나지만 또 다른 중요 요소가 있다는 점을 주목할 필요가 있다. 주로 1960년대 초와 1980년대 초에 이루어진 산탄데르의 라틴아메리카로의 첫 번째 확장 계획은 칠레 시장을 제외하고는 그다지 성공적이지 못했다.

1980년대와 1990년대의 산탄데르와 다른 스페인 은행들은 라틴아메리카의 몇몇 국가들이 규제완화와 민영화, 그리고 자유 경쟁을 단행하는 것을 목격했다. 이어 그때까지 외국 은행에는 닫혀 있던 고도성장이 가능한 시장에 진입할 수 있는 기회가 주어졌다. 게다가 라틴아메리카의 소매 금융의 변화는 스페인에서 똑같은 변화가 일어난 지 5년에서 10년 후에 일어났다(Dietsch and Lozano Vivas 1996). 이는 이미 그런 변화를 체험한 스페인 은행들의 주의를 새롭게 환기하는 역할을 했다. 스페인 은행들은 전에 했던 경험에 힘입어 손쉽게 관련 지식과 운영 절차, 그리고 조직 모델을 라틴아메리카로 이전할 수 있었다. 문화나 언어적 유사성이 이런 이전 절차를 촉진시킨 것이 사실이지만 그것은 스페인 은행이 이 지역에 매력을 느끼도록 만든 여러 가지 요인 중 하나일 뿐이었다.

2 _ 처음에 성공하지 못한다면 : 라틴아메리카에서의 스페인

과거 식민지를 가졌던 나라의 은행 중 스페인 은행들은 늦게 국제화 무대에 발을 들여놨다. 스페인은 19세기 초 대부분의 식민지를 잃어 영국의 바클레이즈 DCO(Dominion, Colonial and Overseas), 프랑스의 방크 드 랭도시네(Banque de l'Indocine), 네덜란드의 한델 마트스아피이

(Handel Maatschappij – 나중에 ABN[Algemene Bank Nederland]이 된다), 또는 포르투갈의 나시오날 울트라마리노 은행(Banco Nacional Ultramarino) 같이 해외로 뻗어나가지 못했다. 19세기 말 쿠바, 필리핀, 푸에르토리코 같이 스페인의 식민지로 남아있던 곳은 에스파뇰 데 라 이슬라 데 쿠바 은행(Banco Español de la Isla de Cuba), 필리핀 아일랜드 은행(Bank of Philippine Islands) 푸에르토리코 에스파냐 은행(Banco Español de Puerto Rico) 같은 지역 은행이 주도권을 장악하고 있었다.[3] 그리고 미서(美西) 전쟁(미국 – 스페인 전쟁: 스페인의 지배를 받던 쿠바의 독립전쟁에 1898년 미국이 개입하여 일어난 미국 · 스페인 사이의 전쟁 : 역자 주)으로 스페인은 위의 식민지를 모두 잃게 됐다. 그래도 쿠바에서 상환된 자금으로 히스파노 아메리카노 은행과 아틀란티코 은행(Banco Atlantico)을 설립하게 됐다. 아틀란티코 은행은 2003년 사바델 은행(Banco Sabadell)이 인수했다. 시작은 이렇게 했으면서도 이 은행들은 대부분 스페인 시장에 집중했다. 산탄데르와 BBVA는 오늘날 스페인 국기를 달고 신세계와 유럽으로 항진하고 있지만 스페인 국내 영업을 하는 은행으로 시작해 세계에서 선도적인 역할을 할 정도로 성장한 것이다.

산탄데르는 처음부터 스페인과 아메리카 무역에서 중요한 역할을 한 북부 항구 도시 산탄데르의 도움을 받았다. 하지만 그러면서도 1950년대 처음으로 대표사무소를 세울 때까지 해외로 나갈 생각은 하지 않았다.[4]

산탄데르가 라틴아메리카로 확장해나간 첫 번째 시기는 1940년대에서 1970년대로 그 지역에 있는 대부분이 시장을 보호하고 수입 – 대체 산업에 종사하고 있었다. 산탄데르 은행이 라틴아메리카에 진출해 상대한 사람들은 다른 유럽 또는 스페인 은행들과 마찬가지로 그 곳에서 사업을 하고 있는 자국 고객들이었다. 아니면 경험을 한다는 차원에서 제한적으로 소매 금융을 했다. 1947년 산탄데르는 쿠바의 신탁회사와 협약을 맺었다.[5] 이어 산탄데르는 1951년 대표사무소를 열었고, 피델 카스트로(Fidel Castro)가 쿠바의 금융 체계를 국유화하며 모든 외국 은행을 쫓아낸 1960년까지 사무소를 유지했다.

1961년 멕시코에 세운 대표사무소가 산탄데르의 두 번째 해외 사무소였다. 멕시코 법은 오랫동안 그 이상의 투자는 막아왔다. 그 다음 해에는 카라카스에 대표사무소를 열었고, 같은 해 브라질 인터콘티넨탈 은행(Banco Intercontinental do Brazil)의 주식을 약간 매입했다. 이 주식은 나중에 브라질 인터콘티넨탈 은행이 1968년 세운 지주회사 모빈터(Movinter－Mobiliaria Internacional)로 이전된다. 모빈터는 이 주식을 나중에 다시 팔았다.

산탄데르는 1960년 아르헨티나에 대표사무소를 세우며 처음 진출했다. 그리고 1963년 산탄데르는―1889년에 설립돼 역사가 길지만 비교적 소규모인―요가 아르헨티노 은행(Banco el Hogar Argentino)을 사서 이름을 산탄데르 아르헨티나 은행(Banco de Santander Argentina)으로 바꿨다. 이 거래는 산탄데르가 아메리카에서 처음일 뿐 아니라 사실상 스페인 이외 지역에서 처음으로 성사시킨 인수 작업이었다. 이렇게 해서 그 은행이 있는 국가의 법을 따르며 주식을 대부분, 혹은 전체를 소유한 법인 자회사를 만들었다.[6] 1967년 산탄데르는 산타페 로사리오 메르칸틸 은행(Banco Mercantil de Rosario de Santa Fe)과 코르도바 코메르시알

이 인더스트리얼 은행(Banco Comercial e Industrial de Cordoba)도 인수했다. 페론주의 정권은 이 은행들을 국유화했지만 그때까지는 지점만 국유화했다. 하지만 1974년 군사 정권이 들어서 국유화를 철회했고, 산탄데르는 그 지점들을 회수했다.

1965년 산탄데르는 페루의 수도 리마에도 대표사무소를 열었고, 그 다음 해에는 파나마에 자회사인 산탄데르 이 파나마 은행(Banco de Santander y Panama)을 차렸다. 그리고 곧바로 파나마 자회사는 엘살바도르에 지점을 열었다.[7] 따라서 초기 라틴아메리카 진출에서 산탄데르는 외국 시장으로 나갈 때 사용할 수 있는 4가지 진입 방법인 대표사무소, 지점, 지사, 그리고 자회사 개설 모두를 상황과 전략에 맞춰 적절하게 이용한 것이다.

라틴아메리카에서 산탄데르의 성장은 1970년대를 거쳐 1980년대 초까지 계속됐다. 1976년 산탄데르는 도미니카 공화국에 있는 작은 은행인 콘달 도미니카노 은행(Banco Condal Dominicano) 지분의 30퍼센트를 인수해 산탄데르 도미니카노 은행(Banco de Santander Dominicano)으로 개명했다. 그 다음 해엔 산탄데르 코스타리카 은행(Banco de Santander Costa Rica)을 설립하고, 과테말라에서 인모빌라리오 은행(Banco Inmobilario)을 인수했다. 1979년 산탄데르는 우루과이로 진출해 카사 방카리아 산탄데르(Casa Bancaria Santander)를, 그리고 칠레에서는 산탄데르 칠레 은행(Banco Santander Chile)을 설립했다. 또 에콰도르의 소시에다드 제네랄 데 크레디토 은행(Banco Sociedad General de Credito) 지분의 20퍼센트를 인수했다. 1982년 산탄데르는 파산한 에스파뇰 칠레 은행(Banco Español Chile)을 인수했다. 이 은행은 1989년 산탄데르 칠레 은행으로 합병됐다. 또 우루과이에서 리토랄 아소시아도스 은행(Banco del Litoral Asociados)과 19개 지점을 인수해 카사 방카리아 산탄데르와 합병시켜 산탄데르 우루과이 은행(Banco de Santander Uruguay)을 만들었다. 마지막으로, 산탄데르는 브라질 상파울루에 지점을 설립했다. 그동안 산탄데르가 이 지역에서 가장 큰 2개의 소매 금융 시장인 브라질과 멕시코에 진출하지 않았다는 점을 주목할 필요가 있는데, 그 이유는 그 곳 규정이 외국 은행이 자국 은행을 인수하는 것을 저해하거나 근본적으로 금지했기 때문이다.

1980년대 초까지 산탄데르는 라틴아메리카에서는 훨씬 경험 많은 은행인 뱅크 오브 아메리카보다 더욱 널리 알려지게 됐다.[8] 그러나 1982년 멕시코가 외채를 갚지 못하는 국가 부도 사태를 맞이하며(Grosse and Goldberg 1996) 라틴아메리카에 '잃어버린 10년'이 시작되자 투자 계획을 재고하게 된다. 1985년 산탄데르는 도미니카 공화국에 있는 지사의 주식을 지역 금융 재벌인 센트랄 파이낸시에라 유니버설(Central Financiera Universal)에 매각했다. 센트랄 파이낸시에라 유니버설은 산탄데르가 도미니카 공화국에 세운 지점 14개를 3천만 달러 상당의 자산과 함께 매입했다.[9] 이는 일련의 투자 철회 조치의 첫 번째 사례로, 1986년 산탄데르는 에콰도르와 과테말라 지사의 소액 지분도 처분했다. 1987년에는 파나마 자회사의 엘살바도르 지점을 닫았고, 코스타리카 자회사도 처분했다. 마지막으로 1992년 파나마의 자회사를 그루포 파이낸시에로 델 이스트모(Grupo Financiero del Istmo)에 매각했고, 아르헨티나에 있던 상업 금융 자회사도 부에노스아이레스에 대표사무소만 남기고 처분했다.[10] 하지만 같은 해 산탄데르는 투자 금융 쪽으로는 산탄데르 아르헨티나 은행(Banco de Santander Argentina - 2위 규모로 정부 증권 거래), 산탄데르 소시에다드 데 볼사(Santander Sociedad de Bolsa - 3위 규모의 증권 중개 회사), 그리고 산탄데르 투자 자산 관리(Santander Investment Asset Management) 등을 포함해 상당 규모의 투자를 했다. 1995년까지 산탄데르는 아르헨티나에서 가장 왕성하게 증권 중개업을 했고, 고정 수익 증권 거래도 했다.

철수하지 않았던 산탄데르 칠레 은행과 산탄데르 우루과이 은행의 소매 금융은 각기 꾸준히 좋은 실적을 내고 있었다. 칠레 자회사에는 68개 지점이 있었는데 1993년 말까지 100개, 그 다음 해엔 176개로 늘어났다. 우루과이 자회사는 1985년 전성기 당시 29개 지점에서 11개로 줄었고, 이후 계속 그 수준을 유지했다.

3 _ 꾸준히 확장하기

첫 번째보다 더 적극적인 산탄데르의 두 번째 라틴아메리카 진출 계획은 1990년대 초에 시작됐다. 우연히도 두 개의 사건이 동시에 일어났다. 하나는 스페인 시장의 규제완화로 스페인 2대 은행 중 하나로 부상한 산탄데르가 주요 경쟁 상대인 BBV, BCH, 포풀라, 그리고 다른 은행과의 경쟁에 그다지 적극적이지 않은 자세를 취했다는 점이다. 더 이상 국내 성장은 어려운 터였고, 합병도 없고 당시로는 뭔가 할 수 있는 일이 딱히 없었다. 새롭게 통합된 유럽의 금융 시장에서 산탄데르가 다른 유럽 경쟁 은행에 먹히지 않으려면 성장을 해야 했다. 그리고 스페인의 규제완화를 겪으며 얻은 경험으로 금융 분야뿐만 아니라 자유화가 진행되는 시장을 다루는 능력에도 전보다 더욱 효율적이며 자신감이 생겼다. 세계를 둘러보며 성장 가능성이 있는 시장을 찾으면서 산탄데르는 미국과 유럽은 너무 어렵고 비용도 많이 든다는 것을 깨달았다. 아시아에서는 이렇다 할 경험이 없었고, 동유럽도 마찬가지였다. 그리고 동유럽은 이미 오스트리아, 독일, 이탈리아, 네덜란드의 은행이 주목하고 있던 시장이었다. 특히 오스트리아, 독일, 이탈리아의 몇몇 은행은 2차 세계대전 전부터, 그리고 철의 장막이 드리워지기 전부터 이미 동유럽과 광범위한 연계를 맺고 있었다(Koford and Tschoegl 2005).

또 다른 사건은 라틴아메리카가 '잃어버린 10년' 시기를 끝내고 다시 부상하기 시작했다는 것이었다. 라틴아메리카의 정부들은 금융 시장의 규제를 완화하고 외국 은행도 진입할 수 있게 자국 시장의 문을 열었다. 산탄데르는 라틴아메리카에 경험이 있었을 뿐만 아니라 산탄데르 인베스트먼트(Santander Investment)를 통해 닦은 투자 금융 실적 덕분에 그곳 정부의 경제 계획에 연결될 수 있었다. 산탄데르를 소개할 절호의 기회가 온 것이었다. 같은 언어를 쓴다는 것이 유리하게 작용해 스페인과 투자 대상국에 중역을 파견하거나 서류를 보내는 작업도 용이했고, 문화적으로 동질성이 있다는 측면도 도움이 됐다. 라틴아메리카는 지역의 한계 수익점과 금융 체계의 비효율성 때문에 상당히 매력적인 시장이었다(도표 5.1 참조).

라틴아메리카에 두 번째 진출하며 산탄데르는 그동안의 전략을 바꿔 진출국의 대형 은행 중 하나를 골라 지분을 매입해 통제하는 방법을 택했다. 이전 경험에서 배운 것이 있다면 그것은 새로운 투자나 진출하려

〈도표 5.1〉 신흥 경제와 선진 경제의 금융 통계 비교(1990년대 초반)

국가	은행 예금 / GDP[a]	금융 중개 영역에서의 은행 점유율[b]	국영 은행의 점유율[c]	외국 소유 은행의 점유율[d]	무이자부 운영 비용[e]	순이자 수익[f]	무수익 대출[g]
아르헨티나	24	98	36	22	8.5	9.2	11
브라질	21	97	48	9	6.0	6.8	6
칠레	21	62	14	21	3.0	6.1	1
콜롬비아	9	86	23	4	7.3	8.3	3
멕시코	33	87	28	1	3.9	5.1	15
베네수엘라	13	92	30	1	5.7	8.1	18
인디아	3	80	87	7	2.6	2.9	20[i]
홍콩	8	...	0	78[h]	1.5	2.2	3
한국	5	38	13	5	1.7	2.1	1
싱가포르	6	71	0	80	1.4	1.6	...
타이완	6	80	57	5	1.3	2.0	3
인도네시아	8	91	48	4	2.4	3.3	11
말레이시아	9	64	8	16	1.6	3.0	8

국가	금융 중개				무이자부 운영 비용[e]	순이자 수익[f]	무수익 대출[g]
	은행 예금 / GDP[a]	영역에서의 은행 점유율[b]	국영 은행의 점유율[c]	외국 소유 은행의 점유율[d]			
타이	7	75	7	7	1.9	3.7	8
미국	4	23	0	22	3.7	3.7	2
일본	3	79	0	2	0.8	1.1	3
독일	5	77	50[h]	4	1.1	1.4	…
스페인[j]	…	…	…	2	2.5	3.7	4

Sources: Goldstein and Turner (1996); World Development Indicators; OECD.

[a] Average percentage over the period 1980–95.
[b] Assets as a percentage of the assets of banks and nonbank financial institutions in 1994.
[c] Percentage share of assets in 1994.
[d] Percentage share of assets; date not given.
[e] As a percent of total assets, averaged over 1990–94.
[f] As a percent of total assets, averaged over 1990–94.
[g] Average 1994–95; these figures may not be strictly comparable.
[h] Not strictly comparable.
[i] Relates only to public-sector banks.
[j] Excludes savings and cooperative banks.

는 국가의 군소 은행을 인수하는 것이 그곳에서 계속 영업을 해나갈 수 있는 발판이 되기는커녕 산탄데르가 세계적인 선도 은행으로 발돋움하는데 필요한 성장을 하기에 적합하지도 않다는 것이었다.

처음에 산탄데르는 1984년 설립된 자사의 투자 금융기관인 산탄데르 인베스트먼트를 중심으로 라틴아메리카에서의 입지를 다져갔다. 1988년 에밀리오 보틴 3세는, 1982년 대학을 졸업한 이후 JP 모건에서 일하고 있던 자신의 딸 아나 파트리시아(Ana Patricia Botín)를 불러들여 새로운 자본 시장 그룹을 신설해 신흥 경제에 초점을 맞춘 투자 금융업을 시작하게 했다. 1991년 아나 파트리시아는 산탄데르 네고시오스 은행(Banco Santander de Negocios)의 총괄 이사, 1994년에는 최고 경영자 자리에 올랐다. 우리가 인터뷰한 사람들 중 몇몇 사람이 지적했듯 논란의 여지가 있지만 산탄데르 은행의 후기 확장세에서 산탄데르 인베스트먼트가 한 가장 중요한 기여도는 서로를 잘 알고, 진출 지역에 대한 경험이 있는 젊은 경영자 그룹을 만들어 냈다는 점이다. 이런 점은 산탄데르가 라틴아메리카에 전력하기로 했을 때 그 지역 공략에 개별적인 노력을 들이는 고위 경영진이, 초점을 맞추지 못하는 산만한 다른 은행과 경쟁하는데 도움이 됐다. 이 경영자 그룹은 산탄데르가 뒤이어 다른 소매 금융사를 인수하는데 중요한 역할을 했다.

라틴아메리카의 은행을 인수하는데 있어 산탄데르는 스페인 주요 은행을 제외한 다른 외국 은행들과는 거의 경쟁을 하지 않았다고 해도 과언이 아니다. 미국에 토대를 둔 은행들은 1982년 라틴아메리카의 채무 불이행 사태의 충격에서 회복 중이었다. 1차 세계대전이 진행될 때 시작해 주요 국가에서 입지를 굳힌 미국 은행들은 자신의 위치에 만족하거나(예; 시티은행과 보스턴 은행 – 보스턴 은행의 경우는 그때 이후 철수하고 있었다) 아예 철수했다(예; 뱅크 오브 아메리카와 체이스맨해튼 은행). 그리고 시티은행과 보스턴 은행은 주로 상류층 부자 고객에 초점을 맞췄지만 산탄데르는 일반 소비자 시장을 목표로 했다. 영국과 독일 은행들은 능력도 있고 자본도 갖춰져 있었지만 그들의 관심은 아시아와 동유럽에 있었다. 영국 은행 가운데 로이드 은행은 19세기 중반 이후로 왕성한 활동을 해왔던 라틴아메리카에서 철수했고, 모토가 '나를 위한 세계적인 은행'인 HSBC는 2000년 즈음에야 이 시장에 뛰어들기 시작했다(Tschoegl 2004). 일본, 프랑스, 이탈리아 은행은 1980년대 말부터 1990년대 초까지 실적이 저조해 불안정한 지역으로 자평해왔던 라틴아메리카로 진출하는 것을 고려하지 않았다. 크레디 리요네(Credit Lyonnais)는 잠시 동안이나마 노력을 했지만 크레디 리요네 자체가 사실상 파산 상태라 구조 작업 차원에서 라틴아메리카를 포함한 대부분의 외국 지점과 영업소를 처분했다. 이탈리아 은행인 인테사(Intesa)는 1999년 이탈리아 상업 은행(Banca Commerciale Italiana)을 인수할 때 함께 인수한 수다메리스(Sudameris)를 분해처분하며 라틴아메리카에서 90년 동안 영업을 해온 수다메리스의 역사를 끝냈다.

2개 내지 3개 은행이나 회사가 자국에서 금융 시장을 장악하고 있을 경우 보통 한 곳에서 어떤 행동을 취하면 나머지 경쟁사들도 이에 반응하기 마련이다. 따라서 산탄데르가 라틴아메리카에서 적극적인 공세를 취하며 인수 작업에 착수하자 BBV와 BCH도 그 뒤를 따랐다. BBV, 아르헨타리아, BCH도 산탄데르처럼 라틴아메리카에 이미 대표사무소와 지점, 그리고 작은 자회사를 두고 있었다. 제4장에서 논의했듯이 유럽 통합으로 인해 스페인 자국 내 합병이 촉발되었고 시장 집중도가 높아져 은행들은 성장을 위해 외국 시장으로 진출하게 되는 상황이었다. 이런 해외 확장 양식은 전략 변화에 신호를 보냈다. 즉, 무역과 자국 기업을 따라—그때까지 실행되고 있던 호기를 노린 소규모 자회사 매입 방식과 같은 일반적인 국제 금융 활동에서 공동의 계획을 추진해 소매 금융업을 해외로 진출시키는 방식으로 전환했다.

해외로 확장해 나갈 때 산탄데르는 최상급 은행의 지분 다수를 매입한 후 자사에서 고위 경영진을 파견하고, 인수한 기업에는 산탄데르라는 이름을 붙였다. 이와는 대조적으로 BBV와 그 승계자인 BBVA는 처음에는 소수 지분에 만족하며 경영에 관여했지만 공동의 브랜드를 만드는 데는 부지런하게 움직이지 않았다. 이런 면에서는 BBVA가 엑스테리어 은행(나중에 아르헨타리아에 합병된다)에 어느 정도 빚을 진 것이 있지만 1990년대 후반에 이를 어느 정도 만회했다. 그리고 아마도 자금이 풍부하지 않았던 BCH는 약간 급이 떨어지는 은행의 주식을 매수한 후 수동적인 주주 역할을 했고, 그 지방 기업 그룹과 제휴를 맺는 쪽을 선호했다.

산탄데르와 BBVA는 좋은 기회를 노려 인수 작업을 했고, 인수 후에는 공을 들여 구조조정을 단행해 라틴아메리카 시장에서 상당한 입지를 세웠다. 산탄데르의 라틴아메리카 진출을 평가해보면 성공을 거두지 못한 급습 작전(볼리비아, 파라과이, 페루, 파나마), 평가를 유보해야 하는 경우(우루과이, 콜롬비아, 베네수엘라), 그리고 4대 주요 시장(아르헨티나, 칠레, 멕시코, 브라질)의 3가지로 구분할 수 있겠다.

성공을 거두지 못한 급습 작전

스페인 은행이 단행한 인수 건이 모두 성공을 거둔 것은 아니었다. BBVA가 브라질에서 철수했던 것처럼 산탄데르도 몇 가지 사업에서 손을 뗐다. 방코수르(Bancosur – 페루), 아순시온 은행(Banco Asuncion – 파라과이), 산타쿠르즈 은행(Banco Santa Cruz – 볼리비아)은 BCH가 인수한 은행으로 나중에 산탄데르가 BCH와 합병을 하며 물려받았다. 이 은행들은 오히긴스 센트랄 히스파노(O' Higgins Central Hispano – OHCH)의 합작 사업 포트폴리오의 한 부분을 차지하고 있었다. OHCH는 방코수르의 89퍼센트와 아순시온 은행의 78퍼센트, 그리고 산타쿠르즈 은행의 67퍼센트를 지분 소유하고 있었다. 산탄데르는 BCH에서 승계 받은 다른 BCH 자회사를 다룰 때와는 달리 사업을 끝내기로 결정하기 전까지 각 은행 당 90퍼센트 이상의 지분을 소유하고 있었다.

1995년 산탄데르는 페루 은행 순위 3위인 컨티넨탈 은행(Banco Continental)의 민영화에 입찰을 시도하지만 BBVA에 패하고 말았다. 산탄데르는 즉시 상대적으로 작은 인터안디노 은행(Banco Inter Andino)과 페루 메르칸틸 은행을 인수했고, 모두 합병해 산탄데르 페루 은행(Banco Santander Peru)을 만들었다. 메르칸틸 은행은 페루 시장 점유율이 8위였고, 거의 소매 금융 쪽에 주력하고 있었다. 이와는 대조적으로 인터안디노 은행은 사무소가 단 하나뿐인데다 순위도 9위였지만 아주 건실한 기업 고객을 보유하고 있었다.[11] 이 두 은행을 합병하자 시장 점유율이 약 4.5퍼센트로 7위에 올랐다. 산탄데르가 BCH와 합병하며 1996년 BCH – OHCH가 매수했던 페루 은행 순위 5위인 방코 데 수르(방코수르[Banco de Sur – Bancosur])도 같이 물려받았으며, 산탄데르는 방코 데 수르를 1999년 산탄데르 페루 은행에 합병시켰다. 2002년 산탄데르는 페루 자회사를 페루에서 가장 큰 은행인 페루 크레디토 은행(Banco de Credito del Peru)에 매각했다.

2003년 산탄데르는 아순시온 은행을 매수할 바이어를 찾지 못하자 은행 문을 닫고 파라과이에서 철수하기로 결정했다. 아순시온 은행의 시장 점유율은 가뜩이나 작은 금융 시장에서 1퍼센트도 안됐다. 그리고 2005년 볼리비아에서 인민당 후보가 대통령에 당선될 것이 확실시되자 산탄데르는 소유하고 있던 산타쿠르즈 은행 지분 96퍼센트를 매각하고 철수했다.

파나마에서도 철수해야 한다는 것을 깨달았다. 1997년 콜롬비아의 방코키아(Bancoquia)를 인수하며 파나마에 자회사를 소유하게 되었고, 이를 산탄데르 콜롬비아 파나마 은행(Banco Santander Colombia Panama)이라고 명명했다. 또 BCH와 합병하며 BCH가 소유하고 있던 파나마 자회사도 손에 넣게 됐다. 산탄데르는 2002년 산탄데르 콜롬비아–파나마 은행을 매각하고, 전 BCH의 자회사였던 산탄데르 은행(파나마)도 단계적으로 철수시켰으며, 그곳에 남아있는 지점은 역외 금융 기지로 사용하기로 했다. 1999–2002년 사이에 산탄데르는 파나마에 2개의 자회사가 있었는데, 그 두 개를 통합해서 새로운 노력의 발판으로 삼기보다는 파나마를 떠나기로 결정했던 것이다.

평가를 유보해야 하는 경우 : 우루과이, 콜롬비아, 베네수엘라

앞서 논의한 바와 같이 산탄데르는 1979년 우루과이에 진출한 후 인수를 통해 사세를 확장해 나갔다. 지점이 11개로 줄어든 다음 산탄데르 우루과이는 다시 연결망을 만들어 수도인 몬테비데오에 9개, 그리고 다른 곳에 7개 지점을 개설했다. 우루과이는 산탄데르가 주요 거점으로 성장하기에는 너무 작았지만 자회사의 실적이 좋아 바로 처분해야 할 것 같아 보이지는 않았다. 콜롬비아와 베네수엘라는 그보다 잠재성이 더 컸지만 정치적 변수가 산탄데르에 불리하게 돌아갈 가능성이 있었다.

산탄데르와 BBVA는 아르헨티나에서와 마찬가지로 콜롬비아와 베네수엘라에서도 인수 작업을 했다. 1996년 BBV는 가나데로 은행(Banco Ganadero)의 지분을 약간 샀다가 나중에 다수를 매입해 완전히 소유권을 행사했다. 그 다음해 코메르시알 안티케노 은행(Banco de Comercial Antiqueno - Bancoquia), 일명 방코키아가 먼저 투자 금융과 창고업, 그리고 콜사뱅크(Colsabank)의 지분을 팔고 콜롬비아의 소비자 대출 회사인 인버크레디토(Invercredito)를 사는 조건으로 산탄데르가 방코키아의 지분 55퍼센트를 매입했다. 현재 산탄데르는 콜롬비아에 있는 자회사의 지분을 모두 소유하고 있다. 콜롬비아에서 BBVA와 산탄데르가 소유한 지분은 비교적 작은 규모로, 둘이 합쳐 금융계 자산의 11퍼센트가 조금 넘는 부분을 차지하고 있을 뿐이다. 1992년 히스파노 아메리카노가 콜롬비아 은행(Banco de Columbia) 지분의 26퍼센트를 인수했지만 완전히 인수하려는 계획은 실패했고, 콜롬비아 은행은 인더스트리얼 콜롬비아노 은행(Banco Incustrial Colombiano)과 합병해 버렸다.

1997년 대표사무소를 세운 지 41년 만에 산탄데르는 베네수엘라 은행((Banco de Venezuela)을 인수했다. 2000년 베네수엘라 은행은 카라카스 은행(Banco de Caracas)을 인수했고, 2002년 완전히 합병했다.[12] 1997

년 BBV는 프로빈시알 은행(Banco de Provincial) 지분의 55퍼센트를 매수했다. 그 전에 프로빈시알 은행은 라라 은행(Banco de Lara)과 옥시덴테 은행(Banco de Occidente) 지분의 상당 부분을 매수해 소액 주주 중에서 중요한 위치에 오른 상태였다. 1999년 프로빈시알 은행은 옥시덴테 은행과 포퓰라 이 데 로스 안데스 은행(Banco Popular y de los Andes)을 합병했다. 그리고 이듬해인 2000년 BBVA가 라라 은행을 합병했다. 이로 인해 BBVA와 산탄데르는 베네수엘라 금융계 자산의 약 30퍼센트를 차지하게 되었고, 이들의 자회사는 베네수엘라인 소유의 메르칸틸 은행의 뒤를 이어 베네수엘라 금융계 순위 2위와 3위 자리를 차지하게 됐다.

4대 주요 시장 : 아르헨티나, 칠레, 멕시코, 브라질

첫 번째 경제 개혁 국가로 진입하기 : 칠레

1970년대 후반, 칠레는 라틴아메리카에서는 최초로 자유주의 경제 정책을 도입하며 다른 국가보다 빠른 경제 성장세를 자랑했다. 개방 경제 체제를 채택하기로 했음에도 단기 자금이 들어올 때는 30퍼센트의 지불 준비금을 준비하도록 함으로써 과도하게 자본이 유입되지 않도록 조절했다. 이 정책으로 인해 해외에서 단기 자금을 빌려오기가 어려웠고, 국내 실질 이자율은 국제 이자율보다 높은 수준을 유지했다. 그래도 건실한 거시 경제 정책으로 경제 성장은 계속되면서 인플레이션은 줄어드는 효과를 가져왔다. 하지만 칠레는 상승하는 이자율과 원자재 수출 가격이 하락(특히 구리 가격)하는 상황에서 완전히 벗어날 수 없었다.

게다가 1982년 라틴아메리카에 부채로 인한 위기 상황이 발생했다.

칠레의 '기적'을 만들어낸 특별한 정책과 상황은 학계와 정책 입안자들 사이에 열띤 논쟁을 불러일으켰다. 이런 논쟁은 칠레의 정치 모델로까지 확장되었는데, 그 이유는 필연적으로 있을 수밖에 없는 군대의 존재 때문에 민주주의 체제로 전환하는 것이 오랫동안 문제가 되어왔기 때문이다.

1980년대 이후, 칠레는 사실상 경제 발전을 이루어왔다. 구리와 나트륨 같은 원자재 수출은 상대적으로 중요성을 잃은 반면 신선한 과일과 와인, 생선, 산림 자원은 두 자릿수로 성장했다. 부분적으로 연금제도를 민영화한 덕에 개인 저축률은 세계 최고를 유지했다. 전력시설과 통신체계도 세계에서 가장 효율적인 나라 중 하나였으며, 교육 수준도 급격히 상승했다.

칠레 금융계에서의 합병 작업은 1980년대 중반에 가열됐다. 합병으로 인해 산티아고 은행(BCH가 지분의 50퍼센트를 소유하고 있었다)이 규모 면에서 1위, 산탄데르 칠레 은행이 2위였다. 이런 새로운 선도 은행들은 과거 1위였던 칠레 은행(Banco de Chile – 3위)과 칠레 에스타도 은행(Banco del Estado de Chile – 4위), 그리고 중형 은행인 에드워드 은행(Banco Edwards), 포멘토 히포테카리오 은행(BHIF; Banco Hipotecario de Fomento)에 압력을 넣었다.

1997년 말, 칠레의 금융계는 국내 합병으로 생긴 자국 은행이 15개, 완전한 외국 소유이거나 외국에서 대부분의 지분을 소유하며 외국인 소액 주주가 많은 은행이 4개, 거기에 국영 칠레 에스타도 은행이 더해진 구도로 이루어져 있었다. 그리고 13개 외국 은행이 모은행의 지역 지점을 두고 영업하고 있었는데, 이런 외국 은행은 금융계 사산과 대출금의 약 20퍼센트를 차지하고 있었다.

칠레 은행과 칠레 에스타도 은행은 건실한 금융기관으로, 인수하기가 아주 어렵거나 거의 불가능했다. 당시 칠레 은행은 확실한 인수 목표물이었지만 워낙 널리 알려진 은행이라 인수하려면 주식 공개 매입을 통해서만 가능한 상황이었다. 게다가 칠레 은행은 중앙은행에 지급해야 하는 대출금이라는 '독약'을 품고 있었다(이 대출금은 1982년 위기 당시 받은 구제 금융의 일부로, 은행을 인수하려면 만기가 되기 전에 먼저 대출금 전액을 갚아야 한다는 제한적인 계약 조항을 포함하고 있었다). 칠레 에스타도 은행은 국가가 소유하고 있었으며, 정부는 이를 민영화할 계획이 없었다.

경쟁이 심한 칠레 금융계는 수익을 내기는 했지만 저성장기에 이르렀고, 판매 수익이나 서비스 면에서 라틴아메리카의 실적 기준을 따르기보다는 경제협력개발기구(OECD) 기준에 더 가까웠다. 금융계 주식에 대한 수익률은 1993년 21퍼센트에서 1997년 13퍼센트로 떨어졌다.

산탄데르와 다른 외국 은행들은 칠레에서 수익을 낼 수 있는 기회에 더해 빠른 속도로 규제 완화가 이루어지는 시장에 대해 배울 기회를 얻었다. 1993년 산탄데르는 칠레에서 가장 큰 신용 카드 회사인 핀카드(Fincard)를, 1995년에는 저소득 소비자를 목표로 하는 소비자 금융 회사인 파이낸시에라 푸사(Financiera Fusa)를 인수했다. 1996년에는 오소르노 이 라 유니온 은행(Banco Osorno y La Union)을 인수해 칠레에서 두 번째로 큰 상업 은행이 됐다. 그리고 1996년 BCH는 오히긴스 은행(Banco O' Higgins)을 소유하고 있던 룩식 그룹(Luksic group)과 50퍼센트씩 출자해서 지주회사(오히긴스 센트랄 히스파노 O' Higgins Central Hispano –OHCH)를 세웠다. OHCH는 센트랄 은행으로부터 산티아고 은행을 인수했다. OHCH는 당초 구조 작업의 일환으로 주식을 매입했고, 거기에 오히긴스 은행을 합병시켰다. BCH는 아르헨티나, 우루과이, 파라과이, 페루에 있는 자회사를 OHCH로 이전시켰다.

1999년 산탄데르는 BCH를 합병해서 산탄데르 센트랄 히스파노(SCH)를 만들었고, 룩식 그룹의 지분을 사들여 산탄데르 칠레와 산티아고 은행에 대한 통제권을 확보했다. 이 인수 작업은 현재 논란이 계속되고 있는 금융 분야의 집중 현상에 대한 규제가 있을 것이라는 우려를 낳았다. 2002년 칠레 중앙은행은 산티아고 지분의 35퍼센트를 SCH에 팔며 풋옵션(Put Option – 미리 정한 가격으로 장래의 특정 시점, 또는 그 이전에 일정 자산을 팔 수 있는 권리를 매매 : 역자 주)을 행사했다. 현재 산탄데르 칠레 은행은 칠레에서 제일 큰 은행이다. 시장 점유율이 25퍼센트이고, 아주 효율적이면서 수익도 잘 내고 있다.

멕시코와 콜롬비아에서는 그 반대였지만 BBV도 칠레에서 산탄데르가 시행한 방식을 따랐다. 수년 동안 BBV는 산티아고에 대표사무소만 유지했다. 그러다가 1998년 BBVA는 히포테카리오 포멘토 은행(BHIF)을 사이드(Said) 가문에게서 매입해 현재의 BBVA BHIF 은행을 만들었다. 그럼에도 칠레에서 BBVA BHIF의 위상은 여전히 산탄데르보다 낮다.

롤러코스터를 타는 듯한 아르헨티나 금융계

아르헨티나는 라틴아메리카에서 가장 변화가 심한 국가다. 수십 년 동안 아르헨티나는 여러 면에서 불안정한 시기를 보냈다. 대통령이 23

번 바뀌었고(그 중에 9명이 군 출신 장군이었다), 경제장관은 1943년부터 2006년 사이에 52명이나 바뀌었다. 이로 인해 정책의 변화가 아주 심했고, 경제는 계속해서 하강 곡선을 그렸다(Guillen 2001). 1980년대 말부터 1990년대 초까지 자본 도피, 하이퍼인플레이션과 사회 불안정이 계속되는 와중에 새롭게 선출된 메넴 대통령(1989–1999)은 국영 기업의 규제 완화, 자유화와 민영화, 그리고 브라질, 우루과이, 파라과이와 함께 관세 동맹인 메르코수르(Mercosur) 창설을 포함하는 개혁 프로그램을 과감하게 추진했다. 특히 1991년 4월 태환법(兌換法)을 제정해 통화위원회(19세기의 금본위제도처럼 관리하지 않는 고정 교환율)를 만들어 아르헨티나 페소화를 미국 달러화에 등가로 연동시켰다. 이 개혁으로 인해 경제 성장이 급속히 이루어지고, 인플레이션이 하락하며, 거대 외국 투자 자본이 들어와 무역수지 적자 완화에 도움이 됐다. 1995년 투자가와 기업, 그리고 소비자들이 멕시코 위기에 과민반응했을 때를 제외한다면 아르헨티나 경제는 엄청나게 성장했다. 하지만 멕시코 발 '테킬라 충격(tequila shock)'으로 고객들이 현금을 보유하고 있거나 외국으로 돈을 송금함으로써 은행 예금이 20퍼센트 하락했고, 1995년 3월 아르헨티나 은행 3개 중 1개가 사실상 파산한 상태였다. 금융 감독 당국이 적정 자본 요건을 세우고 지급 준비금을 증가시켰을 때 은행들은 자본 상태가 더 나은 외국 은행에 스스로를 합병하거나 매각하는 식으로 대응했다.

1999년 브라질의 금융위기가 경기 침체를 촉발했고, 이런 상태가 4년 동안 지속됐다. 2001년 가을 외채 상환을 하지 못했고, 급기야 2002년 초 통화 태환법 포기 사태를 불러왔다. 이후 경제는 변동 환율 덕분에 회복됐지만 여러 가지 생산품의 경쟁력은 상대적으로 계속 상실되고 있다.

아르헨티나의 금융계는 전통적으로 연방과 지방, 그리고 시 은행(아직까지도 많이 남아있다)이 장악해왔다. 현재 아르헨티나 최대 은행은 국영 은행인 나시온 아르헨티나 은행(Banco de la Nacion Argentina)이다. 지난 반세기 동안 '비국영' 은행들은 몇 번이나 국유화되었다가 민영화되기를 되풀이했지만 사실상 금융 분야 발전에 가장 커다란 방해물이 됐던 것은 불안정과 하이퍼인플레이션이었다. 1980년대 어느 한 시기에는 국민들이 은행 계좌를 회피해 전체 예금액이 약 20억 달러까지 떨어졌다(전체 인구가 3.3억 명인 국가에서 말이다). 오늘날까지도 아르헨티나는 비 은행계 금융 서비스에 의존하는 비 은행 이용자가 많은 언더뱅크 시장(underbanked market)이다. 중앙 정부가 주 정부 또는 지방 정부에 은행을 민영화하라는 압력을 넣지 못하는 상황인데다가 은행 운영이 상당히 정치화된 상태이기 때문에 지방이나 시가 소유하고 있는 은행에도 문제가 많다.

아르헨티나에 외국 은행이 진출해 영업을 하기 시작한 것은, 19세기 말과 20세기 초 아르헨티나가 세상에서 가장 부강한 나라 중 하나로 천연자원을 개발하고 농업 발전에 힘쓸 때로 거슬러 올라간다. 시티은행은 1914년, 보스턴 은행은 1917년 아르헨티나에 상륙했다. 대단위 이민 인구에 이끌려 독일과 이탈리아 은행도 뒤를 이어 아르헨티나에 진출했다. 1980년대 이래로 외국 소유의 민영 은행의 숫자는 정부가 1994년 영업과 소유권에 대한 제한을 철폐한 덕분에 약간의 성장세를 타며 다소 변화를 보이고 있다. 외국 은행의 숫자는 1980년 말 27개, 1985년 말

32개, 1997년 3월 28개, 같은 해 말엔 34개를 기록했다. 이 중 15개가 지점, 5개는 지사, 나머지는 자회사였다. 그리고 대표사무소가 103개였는데, 이 중에는 현지에서 영업을 하고 있는 은행에 속한 곳도 포함되어 있다.

현재 산탄데르가 아르헨티나에서 주력하고 있는 소매 금융업은 1994 – 1995년 위기 이후, 인수하는데 비용이 적게 드는 민영 은행의 수가 증가한 다음 시작됐다. 1996년 산탄데르는 아르헨티나에서 가장 수익을 잘 내면서도 자본이 충실한 은행 중 하나인 리우 데 라 플라타 은행(Banco Rio de la Plata)을 인수했다. 또 인수와 연기금 관리 합작 투자에 뛰어들어 강세를 보였다. 같은 시기에 BCH는 토른키스트 은행(Banco Tornquist)의 지분 50퍼센트와 갈리시아 이 부에노스아이레스 은행(Banco de Galicia y Buenos Aires)의 지분 10퍼센트를 매수했다. 산탄데르와 BCH가 합병했을 때 산탄데르는 토른키스트 은행의 나머지 지분도 손에 넣었고, 이를 다시 리우 데 라 플라타 은행과 합병했다. BBV도 1996년 친화적인 문화를 보유하면서 잘 운영되던 프란세스 데 라 리우 데 라 플라타 은행(Banco Frances de la Rio de la Plata)을 인수하며, 우루과이의 바네스토 은행(산탄데르는 이 은행을 바네스토에게서 물려받은 다음 매각했다)을 포함해 해외 영업의 일환으로 아르헨티나 시장에 뛰어들었다.[13] 이듬해 프란세스 은행은 문제를 안고 있던 크레디토 아르헨티나 은행(Banco de Credito Argentino)을 인수했고, 나중에 합병했다. 그리고 1999년 BBV는 코르프 방카(Corp Banca)를 인수했다.

스페인 은행들이 아르헨티나에서 가장 큰 민간 은행을 손에 넣었지만 규모 면에서는 국영 은행과 지방 은행을 따라가고 있는 형국이었다.

그밖에도 아르헨티나에 들어간 스페인 은행들과 노바스코샤 은행, 아그리콜 은행, HSBC는 규모가 작기는 하지만 인수 작업을 했다. 보스턴 은행, 바나멕스 인테사 은행, 시티은행, 이타우 은행(Banco Itau) 역시 기존의 아르헨티나에서의 영업을 확장하기 위해 추가적으로 인수 작업을 했다.

하지만 2001 – 2002년 아르헨티나에 닥친 금융 위기는 리우 데 라 플라타 은행과 BBVA 프란세스를 포함한 모든 외국 은행을 강타했다. 노바스코샤 은행과 아그리콜 은행은 2002년 4월 철수했고, 인테사 은행, 로이드 TSB, 소시에테 제네랄은 모든 자회사를 현지 은행에 팔았다. 그 다음에 페소화가 평가 절하되면서 정부는 은행의 자산과 부채를 균형에 맞지 않는 비율로 페소화로 바꿔버렸다. 은행에 달러화로 표시된 외채를 환율 1대 1로 미리 평가 절하시켜 페소화로 바꾸라고 명령한 것이었다. 그와 동시에 정부는 은행이 달러 표시된 정기 예금도 1달러당 1.4페소로 전환할 것을 요구했다. 이로 인해 금융계 자본 전체가 없어져버렸다. 외채는 원래 자국의 화폐로 표시되어 있으므로 은행의 대차대조표에는 엄청난 환 노출 현상이 일어났다. 당시 산탄데르의 라틴아메리카 총괄 담당이었던 프란시스코 루손(Francisco Luz?n)은 아르헨티나 정부의 정책을 두고 "그들은 모든 게임의 규칙을 무시했다"[14]라고 말했다.

에스파냐 은행이 아르헨티나 위기의 악영향을 봉쇄하는데 중요한 역할을 했다. 스페인 은행들이 라틴아메리카로 확장하기 시작하자 에스파냐 은행은 인원과 재원을 마련해 위험을 평가하고 감시했다. 그래서 그 지역에 은행이 직접 위험에 노출되었을 때 발생하는 상황에 대해 잘 인지하게 됐다. 이런 연구 결과를 전후로 스페인 은행들은 준비금을 강화해야 할 필요성을 느꼈다. 에스파냐 은행은 해외영업시 은행 사이에 벌어질 수 있는 위기와 제3자와의 사이에 발생할 수 있는 위기에 대비하는 것은 물론 각 은행들이 아르헨티나에 하는 투자(영업권을 포함해서) 전체를 대상으로 준비금을 든든히 준비할 것을 요청했다. 이에 산탄데르는 아르헨티나에서의 영업 활동과 연기금 운용에 필요한 준비금을 12억 유로(약 10억 달러) 준비해뒀고, BBVA는 14억 유로(12억 달러), 그리고 HSBC는 11억 달러를 준비해뒀다. 그 결과 산탄데르는 2002년 무수익 대출(NPL) 비율과 준비금을 2001년 수준으로 유지했다(무수익 대출 비율 1.9퍼센트, 준비금 140퍼센트). 아르헨티나를 제외한 무수익 대출 비율은 1.7퍼센트(스페인에서 0.9퍼센트, 라틴아메리카에서 3.1퍼센트)인 반면 준비금 준비율은 152퍼센트였다(스페인에서 191퍼센트, 라틴아메리카에서 140퍼센트). 2002년 에스파냐 은행 총재는 산탄데르와 BBVA를 두고 "두 은행은 위기 상황으로 인한 영향을 적절하게 관리하고 있다. 우리는 위기 관리를 적절히 하고 준비금을 충분히 준비해둘 것을 요청했으며, 그들은 정확하게 우리가 요청한 사항을 지키고 있다"[15]라고 평했다.

아르헨티나에서 산탄데르와 BBVA 모두 각각 70개의 지점을 폐쇄하고 직원을 줄이며 영업을 끝냈다. 두 은행은 자회사의 자본을 감가상각시켰다. 위기 이후 재정 상태가 건실했던 산탄데르의 리우 데 라 플라타 은행이 처음으로 개인 대출과 장기 고정 금리 모기지를 재발행하기 시작했다.

멕시코가 해외 은행에 자국 시장을 열다
멕시코는 극단적인 나라다. 1980년대까지 제조업에서는 정책적으로

1960년대 국경 지역에 도입된 면세 정책인 수출 지향적 마킬라도라(maquiladora – 부품을 수입해 값싼 노동력을 이용해 제품을 조립 수출하는 공장: 역자 주)만 제외하고 수입 대체를 권장했다. 역사적으로 산업화 과정을 보면 농촌을 희생시켜 보호 받은 자국 시장에서 이점을 누리는 비교적 큰 규모의 도시 중산층이 생겨났다. 멕시코는 1970년대 초반, 석유가 발견된 이후 해외로부터 자금을 많이 대출받았다. 1980년대 초반, 이자율이 상승하고 원유 값이 떨어지자 멕시코는 채무 불이행을 선언했으며 자국의 금융계가 붕괴되는 것을 목격했다. 1982년 9월 로페즈 포르티요(Lopez Portillo) 대통령이 이끄는 정부는 라틴아메리카의 금융 위기에 대응해 멕시코의 금융 분야를 국유화했다. 당시 멕시코 금융계는 다양한 종류의 민영 은행이 60개나 있었다. 이 수많은 은행들은 부유한 개인 혹은 유대가 강한 가족 그룹 소유였다. 국유화 이후 정부는 중앙 정부가 내리는 엄격한 명령에 따라 은행을 운영할 대리인을 임명했다. 정부가 은행을 이용해 정부 채권을 사게 한 것이었다. 이자율 조정과 높은 지불 준비금, 그리고 다른 규제 조치 등으로 은행은 확장해 나가기가 어려웠다. 이런 제한은 임시적 조치로 1980년대 말에 이르는 동안 천천히 없어졌지만 전반적으로 영향을 미쳐 유능한 은행원은 물론 기술력이 없어 서비스가 불량한 금융계를 만들어 내게 됐다.

1980년대 말까지 멕시코 정부는 금융계를 통합해 6개의 국영 은행과 12개의 지방 은행이 4,450개의 국내 지점을 운영하는 체계를 만들어냈다. 그리고 규모가 작은 이류 은행 14개가 있었다. 1990년 카를로스 살리나스(Carlos Salinas) 대통령이 이끄는 정부가 다시 민영화 작업을 시작했고, 3개의 은행에 대한 경매를 6번 치러냈다(Unal and Navarro 1999).

불필요한 집중화를 막기 위해 정부는 먼저 치러진 경매에 성공한 입찰자는 그 다음 경매에 참여하지 못하게 했다. 또 자격이 되는 (자국)업체만이 경매에 참여할 수 있게 했다. 첫 번째 경매는 1991년 6월 7일에, 마지막 경매는 1992년 7월 3일에 있었다. 경매 과정은 철저하고 꼼꼼했으며 이로 인해 멕시코 기업과 개인 투자자가 금융 분야의 커다란 부분을 장악하게 됐다. 우리가 인터뷰를 하며 얻은 평가에 의하면 정부가 입찰자를 제한했기 때문에 세입의 약 20퍼센트 정도를 손해 봤다는 것을 짐작할 수 있다. 은행을 민영화하면서 정부는 수십 년 만에 처음으로 새로운 은행 인가를 내주기 시작했다.

멕시코가 북미자유무역협정(NAFTA)에 가입하고, 경제개발협력기구(OECD)의 회원국이 되고, 국제 투자가들의 신뢰감이 회복되는 등 살리나스 대통령 정부는 경제를 성공적으로 이끌어가는 것 같아 보였다. 정부가 1991년 자본 통제를 폐지하고 통화를 점점 더 비현실적으로 변해가는 등락제한제도에 묶어두자 외부 금융 자산 투자가 급격하게 증가했다. 1994년 경제 불안과 정치 혼란이 가시화됨에도 불구하고 살리나스 대통령은 거시 경제에 필요한 조치를 전혀 취하지 않고 예정대로 대통령직에서 물러났다. 새로운 대통령이 취임한 지 2주 만에 외환 보유고가 동이 났다는 추측이 난무했다. 투자자들은 신속하게 투자 포트폴리오를 빼냈고, 정부와 국내 기업들은 더 이상은 단기 외국 차관 상환을 연장할 수 없다는 것을 알게 됐다. 1994년 12월부터 1995년 1월 사이에 페소화는 45퍼센트가 하락했고, 520억 달러에 달하는 국제 구제 금융을 받도록 미국에 부탁을 해야 했다. 1995년은 경제가 위축되고 빈곤과 실업률이 증가했지만 수출 호조 덕분에 멕시코 경제는 1996 – 1997년의 테킬라 충격으로부터 회복할 수 있었고, 국제 차관도 갚아나갈 수 있었다.

멕시코 정부가 은행을 민영화했을 때 금융 분야를 관장하는 법적 규제 조치가 보조를 맞추지 못했고, 감독 활동 역시 적절하지 못했다(Unal and Navarro 1999). 정부는 금융 분야가 경쟁력을 회복도록 감독하는데 필요한 기술 투자를 하는 것을 방해했다. 게다가 민영화 다음에 '과도경쟁' 기간이 도래해 은행 소유주들은 시장 점유율과 시장에서의 위치를 얻기 위해 수익성을 희생시켰다. 불행히도 새로운 소유주들의 기술력은 정부의 국내 차관이 엄청나게 불어난 덕에 금융을 하는 것이라기보다는 금융 시장에서 거래를 하는 정도에 그쳤고, 전반적으로 은행은 위기를 이겨낼 수 없었으며, 그 결과 민영화됐던 수많은 은행이 다시 정부로 되돌아오게 됐다.

1995년 초, 새로운 위기가 발생하자 은행이 직면한 문제를 경감시키기 위해 멕시코 은행의 책임 하에 은행 간 위험 분담 교환용으로 예금보호기금(Fobaproa) 제도가 시행됐다. 이 제도에 의하면 은행은 채권을 인수하고 무수익 여신을 포기하는 것이다. 우리가 인터뷰한 멕시코 은행 관계자는 "우리가 한 '멕시코인(Mexican)' 은행가들과의 경험은 정말 값비싼 것"[16]이라고 말한 바 있다. 1998년 4월, 정부는 새로운 금융 개혁안을 의회에 제출했다. 이 계획은 멕시코 은행이 환율 정책에 전권을 쥐며 금융 감독을 강화하고, 외국인 투자자가 멕시코의 은행을 소유하는 것에 대한 제한을 철폐하는 것을 골자로 하고 있었다.

1990년대 말, 멕시코 금융계는 52개의 상업 은행과 외국 은행으로 구성되어 있었다. 또 개발 은행과 저축은행, 대출기관, 그리고 신용조합도 있었다. 프리메르 플라노 은행(banco de primer plano)이나 멀티방코스(multibancos − 1급 상업 은행이다)는 증권 서비스는 물론 상업 금융과 투자 금융을 포함해 사실상 어떤 금융 서비스든지 제공할 수 있었다.

시티은행은 오랜 기간 동안 멕시코에서 영업을 해온 유일한 외국 은행이었다. 시티은행은 외국인들에 대한 적대감이 만연하고 대공황이 시작돼 대부분의 외국 은행들이 철수를 하던 1928년 멕시코에 진출했다. 1932년 멕시코 정부는 시티은행과 남아있던 소수의 외국 기관을 제외하고는 외국 은행이 새롭게 들어오는 것을 금지시켰고, 1946년에는 시티은행만이 유일하게 남아 있었다. 2차 세계대전 이후 1994년까지 멕시코는 오직 대표사무소를 통한 진입만을 허용했다.

1994년 멕시코는 마지못해 외국 은행에 자국의 금융 시장을 개방했다. NAFTA 규정 하에 멕시코는 북미 은행이 멕시코 내에서 법인으로 조직된 자회사를 설립하는 것을 허용했고, 곧 전체 OECD 회원국 은행에 시장 개방을 확대했다. 1990년대 중반, 이렇게 설립된 지사의 수는 28개로 금융계 자산의 4퍼센트를 차지하고 있었다. 당시 외국 은행은 (인수 당시) 장부 자본이 전체 금융계 장부 자본의 6퍼센트를 초과한 멕시코 은행은 통제할 수 없었다. 이로 인해 외국 은행들은 멕시코의 3대 은행인 바나멕스(Banamex), 방코메르(Bancomer), 세르핀(Serfin)의 다수 지분은 소유할 수 없었다.

외국인이 통제하는 멕시코 국내 은행은 전체 자산의 18퍼센트를 차지했다. 여기에 자회사가 보유한 자산 4퍼센트를 더하면 외국 은행은 금융계 자산의 22퍼센트를 소유하고 있었다(외국 은행도 15퍼센트 이상의 지분을 가졌지만 금융계 전체 자산의 43퍼센트를 차지하고 있던 은행들이 소유한 다수 지분보다는 낮은 수치였다). 멕시코에서는 국내 은행을 외국인이 통제한다는 것은 지금도 정치적으로 아주 민감한 문제다.

멕시코에서 산탄데르의 영업 활동은 1955년 대표사무소를 설립했을 때로 거슬러 올라간다. 1989년 투자로 멕시코에 진입했을 때가 산탄데르가 현재의 위치에 오르기까지의 주요 행적의 시작이었다. 1994년 NAFTA 설립 이후 산탄데르는 그루포 파이낸시에로 산탄데르 멕시코(Grupo Financiero Santander Mexico)를 세울 수 있었다. 그루포 파이낸시에로 산탄데르 멕시코는 산탄데르가 파견한 고도로 훈련된 중역 팀이 이끄는 투자 금융사와 증권 중개업체, 자금 관리 회사로 이루어졌다. 1997년 산탄데르는 주식 중개업과 보험회사를 포함한 인베르멕시코(InverMexico)의 지분 60퍼센트를 인수했고, 시장 점유율 4.9퍼센트로 265개 지점과 6,300명의 직원을 보유한 멕시카노 은행(Banco Mexicano)을 인수하면서 본격적으로 멕시코 금융계로 뛰어들었다. 그 후 멕시카노 은행과 산탄데르의 지사를 합병해 산탄데르 멕시카노 은행을 설립했다. 1997년 HSBC는 멕시코 은행 순위 3위인 세르핀 은행의 지분 20퍼센트를 인수했다. 하지만 1999년 산탄데르가 정부 주관 경매에서 10억 5,600만 달러의 입찰가로 HSBC를 물리치고 세르핀 은행의 나머지 지분을 매수했다. 그래서 HSBC는 자사가 보유하고 있던 주식 20퍼센트를 산탄데르에 팔았고, 산탄데르는 보유하고 있던 자산과 합쳐 산탄데르 세르핀 은행을 세웠다. 세르핀 은행은 멕시코에서 가장 오래된 순위 3위 은행으로 1864년 설립된 론드레스 이 멕시코 은행(Banco de Londres y Mexico)까지로 기업 역사가 거슬러 올라간다.

칠레에서와는 달리 멕시코에서는 다른 스페인 은행들이 산탄데르보다 더 빨리 인수 작업에 뛰어들었다. BBV가 첫 번째 주자였다. BBV는 1980년대 프로부르사(Proburba)를 매수한 멕시코 투자 그룹의 초청으로 1991년 메르칸틸 프로부르사 은행(Banco Mercantil Proburba)의 지분 2퍼센트를 매입하며 멕시코 상업 금융계에 진출했다. 멕시코 투자 그룹은 자사에 필요한 기술력이 없다는 사실을 재빨리 깨달았다. 그들은 BBV에 도움을 청했다. 지분을 매입한 다음 BBV는 스페인에서 간부 10명을 파견해 은행을 운영하게 했다. 그리고 1995년 멕시코의 법이 바뀌어 외국인이 소유할 수 있는 멕시코 은행의 지분이 증가하자 BBV는 프로부르사의 지분율을 높였다. 이어 1996년 크레미 은행(Banco Cremi)과 오리엔테 은행(Banco Oriente)을 인수했다. 2000년 BBVA는 프로부르사와 멕시코 은행 순위 2위인 코메르시알 멕시카노 은행(Banco Comercial Mexicano)을 소유하고 있던 방코메르를 합병해 그루포 파이낸시에로 BBVA 방코메르를 창립했다. 이듬해 몬트리올 은행(Bank of Montreal)이 소유하고 있던 그루포 파이낸시에로 BBVA 방코메르의 지분 20퍼센트를 BBVA에 팔았다(몬트리올 은행은 1995년 방코메르 주식을 매입했지만 더 이상 그 쪽에 사업을 확장하지 않기로 결정했다). 2004년 BBVA는 33억 유로를 투자해 자사 소유가 아니었던 BBVA 방코메르 지분 41퍼센트를 매입했다. 그 다음에는 22억 달러에 상당하는 대출 포트폴리오를 보유하고 있으며 고객이 90,000명인 멕시코 최대 민영 모기지 금융기관인 히포테카리아 나쇼날(Hipotecaria Nacional – Hipnal)을 3억 7,500만 달러에 매입했다. BBVA의 아메리카 지역 담당 이사인 비탈리노 나플리아는 "히포테카리아 나쇼날은 멕시코의 모기지 대출기관 중 규모면에서 제일일 뿐만 아니라 경영 상태도 최고입니다"라고 자랑했다. 라틴아메리카에서 두 번째로 경제 규모가 큰 멕시코는 현재 BBVA가 소유하고 있는 라틴아메리카 자산의 70퍼센트를 차지하고 있다.

BCH는 1992년 그루포 파이낸시에로 비탈(Grupo Financiero Bital[Banco Internacional de Mexico])의 지분 8퍼센트를 매입하며 스페인 은행으로는 두 번째로 멕시코 시장에 진출했다. BCH의 지사인 BCP(Banco Comercial Portuges)도 비슷한 정도의 지분을 매입했다. 비탈은 과거에 멕시코 정부로부터 아틀란티코 은행(Banco Atlantico)을 인수했다. 2002년 비탈이 BCH와 합병한 후 산탄데르는 비탈 소유의 BCP 지분 8퍼센트를 사서 지분 소유를 자본의 26퍼센트, 의결권이 있는 자본은 31퍼센트까지 만들었다. 당시 산탄데르의 최고 경영자인 알프레도 사엔즈는 이것이 모두에게 이로운 '윈-윈 상황'[17]이었다고 논평했다. 산탄데르는 라틴아메리카 시장의 주요 은행을 통제할 수 있거나 설령 그렇게 하지 못한다고 해도 나중에 수익을 위해 지분을 팔 수 있는 상황이었고, 실제로 그런 일이 일어났다. 2002년 8월 HSBC가 산탄데르와 다른 주주, 그리고 (지분의 54퍼센트를 소유하고 있던) 베론도(Berrondo) 가문으로부터 주식을 매수해 비탈을 완전히 인수했다.

멕시코는 외국 은행이 금융계 수준을 한 단계 끌어올리는데 어떤 식으로 공헌할 수 있는지를 연구한 사례로 많이 인용되고 있다. 슐츠(Schulz, 2005)는 외국 은행의 진입은 효과에 한계가 있지만 긍정적임을 보여주는 사례라고 말했다. 외국 은행이 이룩한 것은 금융 분야의 자본을 다시 수정해준 것이었다. 하지만 슐츠는 경쟁력의 강도가 너무 낮은 것이 테크놀로지 또는 경영 노하우 이전을 제한한다고 주장하고 있다.

라틴아메리카 최대 경제로 진입하기 : 브라질

라틴아메리카 경제의 3분의 1을 차지하는 브라질은 수입 대체 정책으로 자동차 부품, 화학제품, 금속 분야에서 비교적 성공적인 수출 공세를 펼쳤고, 덕분에 1970년대에 일종의 경제 기적을 누렸다. 하지만 1982년 경제 위기로 극심한 인플레이션, 경제 불안정과 침체기를 맞게 됐다. 1994년 페르난도 엔리케 카르도소(Fernando Henrique Cardoso) 대통령이 채택한 레알 플랜(Plan Real)으로 통화 안정성을 꾀해 성장을 위한 건실한 거시 경제와 금융의 기본 토대를 구축했다. 하지만 경제는 실업과 불완전 취업을 줄일 정도로 성장하지 못했고 사회, 경제적 불평등은 세계 최악인 상태로 남아 있었다.

멕시코나 아르헨티나와는 달리 브라질에는 브라질 은행(Banco do Brasil), 브라데스코 은행(Banco Bradesco), 유니방코(Unibanco), 이타우 은행(Banco Itau)과 같이 국제적인 은행과 가족 소유 은행인 사프라(Safra) 은행처럼 강력한 현지 은행들이 포진해 있었다. 브라질이 뒤늦게 민영화와 규제완화를 채택한 탓에 스페인 은행들은 비교적 늦게 브라질에 진출했다. 산탄데르는 브라질과는 40년간 관계를 맺어왔는데 1982년 몇 개 지점과 사무실을 내면서 그 위상을 다졌다. 1997년 산탄데르는 에랄 도 코메르시오 은행(Banco Geral do Comercio)을 매수하면서 더욱 적극적이고 진지한 진입 작전이 시작됐다. 다음 해인 1998년 코크라네 시몬센(Cochrane Simonsen) 가문으로부터 노르에스테 은행(Banco Noreste)을 샀다. 다시 2000년 산탄데르는 그루포 메리디오날(Grupo Meridional)과 그룹 소속 은행인 메리디오날 은행(Banco Meridional), 그리고 투자 은행인 보자노 시몬센 은행(Banco Bozano

Simonsen)을 함께 인수했다. 현재까지 가장 중요한 인수 작업은 에스타도 데 상파울루 은행(Banco do Estado de Sao Paulo - Banespa) 인수로, 2001년 브라질에서 가장 중요한 주(州)에서 일어났다. 산탄데르는 이 도산한 은행에 값을 후하게 치렀다. 이 은행의 시장 점유율은 6퍼센트였지만 2002년에는 브라질 내 순수익이 21퍼센트 증가해 8억 달러가 넘어 산탄데르가 추정한 예상보다 3분의 1을 초과했다. 2003 - 2005년 사이에도 이와 비슷한 숫자의 고수익을 기록했다. 그 해 에밀리오 보틴 3세는 "우리는 바네스파에 50억 달러를 투자했습니다. 엄청난 액수였지만 그럴 만한 가치가 있었습니다"[18]라고 말했다.

멕시코에 초점을 맞췄던 BBVA는 브라질에서는 산탄데르만큼 성공을 거두지 못했다. BBVA는 1998년 엑셀 이코노미코 은행(Banco Excel Economico)을 1레알에 샀지만 거기서 수익을 얻기에는 비용이 너무 비싸다는 것을 깨닫고 5년 후 이 은행을 브라데스코(Bradesco)에 팔았다. 판매 조건의 일환으로 BBVA는 브라질 은행 순위 3위인 브라데스코의 지분을 약간 받았다. 지금까지 브라질에서 활동하는 외국 은행은 다른 라틴아메리카에서와 마찬가지로 전반적으로 성공적이지 못했다(Cardim de Carvalho 2000; de Paula 2002).

4_ 몇 개를 잃고 하나는 건지다 : 카리브 해에서의 활동

산탄데르의 도미니카 공화국과 쿠바로의 진출은 성공적이지 못했다고 이미 언급했다. 쿠바는 산탄데르가 스페인 바깥으로 진출할 때의 첫 시험 무대였고, 다른 스페인 은행들은 지금까지도 쿠바에서 영업을 하고 있지만 산탄데르는 쿠바로 다시 진출하지 않았다.

쿠바가 실험적으로 외국 은행의 제안에 반응했을 때 맨 먼저 들어간 은행은 엑스테리어 은행(Banco Exterior de España)으로, 엑스테리어는 1995년 진출해 대표사무소를 열었다. 같은 해 사바델 은행(Banco Sabadell)이 아바나에 대표사무소를 열고 쿠바의 그루포 누에바 방카(Grupo Nueva Banca)와 50대 50으로 투자해 파이낸시에라 이베로아메리카나(Financiera Iberoamericana)라는 이름의 합작 투자를 만들어냈다. 스페인에서 두 번째로 큰 저축은행 카하 마드리드는 1998년이 돼서야 쿠바에 진출했다. 카하 마드리드는 대표사무소를 열었을 뿐만 아니라 쿠바의 국영 은행인 포퓰라 데 아호로 은행(Banco Popular de Ahorro)과의 합작 투자에 다수 지분을 소유하며 기본적으로 쿠바에 투자하려는 스페인 기업들에게 기업 금융 서비스를 제공하기 시작했다. 마지막으로 카하 데 아호로스 델 메디테라네오(Caja de Ahorros del Mediterraneo)도 대표사무소를 냈다. 이 은행의 경우는 몇몇 스페인 은행과 아르헨티나 은행의 합작 사무소 운영의 연장인 것 같다.

푸에르토리코가 포함되어 있는 카리브 해 연안 지역은 오늘날 산탄데르의 신세계 시장의 중요 지역 중 하나다. 산탄데르는 1976년 푸에르토리코 퍼스트내셔널 은행(First National Bank of Puerto Rico)을 인수한 것을 시작으로—인수 후 이름을 산탄데르 푸에르토리코 은행(Banco Santander de Puerto Rico)으로 바꿨다—계속된 인수 행렬로 사세를 넓혀갔다. 1978년에는 크레디토 이 폰세노 은행(Banco Credito y Ponceno)이 푸에르토리코에 13개 지점, 그리고 뉴욕에 1개 지점을 열었다.[19]

1989년에는 FDIC의 바야몬 페데랄 저축은행(Bayamon Federal Savings Bank)이 20개 지점과 더불어 산탄데르 내셔널 은행으로 이름을 바꿨다. 1990년에는 정리신탁공사(Resolution Trust Corporation)의 관리 하에 있던 카구아스 센트럴 페데랄 저축은행(Caguas Central Federal Savings Bank)과 13개 지점이 산탄데르에 안김으로써 산탄데르는 푸에르토리코에서 두 번째로 큰 은행이 됐다. 3년 후 산탄데르 푸에르토리코 은행 산하의 산탄데르 모기지(Santander Mortgage)는 푸에르토리코 체이스맨해튼 은행으로부터 8억 달러에 상당하는 모기지 포트폴리오를 샀다. 1994년 산탄데르는 산탄데르 내셔널 은행과 산탄데르 푸에르토리코 은행을 합병시켰고, 2년 후 BCH의 자회사인 자산 28억 달러의 BCH－푸에르토리코를 12개 지점과 함께 매입했다. 이 인수건 전에 BCH는 이미 지점 4개는 로이그 코메르시알 은행(Roig Commercial Bank)에, 그리고 다른 지점 8개는 웨스턴 페데랄 저축은행(Western Federal Savings Bank)에 매각한 상태였다.[20] BCH는 당시 푸에르토리코에서 4위 규모이자 긴급하게 인수자를 찾아야 하는 이코노미아스 은행(Banco Economias)을 샀다. BCH와의 합병으로 산탄데르의 푸에르토리코 시장 자산은 68억 달러로 증가했고, 지점도 72개로 늘어나 푸에르토리코 시장의 18퍼센트를 차지하게 됐다. 하지만 2005년 이후 산탄데르의 푸에르토리코 영업 실적은 그전 같이 좋지 않은데, 그 이유는 아마도 경영방침이 변경되었기 때문인 것 같다.

BBVA도 푸에르토리코에 영업 기지를 구축했다. 1979년 BBV는 지역 무역상과 제조업자들이 1967년 설립한 마야구에즈 코메르시알 은행(Banco Commercial de Mayaguez)을 매입하며 푸에르토리코에 진출하기 시작했다. 산탄데르와 마찬가지로 BBVA도 인수를 통해 사세를 확장해 나갔다. 1992년 BBV는 캐나다 왕립은행의 푸에르토리코 자회사인 푸에르토리코 왕립은행(Royal Bank of Puerto Rico)을 17개 지점과 함께 인수했고, 그것을 BBV가 이미 보유하고 있던 10개 지점에 합쳤다.[21] 1999년 BBV는 폰스 은행(Banco de Ponce)과 그 지점 28개를 매입했다. 같은 해 체이스맨해튼 은행의 푸에르토리코 영업점도 샀다. 현재 BBVA 푸에르토리코는 미 연방에서 포퓰라 푸에르토리코 은행과 산탄데르 은행에 이어 규모 3위 은행이다.

5_ 매수할 수 있는 옵션을 가지고 : 미국에서의 산탄데르

산탄데르가 미국을 미래 성장을 위한 시장으로 낙점한 것은 널리 알려진 사실이다. 산탄데르는 1977년 뉴욕에 대리점을 열었고, 이듬해 지점으로 승격시켰다. 또 마이애미에도 대리점을 열었다. 1979년 산탄데르는 엣지 법(Edge Act – 외국 업무를 전업으로 하는 미국 은행 법인의 설립을 인정한 법률 : 역자 주)에 의해 산탄데르 인터내셔널 은행(Banco de Santander International)을 설립했다.[22] 마이애미는 라틴아메리카의 금융 중심지 역할을 하기 때문에 역시 흥미로운 곳이었다.

1982년 산탄데르는 바하마의 나소에 지점을 열어 뉴욕에서의 영업과 유로 달러 시장에서의 거래를 보완했다. 1988년 산탄데르는 이 지점을 자회사로 바꿔 산탄데르 은행 신탁&금융(Banco Santander Trust & Banking Corporation, 바하마)을 만들었다. 1992년 산탄데르는 길게 가지는 못했지만 또 다른 자회사인 산탄데르 투자은행(Banco Santander Investment Bank)을 만들어 영업을 보완했다.

미국 본토에서 산탄데르의 첫 번째 주요 투자는 1991년 뉴저지의 퍼스트 피델리티 은행(First Fidelity Bank)의 지분 13퍼센트를 매입한 일이다. 9개월에 걸친 조사를 한 후 산탄데르는 8개 후보 가운데 산탄데르처럼 중소기업을 주요 고객으로 하면서 소비자 금융과 서비스에 주력하는 곳 하나를 골랐다. 게다가 미국 중부 – 대서양 연안 지역에 자리한 위치는 성장 가능성이 풍부해 보였다. 미국 시장이 워낙 크고 경쟁이 심하므로 제휴가 인수보다는 나을 거라고 판단한 산탄데르는 전략적 제휴 관계를 맺었다.

1995년까지 산탄데르는 퍼스트 피델리티의 지분을 30퍼센트로 늘렸다. 동시에 퍼스트 피델리티는 1994년 볼티모어 은행을 포함해 몇몇 작은 은행을 인수했다. 1995년 노스캐롤라이나의 퍼스트 유니온 은행(First Union Bank)이 퍼스트 피델리티의 입찰에 참여했는데, 에밀리오 보틴 3세와 산탄데르 은행이 이 합병 건을 적극적으로 지원했다. 이 합병으로 인해 산탄데르가 보유하고 있던 퍼스트 피델리티의 지분은 퍼스트 유니온 은행 지분 11퍼센트로 전환됐다. 보도에 의하면 언론에서 퍼스트 유니온의 지분을 보유하겠냐고 물었을 때 에밀리오 보틴 3세는 다음과 같이 말했다고 한다. "1991년 처음 퍼스트 피델리티에 투자를 한 것은 전략적 결정이었지만 현재 퍼스트 유니온에 한 투자는 특성상 전략적 계획이 아닙니다." 산탄데르의 지분은 약 6억 5천만 달러에 상당했지만 그 지분을 팔았을 때인 1996년 2차 모집 때의 지분 액수는 20억 달러가 넘었다. 산탄데르는 거기서 얻은 수익금으로 아르헨티나, 칠레, 콜롬비아, 멕시코, 푸에르토리코, 베네수엘라에 있는 은행 인수 때 영업권 상환 자금으로 썼다.

산탄데르의 스페인 경쟁업체 중 2개 은행—센트랄과 엑스테리어— 도 미국에 자회사를 세웠지만 중요성이 전혀 없었고, 현재는 영업도 하고 있지 않다. 1980년 센트랄 은행(Banco Central)은 유나이티드 아메리카스 은행(United Americas Bank)을 인수해 센트랄 뉴욕 은행으로 이름을 바꿨고, 그 자회사는 산탄데르가 BCH를 인수한 후 정리하는 차원에서 2001년 팔아버릴 때까지만 영업을 했다.[23] 엑스테리어 은행(Banco Exterior)은 1980년 뉴욕에 있던 센추리 내셔널 은행(Century National Bank)과 서포크 카운티 은행(Suffolk County Bank)을 인수한 후 통합시켜 익스테뱅크(Extebank)를 만들었다. 1995년 엑스테리어 은행은 익스테뱅크의 지점 8개를 롱아일랜드와 서포크 카운티의 노스 포크 뱅코퍼레이션(North Fork Bancorporation)에 매각했지만 해외 자산은 막 문을 연 뉴욕의 지점으로 이전시켰다. 이런 일련의 사례 뒤에는 히스패닉 시장을 개척한다든가 미국에서 더 성장하기 위한 선택권이라는 억지스러운 논리는 없는 것 같다.

미국 소매 금융 시장에서 산탄데르의 가장 최근 움직임은 퍼스트 피델리티를 다시 인수했다는 것이다. 2005년 산탄데르는 24억 달러를 투자해 펜실베이니아 주에서 영업을 시작한 이래 볼티모어와 보스턴 지역에 탄탄한 고객층을 보유하고 있는 소버린 뱅코프(Sovereign Bancorp)의 주식 20퍼센트를 인수했다. 2년 전 소버린 뱅코프의 최고 경영자 제이 시두(Jay Sidhu)는 은행을 팔고 싶다고 말했다. 당시 스코틀랜드 왕립 은행(RBS)이 인수 가능성을 타진하는 것 같았지만 이내 발을 뺐다. 1993

년부터 2003년 사이에 RBS는 미국에서 19건의 인수 작업을 했다. 그 안에는 펜실베이니아의 커먼웰스 뱅코프(Commonwealth Bancorp)와 시티즌스 파이낸셜 그룹(Citizens Financial Group)도 포함되어 있었다. 2004년 애비 내셔널을 인수한 후 경쟁자가 되기 전까지 산탄데르와 영국의 RBS는 사이좋게 동맹 관계를 유지했었다. 하지만 동맹 관계가 해체된 후 산탄데르는 미국 동부 연안의 소매 금융 분야에서 RBS와 자유롭게 경쟁하고 있다. 제휴 관계에 있을 때 RBS가 미국에서 성공적인 전략을 펼치는 것을 지켜보며 산탄데르는 처음 미국 진출시 행했던 방식을 반복해 성공적으로 미국 시장에 진입했다.

산탄데르 주주들이 산탄데르 – 소버린 뱅코프 계약을 반대하자 그들의 승낙을 받아내기 위해 변화를 줄 필요가 있었다. 적극적인 헤지 펀드 기금인 릴레이셔널 인베스터스(Relational Investors)는 다른 어떤 조치보다 시두 회장의 인디펜던스 커뮤니티 은행(Independence Community Bank) 인수에 반대했다. 시두는 다양한 책략을 이용해 결국 산탄데르와 합의를 봤다. 처음 합의 사항에 의하면 양측 모두 기존 주주들의 지분을 희석시키고, 대신 산탄데르는 제이 시두를 지지하기로 했다. 하지만 그것만으로는 충분하지 않았다. 대대적인 협상 후 산탄데르는 향후 더 자유로운 입장을 부여하는 몇 가지 조건에 합의했다. 소버린 뱅코프는 지분을 팔아 생긴 수익금으로 인디펜던스 커뮤니티 은행을 매입함으로써 뉴욕 예금 시장에서 순위 9위에 올랐다. 현재 소버린 뱅코프는 총자산 830억 달러로 미국 북동지역 상위 10위, 미국 전역에서는 20위에 드는 은행이다.

소버린 뱅코프와 거래에 따라 이사회 의석 두 자리를 각각 산탄데르의 에밀리오 보틴 3세(Emilio Botín III)와 후안 로드리게스 인시아르테(Juan Rodríguez Inciarte)가 차지했다. 그리고 이 합의문에는 산탄데르가 향후 소버린 뱅코프를 인수할 경우의 절차도 언급해 놓았다. 산탄데르가 소버린 뱅코프 주식을 100퍼센트 인수하면 10년 동안 소버린 뱅코프는 산탄데르의 인수 작업과 성장을 위한 독점적 기구 역할을 하고, 산탄데르는 미국은 물론 소버린 뱅코프가 영업점을 가지고 있는 지역에서의 영업 활동을 위해 힘쓰고, 와이오밍이나 펜실베이니아, 아니면 양측이 합의한 곳에 5년간 소버린 뱅코프 본사를 둘 것을 명기하고 있었다. 2006년 산탄데르는 소버린 뱅코프 지분을 25퍼센트로 늘렸다. 산탄데르가 원한다면 2008년이면 소버린 뱅코프를 완전히 인수할 수 있게 될 것이다.

2006년 10월 이사회는 제이 시두가 사임하도록 압력을 넣었다. 당시 산탄데르는 반대하는 이사들을 막으려 하지 않았지만 다수가 동의하는 쪽에 찬성표를 던졌다. 시두 회장에 대한 불만 사항 중 하나는 그가 수익성보다 성장을 중시해 은행을 매도할 기회를 놓쳤다는 것이다. 이제 관건은 산탄데르가 소버린 뱅코프 지분으로 무엇을 할 것인가이다. 소버린 뱅코프 이사회가 다른 미국 은행과의 합병을 원한다면 산탄데르에 상당한 자본 이득을 가져다 줬지만 계속해서 미국에서 활동을 할 수는 없었던 퍼스트 피델리티와의 제휴 건이 다시 반복될 수 있는 상황이다.

미국 내 히스패닉 시장

현재 미국의 히스패닉 인구는 약 4,100만 명으로, 전체 인구의 14퍼센트를 차지하고 있다. 이는 정식 서류를 갖추지 않은 이주자로 추산되는 800만 명은 포함되지 않은 수치다. 히스패닉 가정의 평균 수입은 미국 평균 수입보다 20퍼센트가 낮지만 빠른 속도로 성장하고 있다. 미국에 사는 히스패닉들에게 그들만의 나라가 있었다면 세계 10대 경제 안에 들었을 것이다. 히스패닉은 다양한 민족과 국가 출신이 모여 이루어진 독특한 그룹으로 직업이나 교육 환경도 제각기 다르다. 은행 입장에서 보면 히스패닉 그룹은 두 가지 이유에서 흥미로운 시장이다. 첫째, 수많은 히스패닉 소그룹의 경우 사람 수에 비해 은행의 수가 부족하다. 그 소그룹의 절반이 안 되는 사람들만이 은행 계좌를 가지고 있고, 신용평가 기관이 등급을 매긴 인구는 10퍼센트에 지나지 않는다. 둘째, 이들은 연간 150억에서 170억 달러의 돈을 송금하는데 은행 입장에서 보면 수익이 아주 높은 송금 시장으로 그 돈이 들어오는 것이다.

미국의 히스패닉 시장을 그나마 조금 매력적으로 본 것은 스페인 은행들뿐이었다. 산탄데르나 BBVA 둘 다 푸에르토리코에서 영업을 하긴 했지만 뉴욕에 있는 푸에르토리코 인과 연결시켜 보려는 노력은 하지 않았다. 이는 부분적으로는 푸에르토리코 시장 1위인 포퓰라 푸에르토리코 은행 때문이기도 했다. 당시 푸에르토리코에서 가장 큰 은행이었던 폰스 은행과 포퓰라 은행은 1961년 이래 뉴욕에 지점을 내고 영업을 해왔다. 포퓰라는 지금 미국 시장에서 가장 큰 히스패닉 은행으로 푸에르토리코 출신이 아닌 사람들을 포함해 히스패닉이 있는 곳이라면 어디서나 은행과 지점을 인수했다. 1991년까지 포퓰라는 히스패닉이 거주하는 주요 지역인 뉴욕, 일리노이, 캘리포니아, 뉴저지, 플로리다, 텍사스에서 영업을 했다.

라틴아메리카 은행 중에서도 미국의 히스패닉 시장에 문을 두드린

곳은 없었다. 1982년 이후 10년 정도 멕시코 은행들은 국유화되면서 주로 국내 시장에 초점을 맞췄고, 바나멕스(Banamex)가 1981년 캘리포니아 커머스 은행(California Commerce Bank)을 인수하기는 했지만 이사회 의석은 두 자리만을 얻었을 뿐이다. 그로스몬트(Grossmont)도 인수 작업을 했지만 히스패닉 시장을 목표로 한 적은 없었다. 1997년 방코메르(Bancomer)는 유타 주에 기반을 둔 은행인 자이온스 뱅코프(Zions Bancorp)에 그로스몬트를 팔았다.

근래 몇 년 동안 산탄데르와 BBVA는 미국의 히스패닉 시장에 관심을 보여 왔지만 사뭇 다른 길을 택했다. 산탄데르는 제휴를 맺는 방법으로 가닥을 잡은 반면 BBVA는 미국에 자회사를 세웠다.

산탄데르는 멕시코 자회사인 산탄데르 세르핀과 뱅크 오브 아메리카의 제휴로 간접적으로 히스패닉(멕시코 인) 시장을 묶고 있었다. 2003년 산탄데르는 산탄데르 세르핀의 지분 25퍼센트를 뱅크 오브 아메리카에 팔았다.[24] 뱅크 오브 아메리카는 이미 대규모 히스패닉 고객을 보유하고 있었고, 멕시코 최대 은행인 바나멕스를 소유하고 있는 시티 그룹과 경쟁하기 위해 자금이 얼마가 들더라도 지불할 용의가 있었다. 뱅크 오브 아메리카는 미국에 1,600만 명의 멕시코 인 고객(전체 히스패닉 인구의 40퍼센트)을 보유하고 있었다. 위의 거래에 대해 이야기하며 에밀리오 보틴 3세는 "우리는 이것을 아주 멋진 기회로 봅니다. 이로 인해 멕시코에 있는 우리 고객들에게는 물론 국경 주변의 주요 주에 포진한 뱅크 오브 아메리카의 방대한 고객층에게도 더 나은 서비스를 제공할 수 있게 되었습니다"라고 말했다. 이런 제휴 전략은 산탄데르가 실질적으로 미국 내 자회사를 소유하는 것에 대해 조심스럽게 접근하는 태도와 일치했다.

산탄데르와는 대조적으로 BBVA는 자회사를 이용해 히스패닉 시장에서 입지를 다져갔다. 멕시코에서는 방코메르를 통제하고, 미국에서는 2004년 캘리포니아의 작은 은행인 캘리포니아 밸리 은행(Valley Bank of California – 지금은 BBVA Bancomer USA가 됐다)과 텍사스의 라레도 내셔널 뱅크쉐어(Laredo National Bancshare)를 매입했다. 2006년 BBVA는 텍사스 리저널 뱅크쉐어(Texas Regional Bancshare)와 스테이트 내셔널 뱅크쉐어(State National Bancshare)도 인수했다. BBVA 회장 프란시스코 곤살레스(Francisco González)는 이들 인수 건을 BBVA의 세계전략에서 중요 부분인 미국 내 영업 확대를 위한 '결정적 행보(decisive step)'라고 정의했다. 미국에서 두 번째로 인구가 많은 텍사스에서의 인수 작업과 미국 평균의 2배 성장을 함으로써 BBVA는 전체적으로 3배 성장을 해 자산 126억 달러와 예금액 101억 달러, 그리고 지점 166개를 거느리게 됐다. 2007년 BBVA는 96억 달러를 주고—버밍엄과 앨라배마를 기반으로 자산 340억 달러에 앨라배마, 애리조나, 콜로라도, 플로리다, 뉴멕시코, 텍사스에 417개 지점을 두고 있는—컴퍼스 은행의 모회사인 컴퍼스 뱅크쉐어(Compass Bankshares)를 완전히 인수했다. 이 인수 건은 BBVA 역사상 최대 규모였다. BBVA는 인수가 완료되면 자사의 미국 자회사들을 컴퍼스와 합병할 계획이었다. 그렇게 되면 BBVA는 미국에 자산 470억 달러에 622개 지점을 보유하게 된다. BBVA USA에는 BBVA 푸에르토리코와 방코메르 트랜스퍼 서비스(BTS; Bancomer Transfer Service)도 포함되어 있었다. BTS는 미국과 다른 나라, 특히 멕시코와의 사이에 자금 이체 서비스를 해주는 기관으로 150억에서 170억 달러로 추산되는 미국과 멕시코의 송금 시장에서 45퍼센트의 점유율을 차지하고 있다.

월터(Walter 2004, 56)가 지적한 바와 같이 산탄데르와 BBVA는 미국
—멕시코 금융 시장에서 직접 영업을 하지 않았다. 하지만 HSBC와 시
티은행은 자리를 잘 잡았다. HSBC는 비탈(Bital)뿐만 아니라 미국에서
가장 큰 외국 은행인 HSBC USA를 소유하고 있고, 시티은행은 바나멕
스와 시티뱅크 웨스틴 캘리포니아(Citibank Westin California)를 소유하
고 있다. 웨스턴 유니언과 같은 비 은행권 송금 사업자가 활약하는 송금
시장과 더불어 이 4개 은행의 경쟁으로 인해 시장 수익성이 빨리 잠식
될 것 같다.

소비자 금융 시장에 진입하기

2006년 말 산탄데르는 4억 5,600만 달러를 주고 HBOS(Halifax Bank
of Scotland—스코틀랜드 은행이 2001년 Halifax Building Society를 합병했
다)로부터 텍사스에 기반을 둔 드라이브 파이낸셜 서비스(Drive Financial
Services)의 지분 65퍼센트를 인수했다. 드라이브 파이낸셜은 자동차 판
매점이 서브 프라임(위험이 높다) 바이어들에게 제공하는 자동차 대출을
주종으로 하는 회사다. 이 회사는 35개 주에서 영업을 하는데, 현재는
영업 활동의 반이 텍사스, 캘리포니아, 플로리다, 조지아 주에서 이루어
지고 있다. 드라이브 파이낸셜은 산탄데르에 25.5퍼센트의 지분을 2억
달러에 추가로 팔기로 합의했다. 그리고 나머지 지분은 경영진이 소유
하고 있다. 이로 인해 산탄데르는 지분 90퍼센트에 대한 소유권을 행사
하게 됐다. 산탄데르는 또 2009년부터 2013년 사이에 나머지 10퍼센트
도 매입할 것을 옵션으로 뒀다. 드라이브 파이낸셜을 사면서 산탄데르

는 미국 내 시장의 소비자 금융 부문으로까지 영역을 넓히고 있다(이 부문은 현재 유럽에서 강세를 보이고 있다. 제7장 참조).

6 _ 라틴아메리카 진출은 그럴 만한 가치가 있는 결정이었을까?

산탄데르가 라틴아메리카로 진출한 것이 그럴 만한 가치가 있는 일이었는지를 알아보기 위해서는 먼저 은행이 해외로 진출해야 하는 이유를 알아야 한다. 그리고 한 가지 전략을 평가할 때 사전 평가와 사후 평가도 확실하게 구분해야 한다. 전략이 좋아도 결과가 나쁘게 나올 수 있고, 반대로 전략이 나빠도 결과가 의외로 좋게 나올 수도 있기 때문이다. 왜 은행이 해외로 진출해야 하는지를 분석하면 산탄데르의 전략이 합리적이었는지를 알아낼 수 있고, 그에 따른 후속 논의에서 그 결과를 평가할 수 있을 것이다.

나라에 따라 차이가 있지만 금융은 성숙한 산업이다. 산탄데르가 진출한 라틴아메리카의 모든 국가는 다양한 토착 은행으로 구성된 기반이 잘 닦인 금융 시장을 보유하고 있었다. 여기서 제기할 질문은 왜 산탄데르는 그런 곳으로 진출했느냐는 것이다. 그 답은 은행과 금융 시장의 성격과 관계가 있다.

그루벨(Grubel 1977)은 금융의 해외 직접 투자에 관해 다룬 유명한 논문에서 금융 시장을 도매 금융, 기업 금융, 소비자 금융의 3개 부문으로 나눴다. 도매 외환과 금융 시장에서 영업을 하려면 세계 주요 금융의 중심지인 런던, 뉴욕, 도쿄, 홍콩과 같은 곳에 진출해야 한다(Tschoegl 2000). 런던, 뉴욕, 도쿄에 지점을 둔 모기업이 되는 은행은 하루 22.5시간에서 24시간 영업을 하며, 세계에서 가장 중요한 3개 경제 지역 금융 센터에서도 활동을 해야 한다. 해외로 이사하는 국내 고객, 또는 해외 은행을 찾거나 거래하기를 원하는 진출국 기업을 고객으로 하는 기업 금융도 마이애미나 파나마 같은 지역 금융 센터, 또는 부에노스아이레스, 산티아고, 상파울루 같은 한 나라의 금융 센터에 자리를 잡아야 한다. 최근까지 일반적으로 외국 은행들은 해외 소매 금융 시장은 피해왔다. 소매 금융이 발달하고 경쟁이 심한 곳에서는 일반적으로 외국 은행이 지역 은행보다 잘 하리라 예상할 근거가 없다(Tschoegl 1987).

외국 은행은 자유화와 혼란기, 또는 경제 전환기로 인해 형성된 비옥해진 토양에 파고 들어가 재빨리 성장할 기회를 노리는 식물과 같다. 이런 기회에 반응하는 외국 은행은 전통적인 국제 금융 분야뿐만이 아닌 소매 금융에도 진출하며 발 빠르게 대응하는데, 그 이유는 외국 은행은 자본이 많고 효율적이며 잉여 경영 자원도 보유하고 있기 때문이다 (Kindlegerger 1969; Tschoegl 2004b). 외국 은행은 성숙한 시장에서도 경제 위기 후에 진입한다(Tschoegl 2002a, 2002b, 2005). 파프(Papp, 2005)도 경제 위기 이후 해외 은행의 진출이 증가한 사실을 밝혔다. 해외 은행이 이렇게 새롭게 개방된 시장에 들어오는 이유는 자유롭게 드나들 수 있는 기회가 생겼으니 진출해서 그곳 상황이 만들어내는 기회를 잡으려는 것과 관계가 있다. 일단 기회가 열리면 효율성이 좋은 해외 은행이 현지 은행보다 상대적으로 유리하다. 체코 공화국과 폴란드에서는 해외 은행이 현지 은행보다 더 효율적인데, 규모나 활동 구조가 달라서 그런 것이 아니다(Weill 2003). 도피코와 윌콕스(Dopico and Wilcox 2002)는 금융 산업의 수익성이 좋은 곳, 새롭게 개방된 시장, 그리고 멕시코 같은 개발도상국처럼 GDP 대비 금융 분야가 작은 시장에는 해외 은행이 더 많다는 것을 알아냈다(Lopez-de-Silances and Zamarripa 1995). 이와 유사하게 데미르구크 쿤트와 호이징가(Demirguc Kunt and Huizinga 1999), 클레센(Claessens 등 2001)도 개도국에서는 해외 은행이 현지 은행보다 수익과 마진이 높다는 사실을 알아냈다. 또 은행을 이용하는 사람의 숫자가 비교적 적은 '언더뱅크(underbanked)' 현상이 일어나는 나라에서는 해외 은행의 시장 점유율이 더 크다는 것도 밝혔다.

　기업 간의 전략적 상호 관계를 알면 은행의 해외 직접 투자에 대한 특정 사례를 이해하는데 도움이 된다. 이 방식은 독과점 체제 반응이나 '지도자를 따르라(follow-the-leader)' 행위에 대한 문헌에서 그 기원을 찾을 수 있다(Flowers 1976; [1960] 1976b; Knickerbocker 1973). 소수 독점적 반응은 그저 단순한 하나의 결과일 뿐이며, 더욱 광범위하게 나타나는 현상은 기업의 해외 직접 투자 전략은 그 기업의 능력뿐만 아니라 주요 경쟁자의 행동에 따라 달라지기도 한다는 것이다. 역사적으로 보면 독일, 스칸디나비아(Boldt-Christmas 등 2000; Engwall and Wallenstal 1988; Jacobsen and Tschoegl 1999), 싱가포르(Tschoegl 2002b), 스페인(Guillen and Tschoegl 2000)과 같은 나라의 은행이 국제적으로 뻗어나가는 행태에서 소수 독점 반응의 특징을 발견할 수 있다.

　산탄데르의 초기 라틴아메리카 진출은 국제 금융의 고전적 사례라고 할 수 있다. 진출하려는 나라에 자국 고객들을 위해 대표사무소와 지점을 개설하고 나서 작은 소매 은행을 인수할 기회가 오면 그 기회를 잡았다. 몇 십 년이 지난 후 산탄데르는 라틴아메리카에 좀 더 체계적으로 자회사를 설립하고 주식 지분을 사들이게 됐지만 1980년대 '잃어버린 10년' 기간 동안 다시 엄청나게 후퇴했다. 1990년대 들어 다시 대대적인 진출을 꾀했는데, 그때는 전통적인 국제 금융과 과거에 했던 방식은 모두 버리고 대신 라틴아메리카 전역의 거대 현지 은행을 완전히 소유하기로 마음을 먹었다. 이 새로운 전략과 타이밍이 절묘하게 맞아떨어졌다. 산탄데르는 스페인 금융 시장의 구조조정의 파고에서 효율적이고 경쟁력 있는 은행으로 부상했고(Maudos 등 1997), 그와 동시에 라틴아메리카의 '잃어버린 10년'이 끝났다. 라틴아메리카에 익숙하다는 것이 플러스 요인이었고, 산탄데르 인베스트먼트의 활동을 통해 그 지역 정부 부채를 보유하고 있던 터라 산탄데르는 기꺼이 위험을 감수할 각오가 돼 있었다. 산탄데르의 라틴아메리카로의 두 번째 진출은 1990년대 중반에 시작됐으며, 그 뒤를 따라 라틴아메리카에 진출한 다른 대형 스페인 은행의 반응을 예측할 수 있게 됐다. 〈도표 5.2〉에 독점적 반응의 양식이 나와 있는데, 이 표를 보면 산탄데르, BBVA, BCH가 1990년부터 2005년 사이 라틴아메리카에 자회사를 인수하기 위해 뛰어든 행적이 모두 요약되어 있다. 또 〈도표 5.3〉을 보면 스페인 은행들만 라틴아메리카에서 기회를 잡으려 했던 것이 아니라는 것을 알 수 있다.

'고성장 잠재력을 지닌 지역', '두 가지 익숙한 언어 스페인어와 포르투갈어', '스페인 기업과 은행에 적격인 시장', '규제 완화가 이루어진 시장' '언더뱅크 시장' 등 산탄데르의 내부 문건, 투자 관계 발표 자료, 언론 보도자료, 연례 보고서를 보면 라틴아메리카가 얼마나 매력적

〈도표 5.2〉 스페인 은행들의 라틴 아메리카 은행 인수(1990–2005)

국가	인수 은행	인수 대상 은행	지분(%)[a]	인수 날짜
아르헨티나	Santander	Banco Río de la Plata	35	1997
	BBV	Banco de Crédito Argentino	100	1997
		Banco Francés del Río de la Plata	52	1996
		Corp Banca	100	1999
	OHCH[b]	Banco Tornquist	100	1996
볼리비아	OHCH	Banco Santa Cruz	100[c]	1998
브라질	Santander	Banco Noroeste	80	1997
		Banco Geral do Comercio	50	1997
		Grupo Meridional	97	2000
		Banespa	76	2001
	BBV	Banco Excel Economico	55[c]	1998
칠레	Santander	Banco Osorno y La Unión	51	1996
	BBV	Banco Hipotecario de Fomento (BHIF)	55	1998
	OHCH	Banco Santiago	43	1995
콜롬비아	Santander	Banco Comercial Antioqueño	55	1997
	BBV	Banco Ganadero	59	1996
		Banco Nacional de Commercio	54	1998
멕시코	Santander	Grupo Financiero InverMéxico	61	1997
		Banco Serfin	80	1999
	BBV	Banco Oriente & Banco Cremi	100	1996
		Probursa	70	1991–96
	BBVA	Banco Comercial Mexicano	30	2000
		Hipotecaria Nacional	100	2004

(continued)

국가	인수 은행	인수 대상 은행	지분(%) [a]	인수 날짜
	BCH	GFBital	8[c]	1992
파라과이	OHCH	Banco Asunción	78[c]	
페루	Santander	Banco Interandino & Intervalores	100[c]	1995
		Banco Mercantil	100[c]	1995
	BBV	Banco Continental	60	1996
	OHCH	Banco del Sur	49[c]	1995
베네수엘라	Santander	Banco de Venezuela	93	1996
	BBV	Banco Provincial	40	1996

[a]Initial stake.

[b]OHCH was a h olding company jointly owned by Banco Central Hispano (BCH) and the Luksic family through its holding in Banco O'Higgins.

[c]Since sold.

인 지역인지를 잘 알 수 있다. BBVA 중역들은 수년간 이런 평가를 되풀이해 왔다. 산탄데르의 중역들, 그리고 경쟁 은행 중역들과 나눈 인터뷰와 대화를 살펴보면 이런 주제가 계속해서 되풀이된다. 우리의 논점은 이런 설명에 오류가 있고, 오도된 부분이 있다는 것을 알리려는 게아니다. 그보다는 산탄데르의 주목표는 지금까지 계속 추구해 왔으며앞으로도 이어질 '성장'이고, 이런 목표는 부분적으로는 유럽과 자국시장 때문에 설정된 면도 있다는 점을 말하려는 것이다. 이런 맥락에서라틴아메리카는 적절한 시기에 부상할 수 있는 편리한 기회였다. 산탄데르가 성장할 필요를 느끼고 원했을 때, 라틴아메리카에서 잡을 수 있는 기회는 다른 지역보다 훨씬 매력적이었다. 미국과 유럽은 경쟁이 심할 뿐만 아니라 비용이 비싸고, 극심한 경제 변화를 겪고 있던 동유럽은오래 전부터 그 지역에 집중해온 오스트리아나 그 밖의 다른 나라 은행

<표 5.3> 외국(비 스페인계) 은행들의 라틴 아메리카 은행 인수(1990-2005)

국가	인수 은행	인수 대상 은행	지분(%)[a]	인수 날짜
아르헨티나	HSBC	Banco Roberts	70	1997
	Bank of Nova Scotia	Banco Quilmes	25	1995
	Citibank	Banco Mayo Cooperativo	100	1998
브라질	HSBC	Bamerindus	100	1997
	ABN AMRO	Banco Real	100	1998
		Bandepe	100	1998
		Paraiban	100	2001
		Banco Sudameris	95	2003
칠레	HSBC	Banco O'Higgins	10	1993
콜롬비아	Standard Chartered	Banco Extebandes	>50	1998
멕시코	HSBC	Banco Serfin	20	1997
	Bank of Nova Scotia	GFInverlat	55	1992
	Bank of Montréal	GFBancomer	16	1996
	Citibank	Confia	100	1997
	Citibank	Banco Nacional de México	100	2001
	Banco Comercial Português	Bital	8	1992
	HSBC	Bital	100	2002
페루	HSBC	Banco Sur	10	1997
	Bank of Nova Scotia	Sudamericano	25	1997
	Standard Chartered	Banco extebandes	>50	1998

[a] Initial stake.

이 우위를 점하고 있어 경쟁해도 그다지 얻을 만한 이점이 없었다. 그리고 아시아는 너무 멀고 문화적으로도 이질감이 많았다.

하지만 라틴아메리카의 경우 아르헨티나 같이 어려움이 많은 나라도 있었지만 산탄데르와 BBVA 모두 그 지역에서는 계속해서 영업을 늘려 갔고, HSBC와 시티은행 역시 계속해서 사세를 확장해 나갔다. 산탄데르는 아르헨티나와 다른 라틴아메리카 국가에서 발생한 문제에서 중요한 교훈 2가지를 얻었다. 첫째는 국가 위험에 대처하는 법을 배워야 한다는 것으로, 특히 어느 한 국가에서 어떤 사건이 일어났을 때 은행 수익에 약점이 생기는 것을 줄여야 한다는 점을 깨달았다. 두 번째는 라틴아메리카 전역에 진출하려 하기보다는 그 곳에서 크고 전망 있는 시장에 초점을 맞춰야 한다는 것이다.

산탄데르는 라틴아메리카에 진출하면서 조직 재구성 과정에서 몇 번의 단계를 거쳤다. 첫 번째 단계에서 산탄데르는 바네스토와 BCH에게서 승계 받은 투자 건을 합병하거나 처리했다. 그리고 몇 군데 주요 시장에 초점을 맞추고 나머지는 시장에서 철수하기로 결정했다. 산탄데르는 아르헨티나, 브라질, 칠레, 멕시코, 푸에르토리코를 주요 공략 국가로 분류하고 콜롬비아, 우루과이, 베네수엘라는 따로 분류해뒀다. 이제 관건은 국제적 이미지와 브랜드 조정을 하고, 비영업 부서 체계를 통일해 비용을 절감하는 일이었다. '올바른 일 하기(doing the right thing)'와 '일 제대로 하기(doing the thing right)'라는 전통적인 경영 과제가 바로 이것이다.

라틴아메리카로의 확장은 산탄데르가 세계 10대 은행이 되기 위한 목표로 향하는 길에 첫 발을 내딛는 것과 같았다. 산탄데르와 BBVA 중역들 모두가 이 점에 대해 확실히 밝혔는데, 수익이나 주주에게 돌아가는 배당수익에 조금 제한이 생긴다 하더라도 성장이 그들의 주요 목표라고 말했다. 라틴아메리카에서의 인수 작업으로 그들은 이 목표를 성취했다. 이런 성장에 힘입어 산탄데르는 세계 주요 은행의 반열에 오르게 됐다. 현재 산탄데르는—BBVA 역시—소매 금융 분야에서는 라틴아메리카 여러 곳에서 시티은행이나 HSBC와 정면으로 경쟁하고 있다. 예전에는 손에 꼽힐 정도로 한정적인 국가, 혹은 국제 금융 센터에서 그저 스쳐가며 만나는 정도였다. 또 성장한 덕에 인수합병의 대상이 될 가능성도 줄어들었고, 유럽에서도 계속해서 팽창해나갈 수 있는 위치를 확보했다.

1990년대 중반 이후 산탄데르는 라틴아메리카의 9개 국가에서 27개 은행을 인수하는데 123억 달러를 썼다. BBVA는 78억 달러를 투자해 34건의 인수 작업을 완성했다. 현재 산탄데르가 라틴아메리카 최대 은행, 그리고 BBVA는—연기금 관리와 프로젝트 파이낸싱(Project Financing)에서는 산탄데르보다 우위지만—2위를 달리고 있다. 산탄데르의 중역들은 정도의 차이는 있지만 자신들의 라틴아메리카 소매 금융 부분의 수익이 좋다고 강조했다. 인터뷰를 하며 하나씩 인수 작업을 완료할 때마다 그것이 다음 인수 작업의 디딤돌이 되었고, 그런 과정이 반복될 때마다 더 커다란 은행을 인수할 수 있었다고 말했다.

2006년 〈유로머니〉와 〈글로벌 파이낸스〉는 산탄데르를 '라틴아메리카 최고의 은행'으로 선정했다. 산탄데르의 세계 10,852개 지점 중 4,368개 지점(40퍼센트), 전체 종업원 129,196명 중 66,889명(52퍼센트)이 라틴아메리카(푸에르토리코를 포함해서)에 있다. BBVA의 경우 수익의 11퍼센트가 라틴아메리카에서—그 가운데 33퍼센트는 멕시코에서—창출되었는데 산탄데르는 66억 유로의 그룹 순이익 중 35퍼센트가 라틴아메리카에서 나왔다고 발표했다. 두 은행의 순이익 면에서 라틴아메리카의 중요성이 상대적으로 다른 이유는 기본적으로 산탄데르가 경쟁 은행보다 유럽 팽창 계획에 더욱 적극적이었기 때문이다. 이에 대해서는 다음 2개 장에서 논의하겠다.

제6장

제휴와 그 한계점

스코틀랜드 왕립은행과의 제휴는 마법처럼 이루어졌습니다. 아마 우리 두 은행 모두 북
쪽 출신이라서 그런 것 같습니다.

에밀리오 보틴 3세, 〈유로머니〉 2005년 1월

산탄데르는 산업체 기업에 투자한 지분의 대부분을 처분해 상당한
자본 이득을 봤는데, 1980년대와 1990년대 상호 지분 소유 방식으로 다
른 유럽 은행과 제휴를 맺으면서도 상당한 재정상의 이득을 봤다. 우리
가 이번 장에서 논의할 금융과 재정 서비스 제휴는 제3장에서 논의한
산업체 지분 소유와는 다르다. 금융 서비스 제휴는 동종 업계 기업과의
제휴를 의미하며, 이를 통해 은행은 새로운 것을 배우고, 비용을 줄이
고, 미래의 옵션도 얻을 수 있다. 산업체와의 제휴는 업종이 다른 기업
과 관계를 맺는 것이기 때문에 위와 같은 이득을 얻을 수는 없다. 물론

산업체와 제휴를 맺으면 상호 지지를 통한 전략적 이점을 얻을 수 있다. 그것과 비교했을 때 금융계 내 같은 업종 기업 간의 제휴는 상호 불가침 협약을 맺는 전략상의 이점이 있다. 금융업체들은 합병이 법적으로 또는 사실상 불가능하거나 제한된 목적에 비추어 봤을 때 실질적이지 못하다고 판단될 때 이와 같은 제휴를 맺으려 노력한다.

산탄데르는 다양한 금융과 재정 서비스 제휴를 맺었는데 거기서 모두 무엇인가를 얻었다. 막다른 골목으로 도달하게 되는 경우도 있었지만 그래도 최소한 거기서 배운 것이 있었다. 이렇게 맺은 제휴 중 가장 성공적이었던 사례는 스코틀랜드 왕립은행(RBS)과 맺은 제휴였다. RBS와의 제휴로 인해 산탄데르는 영국 시장에 대해 배우게 되었고, 나중에 애비 내셔널을 인수하는 토대를 마련하게 됐다. RBS와 산탄데르는 양측이 서로를 존중하는 원만한 제휴 관계를 맺었다.

1 _ 은행 클럽에 가입하는 것을 주저하다

1960년대 중반, 수많은 대형 은행 특히 유럽 은행들이 은행 클럽에 가입하기 시작했다. 많은 은행 클럽이 사라졌지만 지금까지 남아 있는 클럽도 몇 개 있다. 은행 클럽은 보통 한 나라에서 한 은행 이상의 회원은 받지 않았으며, 처음 취지는 당시 임박한 유럽 자유무역지역 창설과 미국 은행의 유럽 진출 공세에 대비한 조치였다. 국제 경험이 많지 않은 유럽 은행들은 같이 일하기를 원했는데, 그 이유는 스스로의 역량만으로 지점의 국제 연결망을 설립하는 일, 특히 각 나라에서 영업 지점을 내는 일을 할 준비가 안 된 상태였기 때문이다. 해결책은 제휴보다는 강하지만 완전한 합병보다는 구속력이 약한 클럽을 창설하는 것으로 잡았다. 로스(Ross 1998, 2002)는 이를 결함이 있는 전략이라고 정확히 꿰뚫었다. 클럽들은 상호 불가침 협약을 맺었기 때문에 각자의 시장에 침투하는 것이 다소 완화되는 효과가 있었다(Choi, Park and Tschoegl 1996, 2003; Choi, Tschoegl, and Yu 1986). 하지만 결국 이해관계의 갈등이나 경쟁의 압력에 반응하며 야망이 줄어들게 되었고, 지금은 거의 모두 없어졌거나 은행 간의 구속력이 그다지 강하지 않게 연합하고 있는 단체로 변했다.

이와 유사하게 1960년대 말부터 1990년대 초반까지 북유럽 국가의 선도 은행들은 2－3개국이 제휴를 맺었다(Jacobsen and Tschoegl 1999). 이런 북유럽 연합은 외국 은행의 진입 금지로 인해 회원 은행이 각국의 시장에 침투해 제휴 관계를 깨는 것을 방지하는 역할을 하는 동안은 안정적으로 유지됐다. 하지만 외국 은행의 진입 장벽이 없어지자 제휴 관계도 무너지기 시작했다.

스페인 은행들은 이런 제휴에 거의 참여하지 않았는데, 그 이유는 1980년대 중반까지는 외국 은행이 들어오는 것을 우려할 이유가 거의 없었기 때문이었다. 하지만 히스파노 아메리카노 은행은 연대가 가장 강한 클럽 중의 하나인 유로파트너(Europartner)의 회원이었다. 1970년 코메르츠방크(Commerzbank)와 크레디 리요네가 이 제휴 관계를 창설했고, 1971년 로마 은행(Banco di Roma)이 가입했으며, 1972년 유로파트너라는 이름을 정했다. 그 후 히스파노 아메리카노가 가입했다. 기본 목표는 4자가 각자 분리된 법인체를 유지하면서 함께 공동전선을 형성해 오늘날로 치면 실질적인 기업이라고 부르는 것을 만드는 것이었다. 파트너들은 네덜란드에 공동 소유의 자회사와 증권회사를 설립했다. 코메르츠방크가 1984년 그 자회사를 인수했고, 1988년에는 증권회사를 인수했다. 같은 해 코메르츠방크는 히스파노 아메리카노 지분의 10퍼센트를 매입했다. 1990년 크레디 리요네가 히스파노 아메리카노 지분의 20퍼센트를 사겠다고 제안했지만 히스파노 아메리카노는 크레디 리요네가 제휴보다는 통제를 원한다는 두려움에 이를 거부했다. 그 해 후반 이 클럽은 해산됐다. 하지만 코메르츠방크와 히스파노 아메리카노의 연합 관계는 계속되었고, 1991년 이들은 지브롤터에 합작 은행을 설립해 프라이빗 뱅킹 영업을 했다.

살아남은 클럽이 두 군데 있는데, 지중해 은행 네트워크인 MBN (Mediterranean Bank Network)과 인터알파 그룹(InterAlpah Group)이다. 4개의 유럽 – 지중해 은행(Bank of Valletta – 몰타, Turkiye Garanti Banksai – 터키, Nova Ljubljanska Banka – 슬로바키아, Banque Internationale Arab de Tunisie – 튀니지)이 모여 1996년 MBN을 만들었다. 지중해 21개 국가 중 11개국의 은행이 현재 회원이며, 유럽 – 지중해 지역 이외 출신 은행은 지사다. 이스라엘 디스카운트 은행(Israel Discount Bank – 이스라엘, 1997), 사바델 은행(Banco de Sabadell – 스페인, 1997), 요르단 은행(Bank of Jordan – 요르단, 2000), 자그레바카 은행(Zagrebacka – 크로아티아, 2001), 포포라레 디 베로나 에 노바라 은행(Banco Popolare di Verona e Novara – 이탈리아, 2003), 커머셜 인터내셔널 은행(Commercial International Bank – 이집트, 2004), 헬레닉 은행(Hellenic bank – 사이프러스, 2004)도 이 클럽의 회원이다. 모든 회원 은행은 비교적 규모가 작고,

서로에게 위협을 가하지 않는다. 이 클럽은 기존 회원과 직접 경쟁하지 않는다면 한 나라에서도 하나 이상의 은행이 참여할 수 있으며, 기존 회원은 거부권을 행사할 수 있었다. 이 클럽에는 기술 소위원회가 있으며 금융 활동, 사업 발전, 기회와 경제 정보 자료 교환, 벤치마킹과 관련된 문제를 다루었다.

1998년 산탄데르도 인터알파 그룹에 가입했다. 이 클럽은 1971년 설립되었으며, 현재 13개 국가에서 한 은행씩 13개 회원 은행이 있다.[1] 이 클럽은 처음부터 궁극적으로는 합병 가능성도 염두에 뒀다.

현재 이 클럽은 단순히 정보 교환을 하는 정도의 관계를 맺고 있다. 상임 조정 위원회는 각 은행의 국제 담당 이사로 구성되어 있으며, 1년에 몇 차례씩 만난다. 기술 발전과 비용 절감을 위해 협력하는 것이 목표이므로 임시 전문가 위원회는 문제가 있을 때나 필요할 때마다 소집된다. 또 다른 목적이 교육이기 때문에 인터알파 금융 학교와 인터알파/인시아드(INSEAD) 금융 관리 프로그램이 만들어졌다. 인터알파 그룹 회원 은행들은 공동전선을 형성해 유럽 연합에 로비를 하는 방식으로 유럽 금융계에 영향력을 행사한다. 이 클럽은 공동 대표사무소를 미국, 라틴아메리카, 도쿄, 홍콩, 싱가포르, 테헤란, 모스크바에 개설한 적이 있었다. 하지만 현재는 테헤란과 모스크바 사무소만 남아 있을 뿐이다. 다른 시장에서는 회원 은행들 스스로가 영업을 할 수 있을 만큼 역량을 발휘했다. 1986년부터 1998년까지 BBV가 이 그룹의 회원이었고, 1998년 BBV가 회원에서 탈퇴하자 산탄데르가 그 자리를 채웠다.

2 _ 뱅크 오브 아메리카와 함께 일하기

1965년 산탄데르와 뱅크 오브 아메리카는 각자 50 대 50으로 출자해 스페인에 2개 은행을 설립했는데, 이것이 뱅크인터(Bankinter; Banco Intercontinental Español)와 BCPA(Banco Comercial para Amércia)다. 뱅크인터는 원래 산업 은행을 염두에 두고 만든 은행으로 1972년 마드리드 주식시장에 상장되었으며, 이후 중상류층 소비자에 초점을 맞춰 영업하는 상업 은행이 됐고, 은행 소유주와는 분리되어 독립적으로 영업을 해나갔다. 산탄데르는 1956년 인수해 카탈루냐 지방에서 운영을 했던 솔레르 이 토라 은행(Banco Soler y Torra)을 기증하는 것으로 합작 투자 지분 값을 지불했다. 1979년 뱅크 오브 아메리카는 산탄데르가 보유한 BCPA의 지분을 사들여 뱅크 오브 아메리카 에스파냐로 이름을 바꿨다. 산탄데르와 뱅크 오브 아메리카가 BCPA를 설립했을 때, 에스파냐 은행이 외국 은행의 스페인 시장 진입을 허용할 경우 뱅크 오브 아메리카가 BCPA의 통제권을 완전히 보유하기로 했고, 지난 해 그렇게 성사됐다. 1984년까지 뱅크 오브 아메리카가 보유한 뱅크인터 소유권은 22퍼센트로 줄어들었고, 산탄데르가 지분을 더 줄이는 것을 받아들였으므로 뱅크 오브 아메리카는 모든 지분을 완전히 정리해 버렸지만 이사회 자리는 유지했다. 에밀리오 보틴 3세는 동생이 뱅크인터 회장직에서 물러나고 2년이 지난 후인 2004년 자신도 이사회에서 물러났다. 현재 이사회 임원에는 카르티발(Cartival S.A)을 대표하는 알폰소 보틴(Alfonso Botin)과 그의 동생 마르셀리노 보틴(Marcelino Botín)이 포함되어 있다. 뱅크인터의 최대 주주이자 최근 보유 지분을 16퍼센트 더 늘린 카르티발은 하이미 보틴(Jaime Botin)의 투자회사다.

산탄데르와 뱅크 오브 아메리카는 공식적으로 제휴를 끝내지는 않았고, 계속해서 연락을 취하며 접촉했다. 1987년 뱅크 오브 아메리카가 독일의 영업점을 팔고자 했을 때 산탄데르가 인수했다. 그리고 2003년 산탄데르는 산탄데르 세르핀의 주식 25퍼센트를 뱅크 오브 아메리카에 팔았고, 이로 인해 두 은행은 미국의 히스패닉계 소비자 송금 시장에 함께 문을 두드릴 수 있게 됐다. 같은 해, 산탄데르는 뱅크 오브 아메리카의 폴란드 금융 면허를 인수했다. 2006년 뱅크 오브 아메리카는 라틴아메리카의 고소득 소비자 6,000명을 산탄데르의 프라이빗 뱅킹 사업 분야로 이전시켰다.

3 _ 이탈리아에서의 거점 마련을 위해 애쓰다

다른 나라와 비교했을 때 이탈리아는 외국 은행에 대해 상대적으로 폐쇄적이었다. 그리고 이탈리아 정부 아니면 자선 합동 기업이 대부분의 대형 은행을 소유하고 있는 것도 상황을 더욱 복잡하게 만들었다. 산탄데르는 지중해 지방으로 진출하는 것에 관심이 있었지만 이탈리아 진출에는 문제점이 많았다. 그와 동시에 산탄데르는 과거에 인수한 몇몇 스페인 은행에 대한 부담을 덜고 싶었지만 산탄데르와 합병시키고 싶은 마음은 없었다. 이 경우에 해당하는 은행 중 하나가 산탄데르가 1978년 인수한 카탈루냐 지방의 호베르 은행(Banca Jover)이었다.

1988년 산탄데르는 카리플로(Cariplo – Cassa di Risparmio delle

Provincie Lombarde)의 자회사인 IBI(Instituto Bancario Italiano) 지분의 30 퍼센트를 인수할 생각으로 카리플로에 접근했다. 긴 협상 끝에 1990년 산탄데르는 원하는 만큼의 지분을 확보했다. 대신 카리플로는 25억 페세타(1,500만 유로)에 호베르 은행 지분의 30퍼센트와 산탄데르 은행 지분의 1.25퍼센트를 매수하는 조건으로 최종 합의를 봤다. 이 거래는 양측 중앙은행의 승인을 받아야 했다. 그런데 거래가 성사되고 난 직후 산탄데르는 이 제휴 관계를 발전시키고 싶지 않아졌다. 그래서 카리플로에 팔았던 지분의 0.5퍼센트를 다시 매입해 역시 제휴를 맺고 있던 노무라 증권(Nomura Securities)으로 이전시켰다. 그리고 카리플로에 호베르 은행의 나머지 지분 65퍼센트를 살 것을 제안했지만 합의를 보지 못했다. 산탄데르는 다시 크레디 리요네에 호베르 은행을 매입할 것을 제안했고, 크레디 리요네가 이를 모두 인수했다. 산탄데르와 카리플로는 그들이 맺은 교환 협정을 되돌려 산탄데르는 카리플로가 소유하고 있던 자사 지분을 다시 사들였다.[2]

4 _ 낯선 영역을 시험해보다

제휴를 통해 새로운 영역에 대해 배우게 되는 경우가 종종 있다. 이런 맥락에서 산탄데르도 미국 보험회사인 메트라이프(MetLife), 자금 관리 회사인 캠퍼(Kemper), 그리고 노무라 증권과 제휴를 맺었다. 유럽 단일 시장과 1993년 있을 공동 금융 시장 도래에 대비하기 위한 것도 전략을 맺은 이유 중 하나였다.

메트라이프 : 방카슈랑스

유럽 금융 시장에 도래할 발전 사항 중 한 가지는 금융에 보험을 혼합한 방카슈랑스다. 은행에서 고객들에게 생명보험과 자동차보험, 그리고 기타 보험 상품을 팔 수 있게 되는 것이다. 가능성을 타진하기 위해 산탄데르는 1987년 미국 보험회사인 메트라이프(MetLife; Metropolitan Life)와 제휴를 맺었다. 메트라이프는 산탄데르 지분의 0.5퍼센트를 사서 이사회 의석 하나를 차지했다. 하지만 메트라이프는 상호보험회사였다(상호보험[mutual insurance] – 보험가입을 희망하는 자에 의해 직접 구성된 단체가 보험자가 되어 구성원 상호를 위하여 실시하는 보험: 역자 주). 즉, 보험 계약자가 메트라이프를 소유하고 있었으므로 산탄데르는 메트라이프의 지분을 전혀 매입할 수 없었다.

산탄데르가 메트라이프와 제휴를 맺고 처음 벌인 사업은 합작 투자로 회사를 설립해 스페인에 보험과 연금 상품을 판매하는 것이었다. 이 회사의 이름은 제네시스(Genesis)로 1989년 메트라이프가 3,000명 가량의 산탄데르 직원을 훈련시킨 뒤 은행의 지점망을 통해 상품을 팔도록 하면서 영업을 시작했다. 이어 두 파트너는 멕시코와 포르투갈에도 다른 제네시스를 세웠다. 1993년 산탄데르와 메트라이프는 아르헨티나의 연기금 회사의 지분 49퍼센트를 인수했다. 나머지 지분 51퍼센트는 주 정부가 통제하는 부에노스아이레스 지방 은행(Banco de la Provincia de Buenos Aires)이 소유하고 있었다. 그리고 1994년 메트라이프는—퍼스트 유니온과 스코틀랜드 왕립은행이 그렇게 한 것처럼—바네스토에서도 작은 자리(약 0.5퍼센트)를 차지했다. 산탄데르와 제휴를 맺었던 이 3개 회사는 바네스토의 주식을 주당 762페세타에서 850페세타에 매입했고, 산탄데르가 바네스토를 인수한 후 주가는 거의 2배 뛰었다. 1998년 메트라이프는 산탄데르의 자산관리회사인 산탄데르 글로벌 인베스터스(Santander Global Investors – 이 회사는 오래 운영되지는 않았다)의 주식 25퍼센트를 인수했다.

2000년 메트라이프는 공모를 통해 회사를 법인으로 전환했다. 크레디 스위스(Credit Suisse)가 했던 것처럼 개별 거래에서 산탄데르도 메트라이프 지분의 3.9퍼센트를 매입했다. 그런데 산탄데르와 BCH의 합병으로 인해 이 제휴 관계에 갈등이 생겼다. BCH는 이탈리아의 아시쿠라지오니 제네랄리(Assicurazioni Generali)와 제휴를 맺고 있었는데, 아시쿠라지오니 제네랄리는 BCH 비다(BCH Vida), BCH 펜시오네스(BCH Pensiones), BCH 세구로스 제네랄레스(BCH Seguros Generales)와 같은 BCH 자회사들의 지분을 모두 합쳐 총 51퍼센트를 소유하고 있었다. 해결책은 산탄데르가 지분의 60퍼센트, 제네랄리와 메트라이프가 각각 20퍼센트씩 지분을 소유하는 새로운 지주회사를 만드는 것이었다. 산탄데르와 메트라이프는 산탄데르 은행 지점을 통해 판매했던 세구로스 제네시스 방카슈랑스 포트폴리오 전체를 증여했다. 아시쿠라지오니 제네랄리도 3개의 BCH 합작 투자 회사의 지분을 줄였다. 또 산탄데르 지분을 1퍼센트 정도 매입해 이사 한 명을 이사회에 파견했다. 다양한 유통 채널을 통해 팔려나간 세구로스 제네시스의 다른 모든 상품도 여전히 세구로스 제네시스의 일부분으로 남아 있었다. 메트라이프가 세구로스 제네시스 지분의 80퍼센트를 소유했고, 산탄데르는 소유권을 20퍼센트까지로 줄여 나갔다. 산탄데르는 또 세구로스 제네시스 포르투갈 지점의 포트폴리오를 흡수했다. 당시 세구로스 제네시스는 보험료로 10억 달러 이상을 보유한 스페인의 3대 보험회사 중 하나였다.

이후 산탄데르와 메트라이프는 즉시 회사를 효율적으로 분할했다. 2001년 무렵, 메트라이프는 자사가 보유한 산탄데르 주식을 매각했고, 산탄데르도 메트라이프 주식을 팔았다. 메트라이프 중역이 산탄데르의 국제 고문 위원회에서 일은 계속했지만 이사회의 의석은 포기했다. 같은 해 산탄데르는 칠레 보험회사 지사인 콤파니아 데 세구로스 데 비다 산탄데르(Compania de Seguros de Vida Santander)와 콤파니아 데 레아세구로스 데 비다 소인세 - 레(Compania de Reaseguros de Vida Soince - Re)의 지분 100퍼센트를 모두 메트라이프에 팔았다. 산탄데르 칠레는 은행을 통해 직접 보험 상품을 팔 수 있게 되었으므로 따로 보험회사가 필요 없었기 때문이다. 이 두 회사 매각으로 산탄데르가 벌어들인 자본 이득이 1억 7,300만 달러라고 보고됐다. 2003년 메트라이프는 자사의 스페인 지사인 메트라이프 이베리아(MetLife Iberia)를 자회사인 세구로스 제네시스 S.A.와 제네시스 세구로스 제네랄리와 함께 또 다른 미국 보험회사인 리버티 뮤추얼 인슈어런스(Liberty Mutual Insurance)에 팔기로 했다고 발표했다.

캠퍼 : 미국 내에서의 자금 관리

1989년 캠퍼 파이낸셜 컴퍼니(Kemper Financial Companies)와 산탄데르는 '포괄적 협력 동의서'에 서명했고 스페인, 미국, 유럽, 라틴아메리카에서 공동으로 금융 서비스를 제공하겠다고 발표했다. 산탄데르는 캠퍼 파이낸셜 컴퍼니의 모회사인 캠퍼 코퍼레이션(Kemper Corporation)의 지분 3퍼센트를 인수해 지분이 많은 단일 주주 중 하나가 되었고, 이사회의 임원 자리도 4자리를 배정받았다. 1994년 산탄데르는 GE 캐피털이 적대적 인수를 시도하자 캠퍼의 경영진을 지원했다. 인디애나 주에 기반을 둔 생명-건강 보험 그룹인 콘세코(Conseco)가 좀 더 후한 조건으로 인수하려 했지만 정작 필요한 자금을 모으지 못해 인수에 실패하고 말았다. 마침내 1995년 취리히 인슈어런스 그룹(Zurich Insurance Group)이 콘세코가 제안한 주당 67달러는 물론 GE 캐피털의 55달러에도 훨씬 못 미치는 51달러에 캠퍼를 인수했다. 그것으로 캠퍼와 산탄데르의 제휴 관계는 종결됐다.

노무라 증권 : 순식간에 져버린 벚꽃

1980년대 후반, 일본의 증권시장과 경제는 호황을 누렸다. 산탄데르는 1987년 도쿄에 대표사무소를 열었고, 이듬해 지점으로 승격시켰다. 또 도쿄 증권시장에도 상장시키려 계획했고, 그러다보니 노무라 증권과 접촉하게 됐다. 1989년 노무라와 산탄데르는 제휴를 맺었고, 이는 스페인과 일본 사이에 가교 역할을 하게 됐다. 노무라 증권은 스페인에 일본 주식을, 그리고 일본에서는 스페인 뮤추얼 펀드와 증권을 팔고자 했다. 런던에 기반을 둔 노무라 증권의 국제 업무 담당 부문인 노무라 인터내셔널(Nomura International)이 산탄데르의 지분 1퍼센트와 BSN(Banco Santander de Negocios)의 지분 10퍼센트를 전환사채 형식으로 인수했다. 노무라 인터내셔널은 또 BSN에 이사와 직원을 몇 명 파견했으며, 노무라 인터내셔널(HK)도 산탄데르 지분의 0.5퍼센트를 인수했다. 노무라는 지분과 전환사채 가격으로 132억 엔을 지불했다. 산탄데르는 IBI(Instituto Bancario Italiano)와의 제휴를 해소 거래(오류가 발생한 거래를 바로 잡는 것: 역자 주)해 자사 소유의 지분을 제공했다. 1989년 12월 도쿄 증권시장은 절정에 달했고, 이후 장기간의 후퇴기로 들어가기 시작했다. 1990년대 초부터 일본의 경제는 거의 10년 이상 성장이 멈춰버렸다. 산탄데르와 노무라 증권이 언제 공식적으로 파트너 관계를 끝냈는지는 확실하지 않다.

5 _ 다시 금융업으로 : 합병보다는 제휴

1980년대 후반부터 산탄데르와 BBVA는 몇몇 유럽 은행의 소액 지분을 인수하는 전략을 펼쳤다. 산탄데르는 상파울루 IMI, 코메르츠방크(Commerzbank), 소시에테 제네랄(SoGen; Société Générale), 스코틀랜드 왕립은행(RBS)과 제휴를 맺었다. '밀고－당기기' 요소가 제휴 관계를 맺는데 동기부여를 했다. 외국에서 적대적 인수 작업을 시도할지도 모른다는 우려가 밀기 요소였고, 개방된 넓은 유럽 연합 시장으로 들어가고 싶다는 욕구가 당기기 요소였다. 일반적으로 볼 때는 아무래도 밀기 요소가 두드러진 원인이었던 것 같다.

　1989년 도이치 방크(Deutsch Bank)가 스페인의 코메르시알 트란스아틀란티코 은행(Banco Comercial Transatlantico)을 인수했다. 이 일이 있기 3년 전, 도이치 방크는 뱅크 오브 아메리카의 자회사인 아메리카 드 이탈리아 은행(Banca d' Amercia e d' Italia)을 인수했다. 아메리카 드 이탈리아는 뱅크 오브 아메리카의 창립자인 A.P. 지아니니가 1922년 방카 델 이탈리아 메리디오날레(Banca dell' Italia Meridionale)를 인수하면서 만든 은행이다. 더욱 위협적이었던 깃은 1988년 카를로 네 베네데티 (Carlo de Benedetti)가 벨기에 최대의 지주회사인 소시에테 제네랄 데 벨기에(Societe Generale de Belgique)를 인수하려다 실패한 사건이었다. 6개월간 지속된 그 전투에서 베네데티가 승리했다면 벨기에 최대 상업 은행인 소시에테 제네랄 데 벨기에의 지분 12퍼센트를 손에 넣었을 것이다. 인수를 와해시키기 위해 소시에테 제네랄 데 벨기에는 네덜란드의 암로(AMRO) 은행과 제휴해 서로의 지분을 10퍼센트씩 소유하고, 채권 역시 서로 25퍼센트까지 인수할 것을 보장하기로 했다. 즉 이 두 은행은 상호 방어 협약을 맺고, 서로 협력하고 있었던 것이다.

산탄데르를 포함해 동지를 확보할 필요성을 인식한 많은 은행들이 파트너의 자율성을 보호하는 것을 목표로 하는 제휴를 맺게 됐다. 에밀리오 보틴 3세는 동등한 국제 합병은 있을 수 없다고 생각한 인물이었다. 한 나라 안에서도 합병이 아주 어려운데 EU 지역 규정이나 제재 조치가 없는 장애 상황에 직면하게 되는 국제 합병의 어려움은 말할 필요도 없다고 간주했다. 그래서 2000년 소시에테 제네랄 벨기에와의 제휴를 논의하기 위한 기자 간담회에서 보틴 3세는 다음과 같이 말했다. "솔직히 유럽 금융계에서 동등한 국제 합병이란 터무니없고 황당무계한 이야기입니다."[3]

산탄데르 입장에서 이런 전략은 쌍방향 국제 연합을 불러오게 되어 상대적으로 작은 규모의 기술 합작 제휴를 하게 되었다. 그래서 2000년 5개 파트너(산탄데르, 스코틀랜드 왕립은행, 소시에테 제네랄 벨기에, 상파울루 IMI, 코메르츠방크)가 재무와 자본 시장 상품을 위한 가상 시장 발족 계획을 세우기로 발표했다. 산탄데르는 은행 클럽같이 좀 더 폭넓은 제휴 관계를 갖기를 원했지만 그 방향으로는 결코 발전되지 않았다. 부분적으로 제휴에 대한 입장이 서로 달랐기 때문이었다. 유로파트너가 남긴 흔적 한 가지는 코메르츠방크가 소시에테 제네랄 벨기에의 경쟁 은행인 크레디 리요네의 지분을 4퍼센트 소유한 주요 주주라는 것이었다. 그와 동시에 상파울루 IMI도 소시에테 제네랄 벨기에의 또 다른 프랑스 경쟁사인 BNP 파리바의 주주였다. 이런저런 이유에서 산탄데르가 맺은 제휴 관계 중 스코틀랜드 왕립은행과의 동맹이 가장 성공적인 사례였음이 증명됐다.

스코틀랜드 왕립은행 : 북쪽 출신의 두 은행이 서로 대면하다

산탄데르와 스코틀랜드 왕립은행(RBS)의 제휴는 인수에 대항하는 조치의 일환으로 시작됐다. 1981년 HSBC가 RBS를 인수하려다 실패한 이후 RBS는 줄곧 인수 목표가 되어왔다. 그리고 산탄데르는 1993년 유럽 단일 금융 시장이 발족되면 다른 유럽의 포식자들이 여전히 수익률이 좋은 스페인 시장으로 몰려들 것이라는 상황을 우려하던 참이었다. 1988년 처음으로 두 은행은 지분과 이사회 의석을 교환했다. 에밀리오 보틴 3세와 후안 로드리게스 인시아르테가 RBS의 이사회에, RBS의 회장인 영거 경(Lord Younger)과 최고 경영자 조지 매튜슨(George Mathewson)이 산탄데르의 이사회에 합류했다. RBS는 산탄데르 지분의 1.4퍼센트를 인수했는데 이를 2.5퍼센트까지 올렸다. 산탄데르는 RBS 지분의 9.9퍼센트를 매입했는데, 이 중 많은 부분을 쿠웨이트 투자사무소(KIO)로부터 인수했다(이유는 RBS가 막 미국에서 시티즌 은행을 샀기 때문에 미 은행 지주회사법에 따라 RBS가 산탄데르에 지분을 더 많이 팔기를 원한다 해도 미 연방준비제도이사회의 승인이 없으면 10퍼센트 이상은 팔 수 없었기 때문이다). 제휴의 첫 열매는 같은 해 두 은행이 합작 투자를 통해 스코틀랜드 왕립은행(지브롤터)을 설립한 것이다. 그리고 RBS는 스페인에 있는 산탄데르 은행의 50개 지점에 자사 은행원을 배치해 스페인을 여행하는 영국인 관광객과 비즈니스맨을 상대하게 했다.

기술 분야에서 산탄데르와 RBS는 합작으로 IBOS(Interbank On - Line System)를 만들었다. IBOS는 고객이 지점에 있는 터미널을 이용해 자금을 제휴를 맺은 은행 계좌로 실시간 이체시킬 수 있게 하는 국제 결제 시스템이다. 1990년 프랑스 신용상업은행(Credit Commercial de France)이 IBOS에 가입했고, 산탄데르와 RBS가 공동 소유한 BCI(Banco de Comerico e Industria)에도 가입했다. 그리고 1994년 퍼스트 피델리티와 벨기에의 크레디트방크(Kreditbank)도 IBOS에 가입했다. 하지만 이 시스템의 헌장은 한 나라에서 한 은행만 가입하도록 조건을 제한하고 있었다. 산탄데르와 RBS는 텍사스의 EDS(Ekectronic Data System; 32퍼센트), 골드만삭스(5퍼센트)와 함께 참여해 IBOS 운영회사를 설립했다. 이 시스템의 창립자들은 IBOS를 기업 재무의 현금 관리 분야까지 확장하고자 했지만 창립자들이 원했던 만큼 시스템이 발전하지는 못했다. 1995년 덴마크의 유니뱅크(Unibank), 이탈리아의 인스티튜토 방카리오 상파울루 데 토리노(Instituto Bancario San Paolo de Torino), 네덜란드의 ING도 이 시스템에 가입했다. 체이스맨해튼은 이 시스템에 가입했을 뿐만 아니라 상당한 자금을 투자해 산탄데르와 RBS, 그리고 EDS가 공동 소유한 지분에 상당하는 24퍼센트의 지분을 사들이기까지 했다. 세계에서 가장 큰 금융 연결망을 구축하고 있는 체이스맨해튼은 이 연결망에도 IBOS 시스템을 채택했다. 그와 동시에, 목표 달성 의지가 다소 약해진 산탄데르는 IBOS와 거리를 두기 시작했다. 1998년 EDS와 체이스맨해튼은 이 시스템 사용을 철회했지만 체이스맨해튼의 자회사들인 퍼스트 시카고 NBD와 노바스코샤 은행, 그리고 멕시코 자회사인 인베를라트 은행(Banco Inverlat)은 이 시스템에 가입했다. 그리고 1999년에는 후지 은행(Fuji Bank)과 아일랜드 은행(Bank of Ireland)이 가입했다.

산탄데르와 RBS는 기술 분야 이외에도 여러 가지 방법으로 함께 일을 추진했다. 두 은행의 중역진은 6주마다 한 번씩 만나 전략을 짜고 유럽의 기업 금융 거래에 대해 서로 협력했다. 그리고 두 은행은 독일과 벨기에에 또 다른 합작 투자를 진행했다. 산탄데르가 포르투갈의 BCI를 인수하려 시도했을 때에는 먼저 RBS와 메트라이프의 승인을 받은 다음에 진행했다(당시 RBS와 메트라이프는 BCI의 지분을 각각 14.9퍼센트, 3.6퍼센트 보유하고 있었다). 그리고 1994년 산탄데르가 바네스토를 인수하려 했을 때는 RBS가 산탄데르로부터 바네스토의 지분 2퍼센트를 매입했다가 1997년 7,500만 파운드(세전 자본 이득 3천만 파운드)에 되파는 방식으로 산탄데르의 바네스토 인수를 지원했다.

산탄데르는 BCH와 합병하고 난 후 BCH가 남긴 BCP(Banco Comercial Portugues)와의 제휴를 끝냈다. 그래서 BCP는 보유하고 있던 산탄데르 지분 2.7퍼센트를 처분했다. RBS는 산탄데르가 BCH와 합병하기 전에 보유했던 수준까지 지분율을 올리기 위해 주식을 더 매수했다. 산탄데르가 BCH와 합병하는 바람에 RBS가 보유한 산탄데르 지분이 3.4퍼센트에서 2.3퍼센트로 내려가 있는 상태였기 때문이다.

한편, RBS는 1999년 내셔널 웨스트민스터(NatWest)를 인수하려 시도했다. RBS의 인수 시도는 경쟁 은행인 스코틀랜드 은행(BoS)의 적대적 인수 시도에 대응하려는 '백기사' 조치였다(내셔널 웨스트민스터는 HSBC가 인수하길 원했지만 그랬다면 규제상 많은 문제를 야기했을 것이고, 그런 입찰은 준비도 되어 있지 않은 상태였다).

산탄데르의 지원에 힘입어 RBS는 성공적으로 내셔널 웨스트민스터를 인수할 수 있었다. 이 인수 작업은 2000년 3월에 종결됐다. 산탄데르는 RBS에 유리한 쪽으로 표를 던지겠다고 약속했고, 사모(私募) 형식으로 자금 조달을 도우며 RBS의 주식을 좀 더 매수하기로 합의했다. 인수 작업이 성공적으로 끝나자 산탄데르가 보유하고 있던 RBS 지분은 10퍼센트에서 7퍼센트로 떨어졌고, RBS는 영국 2위의 은행 그룹으로 부상했다. RBS가 내셔널 웨스트민스터 입찰에 참여한 것이 산탄데르의 조작에 의한 결과라는 소문에 조지 매튜슨 경은 다음과 같이 응수했다.

"우리가 어떤 식으로든 산탄데르의 개입에 휘둘렸다는 것은 전혀 말이 되지 않는다. 에밀리오 보틴이 거미줄 한가운데 앉아 줄을 당기며 조작하는 곳에 우리가 떨어졌다고 생각하는 것은 어불성설이다. RBS는 남이 뛰어들라고 해서 뛰어드는 기업이 아니다. 산탄데르는 자신들의 지분만큼 투표권을 행사하지 못하지만 우리는 산탄데르의 지분에 대한 투표권을 행사할 수 있다. 이게 12년 전, 두 은행이 제휴를 맺기 시작했을 때 정한 기본적인 방침이었지만 산탄데르와 RBS는 아주 긴밀한 관계를 유지하고 있기 때문에 그런 종잇장 하나를 참고해야 하는 일은 여태 한 번도 없었다."[4]

2003년 산탄데르와 RBS는 상호 조직 개편을 단행했다. 산탄데르는 프랑크푸르트에 기반을 둔 산탄데르 디레크트 은행(Santander Direkt Bank)에 속해 있던 신용 카드와 개인 대출 포트폴리오를 RBS에 매각했다. RBS가 이미 유럽에서 대규모로 신용 카드 사업을 펼치고 있었고, 카드와 대출사업으로 이득을 보기에 유리한 위치를 차지하고 있었기 때문이다. 대신 RBS는 마이애미에 소재한 자산 26억 달러에 1,400명 이상의 고객을 관리하며 라틴아메리카 시장을 상대로 프라이빗 뱅킹 사업을 운영하던 코우츠 그룹(Coutts Group)을 산탄데르에 매각했다. 그 결과, 산탄데르는 이미 강세를 보이고 있던 라틴아메리카에서 프라이빗 뱅킹 사업을 개선하게 되었으며, 코우츠는 영국과 유럽, 그리고 아시아에 우선순위를 두게 됐다. 당시 산탄데르의 CEO였던 알프레도 사엔즈(Alfredo Sáenz)는 다음과 같이 논평했다. "다시 한 번 RBS 그룹 산하의 파트너와 합의에 이르게 돼 무척 기쁩니다. 이는 우리가 함께 일할 수 있다는 것을 다시 한 번 입증하는 것이며, 우리 주주들에게도 득이 되는 일입니다."

하지만 산탄데르는 2004년 애비 내셔널을 인수하며 RBS와의 제휴를 끝내야 했다. 2005년 산탄데르는 RBS의 나머지 지분 2.6퍼센트를 팔았다. RBS는 여전히 산탄데르의 지분 2.8퍼센트를 보유하고 있었지만, 두 은행은 이사를 맞교환하는 일은 종결했다. RBS와의 제휴 관계는 16년간 계속되었고, 재정적인 면을 포함해 여러 가지 점에서 성과가 좋았다. "지난 17년간 RBS에 투자한 지분을 연 단위 수입으로 계산해보니 수익률 23퍼센트였습니다. 주주들에게 돌아간 총 배당금이 45억 유로입니다"라고 에밀리오 보틴 3세가 밝혔다.[5]

에밀리오 보틴 3세는 두 은행 간에 쌓인 돈독한 관계 덕분에 오랜 시간을 함께 해왔으며, 공식적으로 관계를 끝내야 할 시간이 온 것을 유감스럽게 생각한다고 말했다. 그동안의 제휴 관계의 특징을 여실히 보여주는 지표 가운데 하나로—제휴가 종결된 후 산탄데르가 RBS의 직접적인 경쟁 상대가 되었지만—애비 내셔널 인수를 지지하는 것에 대한 승인을 유럽 위원회가 미루는 것 같이 보이자 RBS가 이에 항의를 했다는 점이다.

그리고 2007년 초, ABN 암로가 바클레이즈 은행과의 합병에 관한 논의에 들어갔을 때 RBS와 산탄데르, 그리고 벨기에-독일계 은행인 포르티스(Fortis)가 합세해 즉시 공동 제안을 했다. 이들의 논리는 일단 컨소시엄을 형성해 ABN 암로를 인수하고 난 후 RBS는 시카고에 기반을 둔 ABN 암로의 자회사인 라살레 은행(LaSalle Bank)을 인수했다가 나중에 시티즌 은행과 합병시키고, 산탄데르는 브라질의 방코 레알(Banco Real)을 인수해 산탄데르 바네스파와 합병하고, 포르티스는 ABN 암로 자체를 인수해 벨기에와 네덜란드의 포르티스 영업에 통합시킨다는 전략이었다.

상파울루 IMI : 매력적이었던 이탈리아 진출 전망이 흐려진 경우

산탄데르는 1995년 IBI(Instituto Bancario Italiano)를 인수해 이탈리아에 교두보를 확보하려던 계획이 실패하자, 목표를 바꿔 인스티튜토 방카리오 상파울루 디 토리노(Instituto Bancario San Paolo di Torino)의 지분 2퍼센트를 매입했고, 1997년까지 지분율을 6.8퍼센트로 끌어올렸다. 하지만 그 다음 해(1998) 상파울루 디 토리노가 IMI(Instituto Mobiliare Italiano)를 인수해 이탈리아에서 가장 큰 은행 상파울루 IMI로 바뀌면서 산탄데르의 지분율은 4퍼센트로 떨어졌다. 그 후 산탄데르는 공개 시장에서 주식을 매수해 다시 7퍼센트로 만들었다.

한편, 산탄데르는 1996년 헝가리의 인터유로파 은행(InterEuropa Bank) 지분 5퍼센트를 인수하면서, 추가로 4.999퍼센트를 매수할 수 있는 옵션 조항을 넣었고, 곧바로 옵션을 행사해 9.999퍼센트를 확보했다. 상파울루 IMI와의 관계는 여기에서도 이어졌다.

이보다 앞선 1989년, 상파울루 IMI는 헝가리 무역회사들이 수출 발전 프로젝트에 자금을 대기 위해 만든(1981) 인터인베스트 쿨케르에스케델미 히텔인테제트(Interinvest Kulkereskedelmi Hitelintezet)의 지분 22.5퍼센트를 매입했고, 지분율을 32.5퍼센트로 끌어올린 다음, 은행 이름을 인터유로파 은행으로 변경했다. 그리고 2003년에는 산탄데르가 보유한 주식(9.999퍼센트)을 제외한 거의 모든 주주들의 주식을 매입할 수 있었다.

2000년, 두 은행은 상호협력 협정을 맺어 상파울루 IMI에는 라틴아메리카 부서를, 산탄데르에는 이탈리아 부서를 만들어 각 은행이 고객들을 위한 서비스를 증진하고, 두 은행이 제휴해서 행동하기로 했지만 이런 공식 협정은 그리 오래 가지 못했다. 1년 후, 산탄데르는 이탈리아 금융 당국이 금융 분야에서 외국 투자에 대해 가하는 규제 행위를 받아들이기 힘들다는 이유로 상파울루 IMI와의 협정을 철회하며, 이사회 의석 2자리도 내놓겠다고 발표했다. 다만, 주식 보유는 전략적인 측면보다는 금융 투자로 간주했고, 진행 중인 합작 활동을 모두 포기하지는 않았다. 2003년, 두 회사는 새로운 합작 투자 건을 다시 하나 성사시켰다. 상파울루 IMI가 보유한 이탈리아의 소비자 금융 벤처 회사인 핀콘수모

(Finconsumo)의 지분 50퍼센트를 산탄데르가 사들임과 동시에 상파울루 IMI는 산탄데르의 자회사인 올펀드 뱅크(Allfunds Bank)의 지분 50퍼센트를 매수했다(올펀드 뱅크는 기관들의 투자기금 관리회사로 상업 은행, 저축은행, 주식 중개인, 자산 관리 매니저와 같은 제3자 기금에 투자하는 일을 전문적으로 하는 회사이며, 그렇게 해서 얻은 기금을 자사 고객들에게 배당했다. 스페인 시장에서 해당 분야의 40퍼센트 점유율을 차지하고 있었다).

당시 산탄데르는 상파울루 IMI의 지분 5.3퍼센트를 보유하고 있었고, 상파울루 IMI는 산탄데르 지분의 3퍼센트를 보유하고 있었다. 그런 상태에서 상파울루 IMI는 벨기에 은행인 덱시아(Deixa)에 접근했지만 아무것도 얻어내지 못했다. 그 일을 계기로 산탄데르는 상파울루 IMI에 보유하고 있던 주식을 '자사와 지속적인 관계를 맺지 않으며 중요한 영향력을 행사하지 않는 회사'에 하는 투자로 재분류하게 됐다. 하지만 그런 상황임에도 불구하고 산탄데르는 상파울루 IMI의 지분을 줄이기보다는 오히려 8.6퍼센트로 늘렸다.

2005년, BBVA는 이탈리아의 방카 나시오날레 델 라보로(Banca Nazionale del Lavoro)를 인수하려 했지만 그해 7월 이탈리아 보험회사인 유니폴(Unipol)이 경쟁에 뛰어들어 입찰가를 흔드는 바람에 포기했다.

그때 ABN 암로는 안톤베네타(Antonveneta) 은행을 인수하기 위해 애쓰고 있었다. ABN 암로가 입찰 가이드라인 안의 가격을 써넣었고, 입찰을 할 수 있는 조건을 채웠음에도 이탈리아 은행 총재인 안토니오 파비오(Antonio Fabio)는 현지 기업이 안톤베네타를 인수해 이탈리아가 소유권을 유지하도록 힘을 썼던 것 같다. 이에 유럽 연합의 단일시장위원회 이사인 찰리 맥크리비(Charlie McCreevy)가 파비오 총재에게 서한을 보내 합병을 방해하는 그 어떤 시도도 묵인하지 않을 것이라 경고했다. 그럼에도 불구하고 파비오 총재가 다른 고위 규제자들의 반대를 무릅쓰고 BPI(Banco Popolare Italiana)가 안톤베네타를 인수하게 도왔다는 주장이 수면 위로 떠올랐다. 게다가 이탈리아 은행은 BPI가 안톤베네타 지분의 30퍼센트를 살 수 있게 허용하는 한편 ABN 암로가 같은 양의 지분을 구입하려는 것은 지연시키고 있었다. 결국 파비오 총재가 BPI의 입찰을 승인하기로 했다는 것을 공개적으로 발표하기 전에 BPI 행장에게 알려줬다는 사실이 드러났고, 이 사건으로 인해 BPI는 입찰에서 탈락하고 ABN 암로가 입찰을 따내게 됐다. 그 해 12월 파비오 총재는 자신의 무고를 주장하며 이탈리아 은행 총재직을 사임했다. 사건 당시 베를루스코니 총리는 파비오 총재를 지지했으며, 아마도 그로 인해 뒤이어 벌어진 선거에서 낙선했던 것 같다.

2005년 말, 파비오 총재보다 덜 국수주의적인 마리오 드라기(Mario Draghi)가 이탈리아 은행 총재로 임명됐다. 2006년 1월, 이탈리아 은행은 유니폴의 입찰을 거부했고, 2월에 프랑스 은행인 BNP 파리바가 나시오날레 델 라보로 은행 입찰에 성공했다.

산탄데르는 드라기가 총재로 부임한 직후 상파울루 IMI와의 제휴 관계를 강화하고 싶었지만 2007년 4월 전에는 움직일 수 없다고 생각했다. 그때까지는 주주 협약이 은행을 통제했으며, 그것이 입찰을 방해해왔다. 2006년 말, 산탄데르가 행동을 취하기 전에 밀라노의 인테사 은행(Banca Intesa)이 상파울루 IMI를 296억 유로(378억 달러)에 인수했다. 이 인수 건이 내포하는 의미와 산탄데르와의 관계에 대한 추측이 무성했는데, 그 이유는 산탄데르가 2005년 말까지 상파울루 IMI의 지분 8.6

퍼센트를 보유한 두 번째 대주주였기 때문이다. 인테사 은행의 합병으로 상파울루 IMI에 대한 산탄데르의 소유권이 줄어들었을 뿐 아니라 입지도 합병된 법인체 내에서 4 - 5위 정도에 지나지 않았다. 합병 가능성이 줄어들었다는 것은 말할 필요도 없었다. 그나마 이 충격을 완화시켜 주는 것은 현재 시장 시세에서는 산탄데르가 상파울루 IMI의 주식을 줄인 것으로 오히려 자본 이득을 보고 있다는 점이다. 현재 산탄데르가 보유한 상파울루 IMI 지분은 1.7퍼센트다.

코메르츠방크 : 유럽 최대 시장에서의 거점

1999년 BCH와의 합병으로 인해 산탄데르는 독일 은행 3위인 코메르츠방크(Commerzbank)의 지분을 얻게 됐다. 하지만 주식을 처분하지 않고 코메르츠방크에 제휴를 제안했다(흥미롭게도 코메르츠방크는 소시에테 제네랄, 내셔널 웨스트민스터와 오래 전부터 협력하며 소기업들이 국제 무역을 하고 거래 비용을 줄이는 것을 도와주고 있었다). BCH와 합병하고 나서 BCP가 보유한 산탄데르의 주식을 처분했을 때 코메르츠방크가 그중 얼마를 손에 넣어 산탄데르 주식 비율을 1.8퍼센트에서 3퍼센트로 올렸다.

그 해, 산탄데르는 코메르츠방크와 협상을 거쳐 주식을 2배 불려 10퍼센트로 만들고자 했다. 이를 위해 산탄데르는 필요한 주식과 현금을 만들기 위해 CC 은행(Bankhaus Centrale Credit)을 코메르츠방크에 팔 계획이었다. 그리고 코메르츠방크는 독일 투자 그룹이자 당시 지분 17퍼센트를 보유한 코메르츠방크의 최대 주주인 코브라 지주회사(CoBRa holdings)의 적대적 인수를 피하기 위해 산탄데르에게 지분 보유 비율을 높일 것을 제안한 상태였다. 하지만 그 회담은 CC 은행의 가치에 대한 합의점을 보지 못해 결렬되고 말았다. 코메르츠방크는 CC 은행의 시가를 6억 7,500만 유로로 본 반면, 산탄데르는 8억 유로로 계산했던 것이다.[6]

산탄데르는 코메르츠방크의 지분을 4.8퍼센트에서 3.4퍼센트로 약간 줄여 계속 보유했다. 2003년 연례 보고서를 보면 산탄데르는 코메르츠방크(그리고 상파울루 IMI) 주식을 '지속적인 관계를 맺지 않으며 중요한 영향력을 행사하지 않는 회사'에 한 투자로 분류했다. 결국 2005년 산탄데르는 그 지분을 처분했다.

소시에테 제네랄 : 프렌치 커넥션

산탄데르와 소시에테 제네랄(SoGen)은 1994년 함께 일하기 시작했다. 1999년 산탄데르는 먼저 소시에테 제네랄의 지분 0.15퍼센트를 매수했다가 바로 3퍼센트까지 비율을 올렸다. 그 후, 소시에테 제네랄이 파리바 은행(Banque Paribas)과 합병을 시도하다가 파리 국립은행(BNP; Banque Nationale de Paris)의 적대적 인수에 직면하게 됐다. 산탄데르는 지분을 5퍼센트로 늘림으로써 소시에테 제네랄의 경영을 지원하는 한편 적대적 인수는 반대한다고 선언했다. BNP가 소시에테 제네랄로부터 파리바 은행을 무리하게 빼앗으려고 했지만 결국 규제 당국이 BNP의 인수 시도를 막았다.

한 차례 위기가 지나고 난 다음 2000년에 소시에테 제네랄은 산탄데르의 지분 3퍼센트를 매입하고, 산탄데르는 가지고 있던 소시에테 제네랄 지분을 7퍼센트로 올리는 것으로 서로 지분을 교환해 제휴 관계를 공고히 하기로 결정했다. 두 은행은 자산 관리, 특화된 금융 서비스, 도매 금융과 투자 금융, 소매 금융, 인터넷 뱅킹과 중개업의 5가지 영역에서 서로 협력하기로 공식적인 합의를 봤다. 그리고 두 은행이 어떤 형태든 합작 투자를 하면 모기업이 되는 두 은행이 소유권을 50대 50으로 보유하기로 합의했다(하지만 합작 투자해서 설립한 사업은 아무것도 없다). 당시 두 은행은 이런 합의를 '동등한 양자 사이의 전략적 제휴 관계'로 봤다. 제휴를 알리는 기자 회견에서 에밀리오 보틴 3세는 "동등한 양자가 국제 합병을 할 경우 주주에게 돌아가는 이점이 없다고 생각합니다"[7]라고 말하며 다시 한 번 그 점을 확실히 했다.

이 제휴는 근본적으로 성공하지 못한 것으로 보인다. 처음에는 소시에테 제네랄의 아시아에서의 강세와 산탄데르의 라틴아메리카에서의 강점을 합쳐보려 했지만, 결국 아무 것도 얻어내지 못했다. 2001년 산탄데르의 소시에테 제네랄 지분은 7퍼센트에 도달하기는커녕 1.5퍼센트로 떨어졌다. 2002년 산탄데르는 이 지분도 팔아치웠다. 소시에테 제네랄은 2004년까지 산탄데르의 지분 2.7퍼센트를 보유했다.

6 _ 금융에서는 왜 제휴를 하는가?

새로운 시장에 진출하고, 새로운 기술을 개발하거나 비용을 절감하는 여러 가지 방법 중에서 가장 많이 사용되는 것이 기업 간 제휴를 맺는 일이다. 조직 구조에서 배울 점, 거래 비용 절감, 전략적 동기부여와 같은 관점에서 제휴를 살펴볼 수 있는데(Kogut 1988), 이 3가지 모두 금융계 제휴를 분석하는데 도움이 된다.

먼저, '조직 구조에서 배울 점(organizational learning)'은 일정한 통찰력을 부여해준다. 산탄데르는 제휴를 통해 시장에 대한 지식을 습득했다. 대부분 보험과 같은 상품 시장에 대한 것이었고, 이를 통해 어느 정도는 지형적 의미의 시장에 대한 것도 배웠다. 이 접근법은 기업이 새로운 영역을 개척할 역량을 보충하기 위해 조직 구조에 융통성을 발휘하는 것을 제휴로 본 모디(Mody, 1993)의 관점과 유사하다. '조직 구조에서 배울 점'에서 가장 중요한 형태는 그 다음 단계를 위한 기반을 준비하는 것과 관련이 있으며, 이는 요한슨과 발네(Johanson and Vahlne 1977)가 만든 모델을 따른다. 이 모델은 국제화를 증가하는 습득 양식에 기초한 연속적 단계로 본다. 이 모델에 의하면 제휴를 통해 모회사는 다른 영역을 한 번 실험해볼 수도 있겠지만, 일단 실험이 끝나면 궁극적으로 제휴는 그다지 중요하지 않게 돼버린다. 모디(1993, 162)는 제휴에서 얻을 수 있는 이점은 또 다른 제휴 관계를 관리하는 능력을 키워주는 것이라고 지적했다. 하지만 산탄데르가 초기에 맺었던 관계인 RBS와의 제휴가 가장 견고했고, 또 결실을 맺은 것을 보면 이 점에 대해 산탄데르는 그다지 얻은 것이 없어 보인다. 다음에 계속된 제휴는 거의 모두 단명했고, 그다지 생산적이지도 못했기 때문이다.

'거래 비용 절감(transactions costs)'은 제휴를 맺기로 한 결정과 파트너 선정에 대해서는 이야기할 것이 거의 없지만 제휴 관계로 인한 결과를 설명하는 데는 도움이 된다. 산탄데르가 맺은 제휴 관계 중 몇 가지는 헤나트(Hennart 1988)가 정의한 규모 합작 투자였다. 규모 합작 투자는 개별성이 야기하는 문제를 해결한다. 규모의 경제가 몇 개 있을 경우 해당 자산의 소유권을 공동으로 하는 것이 개별 소유할 때보다 더욱 효율적일 수 있다. 몇몇 합작 투자는 파트너들이 서로 간의 상호작용을 촉진시키기 위해 만든 연결 합작 투자이기도 했다. 인터－뱅크 온라인 시스템(IBOS) 합작 투자는 규모와 연결의 두 가지 요소 모두를 가지고 있었다. '거래 비용 절감'은 산탄데르와 다른 은행이 왜 제휴를 맺었는지를 설명하는데 도움을 준다. 몇몇 경우에는 제휴로 인해 파트너들이 해외에 있는 자사 고객들과 계속해서 관계를 맺을 수 있었다. 그 관계는 회사마다 모두 다르며, 범위의 경제의 기초를 제공했다. 일단 한 회사가 국내 고객과 관계를 맺고 나면 그 관계를 해외에 있는 고객까지 확장할 수 있었다. 이런 관계는 빌려줄 수 없으며, 또 어떤 회사든지 자사의 고객을 다른 잠재적 경쟁자에게 소개하길 원하지 않을 것이다. 하지만 회사가 고객에게 서비스를 제공할 수 있는 방법이 규모와 비용, 또는 규제 때문에 불가능한 환경에서는 제휴를 맺은 파트너의 서비스를 고객에게 제공하는 것이 대안이 될 수도 있다.

마지막으로, '전략적 동기부여(strategic motivations)'는 파트너 선정에 대한 것을 포함하고 있으므로 산탄데르의 금융 제휴 관계를 이해하는데 가장 도움이 될 것 같다. 모디(1993, 163)가 제시한 바와 같이 '합병 비용이 더 클 경우 제휴를 할 가능성이 높아진다.' 제휴나 클럽, 합작 투자, 컨소시엄이 합병의 대안이다. 국제 합병에 따르는 규제와 세금, 법적 장애물은 사실상 합병 비용을 무한대로 끌어올리며, 그것이 제휴를 맺을 가능성을 높여준다. 프랑스 은행의 경험을 보며 마리오스와 압데세메드(Marios and Abdessemed 1996)는 '한 기업이 자국에서의 경쟁은 삼가고 다른 곳에서는 협력'하는 것이 제휴 관계의 중요 요소라고 지적한다. 서로 조심하고 협력함으로써 상호 보호 협약이 강화되며, 이를 맺은 파트너끼리는 서로를 지원하고 적대적인 인수를 막아주며, 서로 간의 적대적인 인수 작업은 하지 않기로 서약한다. 나카무라 (Nakamura 1996) 등은 합작 투자가 안정적이려면 모기업이 조직 구성을 보충하는데 특별한 기술이 있어야 한다고 주장했다. 대형 상업 은행 사이에는 상품과 기술 영역의 발달에 있어 차이점은 잘 일어나지 않는다. 산탄데르의 제휴 관계는 대부분 지역적 특성을 고려했었고, 애비 내셔널 인수 건이 시사하듯 그 토대가 약화되자 더 이상은 관계를 지속하지 않았다.

제휴를 견고하게 만드는 일반적인 방법은 파트너 간에 주식을 교환해서 보유하는 것이다. 페로티(Perotti 1992)는 주식 지분을 교환하기로 한 결정을 '인질 교환(hostage exchange)'이라고 불렀다. 페로티의 모델에서 파트너들은 서로를 장악하거나 통제할 수 있을 정도로 주식을 교환한다. 그러면 각 회사는 향후 충분히 협력하겠다는 상당히 믿을 만한 서약을 하게 된다. 평형 상태에서는 벌칙 같은 것이 필요 없다. 하지만 이 모델로는 산탄데르의 제휴 관계를 설명하지 못한다. 산탄데르의 제휴는 파트너 사이에 상대방의 동의 없이는 상대방의 지분을 사서 늘릴 수 없다. 그것보다는 지분을 맞교환해 보유하는 것이 서약을 의미한다. 양측이 자본의 형태로 실제 재원을 할당했지만 상호 의존 관계로 인해 순비용은 줄어들었다. 더욱 중요한 것은 서로 이사회에 대표를 파견해 파트너가 전략적 결정을 내릴 때 투명성을 보장하는 토대를 마련했다는 점이다. 이런 구조는 단순히 인질을 교환하는 것이 아닌 대사를 교환하는 것이다.

7 _ 제휴의 가치

전체적으로 살펴봤을 때 산탄데르는 수많은 제휴 관계에서 재정적으로 손해를 보지 않은 것 같다. 대부분의 관계가 단명하기도 했지만, 여전히 자본 이득을 만들어냈다. 이는 에밀리오 보틴이 투자에 식견이 있음을 시사하는 부분이다. 제휴 관계가 끝났을 때도 기존에 형성되었던 관계나 접촉 덕분에 나중 거래가 원활해지는 효과를 가져왔다. 다른 쪽과 거래할 수도 있었지만 그렇게 하지 않고 과거의 제휴 파트너를 선택한 경우는 셀 수 없이 많다. 하지만 산탄데르가 보험과 같이 새로운 금융 분야에 거점을 마련하고자 맺은 제휴 관계는—현재 거의 모두 철수한 것으로 미루어볼 때—성공적이지 못했던 것 같다.

산탄데르가 인수에 대항해 싸울 동지를 얻는다는 견지에서 제휴 관계를 맺었다면 산탄데르는 보호를 받는 입장이기보다는 주로 보호하는 입장이었다고 보는 것이 타당하다. 그것은 제휴 파트너가 인수를 당하는 쪽이 아닌 인수하는 쪽일 때도 마찬가지다. RBS가 스코틀랜드 은행과 내셔널 웨스트민스터를 두고 전투를 벌일 때 산탄데르는 상호 지원이라는 의미에서 RBS를 도왔다. 하지만 정작 산탄데르가 스페인에서 BCH를, 영국에서 애비 내셔널을 인수할 때는 RBS의 도움을 그다지 필요로 하지 않았다.

RBS와의 제휴 관계는 도즈(Doz, 1996)의 습득과 재평가, 그리고 재조정 주기 모델을 따르는 것 같다. 학습은 제휴 관계를 긍정적으로 평가하는 두 파트너의 태도를 강화했고, 이로 인해 양측은 그 범위를 더욱 확장하며 강한 서약을 하게 됐다. 산탄데르가 맺은 제휴 관계의 성공을 가능케 한 견고함과 깊이의 열쇠는 많은 부분이 최고 경영진의 사적 친화력 덕분이었다. 산탄데르의 고위 중역들은 처음 만날 때 생기게 마련인 계산적인 상황을 극복하고 두 기업 간에 신뢰를 구축해 다양한 단계와 영역에서 함께 일할 수 있게 하는 능력을 갖추고 있었다. RBS와의 제휴의 가치와 기여를 평가하며 에밀리오 보틴 3세는 다음과 같이 말했다. "이 관계의 중요성에는 과대평가라는 게 있을 수 없습니다. 우리는 만날 때마다 서로를 위해 도전하고 아이디어를 나누고 도움이 필요할 땐 지원을 합니다. 분석가들은 그런 관계를 절대 이해하지 못하지요."[8]

제7장

다시 **유럽**으로

일단 라틴아메리카로 팽창해 나가고 퍼스트 유니언에서 빠져나오자 산탄데르 은행은 유럽 경제와 통화 연합이라는 도전과 기회에 '직면' 하게 됐다고 에밀리오 보틴 회장은 표현한다. "산탄데르 금융 그룹의 자본 토대를 강화하는 것이 유로에 대한 우리의 전략적 위치잡기의 기본 방침입니다"라고 그는 말했다.

〈엘 파이스〉 1997년 9월 20일[1]

1986년 스페인은 유럽 경제 공동체에 가입했고, 그 해 유럽 통합법(Single European Act)이 채택되어 시장 통합과 자유화가 1993년 1월 1일부터 발효되게 되었다. 이 사건은 스페인의 대기업, 특히 은행의 향후 전망에 대한 무수한 추측을 만들어냈다. 제5장에서 이미 밝힌 바와 같이 스페인 기업들은 라틴아메리카로 뻗어나가 몸집을 불리고, 원하지 않는 인수를 피하는 식으로 대응했다. 1990년대 중반까지 단일 통화 탄생의 추진력에 가속도가 붙었고, 1996년에는 보수당의 호세 마리아 아스나르(José María Aznar)가 투표에서 사회민주당의 펠리페 곤살레스

(Felipe González)를 물리쳤다. 아스나르 총리는 규제완화와 민영화, 회계 훈련과 같이 야심찬 프로그램을 시작했고, 이는 스페인이 유럽 통화제도(1999년 1월 1일부터 발효됐다) 설립 회원국의 일원이 된 1998년 정점에 달했다. 산탄데르를 포함한 스페인의 대기업들은 페세타화의 종말로 많은 이득을 봤다. 몇 달 만에 이자율은 독일 수준보다 훨씬 아래로 집중되었고, 스페인 기업과 소비자들은 예전에는 꿈도 못 꾸던 이자율로 돈을 빌릴 수 있었다.

산탄데르의 유럽 팽창은 실은 라틴아메리카로의 진출보다 선행되었지만 오랜 세월에 걸쳐 상당히 신중하게 이루어졌다. 첫 번째 단계에서는 먼저 유럽 대륙의 소비자 금융 쪽으로 시험 삼아 진출했었고, 두 번째는 포르투갈의 소매 금융 분야로 나갔다. 가치는 있었지만 두 가지 경우 모두 점증적인 국제 성장을 의미하는 정도였다. 그리고 제휴 관계로 인해 산탄데르가 유럽의 어떤 특정 지역으로 침투하는데 성공하도록 도움이 된 부분도 그리 많지 않았다. 에밀리오 보틴이 대담하고도 선구적인 지도력을 다시 한 번 보여주는 것이 유럽에 어떤 영향력을 미치는데 필요한 요소였고, 산탄데르가 영국에서 애비 내셔널을 인수할 때 나타났다. 이 인수 작업은 당시로서는 세계 최대의 국제 인수 사례였다.

애비 내셔널 인수 작업은 보틴 혹은 산탄데르의 이전 행보와 비교해도 아주 대담한 조치였다. 바네스토 인수로 산탄데르는 라틴아메리카에서 영업하는 데 있어 어쩔 수 없이 생겨날 수밖에 없는 위험을 감수할 수 있을 정도의 규모를 갖추게 되었다. 라틴아메리카에서의 높아진 위상을 발판삼아 BCH를 인수할 정도의 규모로 산탄데르는 다시 한 번 성장했다. 그리고 BCH 인수로 산탄데르는 애비 내셔널을 얻을 정도로 몸집을 키울 수 있었을 뿐 아니라 대형 합병에 대해 많은 것을 얻었다. 또 산탄데르는 RBS와의 제휴로 영국 시장에 대해 배우기도 했다.

1 _ 대표사무소와 지점, 그리고 소비자 금융

초기에 산탄데르가 유럽 시장으로 팽창해 나갈 때 취했던 방법은 대표 사무소와 지점 연결망을 형성하는 것이었다. 산탄데르는 1955년 런던에 대표사무소를 열었고, 나중에 지점으로 승격시켰다. 그리고 15년 후인 1970년, 프랑크푸르트에 대표사무소를 개설했고, 1973년에 지점으로 전환시켰다. 프랑스에는 지점이 아주 적었다. 그 중 하나가 1972년 파리에 개설한 지점으로, 이는 1969년에 설립한 대표사무소를 승격시킨 것이다. 산탄데르가 특별히 프랑스를 목표로 삼은 것은 아니었는데 그 이유는 아마도 다른 몇몇 스페인 은행, 대표적인 예로 BBV가 이미 그 곳에서 프랑스에 거주하는 스페인 사람들은 물론 스페인과 연계된 사업을 하는 개인이나 기업을 목표로 영업을 하고 있었기 때문이다. 빌바오 은행이 스페인 은행으로는 최초로 1902년 파리에 지점을 열었다. 그리고 1930년대 말, 비스카야 은행(Banco de Vizcaya)이 방크 프랑세즈에 에스파뇰(Banque Française et Espagnole)을 설립하는데 참여했다. 포풀라 에스파뇰 은행(Banco Popular Español)은 1968년 파리에 대표사무소를 개설했고, 곧바로 지점으로 승격시켰다. 이후 파리 부근과 프랑스 다른 지역에 지점이 14개로 늘어났다. 1991년 포풀라는 이 연결망을 BCP(Banco Comercial Português)와 통합해 포풀라 코메르시알 은행이라는 이름의 합작 투자 자회사로 만들었다. 이 제휴 관계는 2001년 끝나고, 포퓰라가 새로운 포퓰라 프랑스 은행의 전권을 책임지게 된다. 센트럴 히스파노 은행(Banco Central Hispano)은 지점이 10개 있었지만 산탄데르와의 합병에 앞서 하나로(파리) 줄였다.

산탄데르도 브뤼셀(1970년부터), 빈(1971 – 1985), 제네바(1970년부터)에 대표사무소가 있었고, 1970년대엔 제네바에 금융 지부를 두기도 했었다. 하지만 프랑크푸르트와 파리의 지점을 포함해 이 모든 사무소는 거의 모두 국제 금융 업무를 담당했을 뿐 소매 금융을 취급하지는 않았다. 산탄데르는 자국 스페인 고객의 필요에 부응해 유럽에 영업점을 세웠다.

산탄데르가 1987년 뱅크 오브 아메리카로부터 독일에서 31개 지점과 함께 CC 은행(Bankhaus Centrale Credit)을 인수한 것이 오늘날 규모가 크고 수익성이 좋은 소비자 금융 영업에 첫 발을 내디딘 것이었다. 당시 뱅크 오브 아메리카는 자국에서 재정상의 어려움을 겪고 있어 구조조정을 하면서 해외 영업점을 줄이고 있는 상황이었다. CC 은행은 소비자 신용, 특히 자동차 부분을 주로 다루고 있었다. 거래의 일부로 산탄데르는 당시 독일에는 단 하나뿐이었던 뱅크 오브 아메리카의 비자 카드(Visa card) 프랜차이즈도 함께 인수했다. 판매 시점 소비자 신용은 여러 가지 면에서 매력적인 사업이었다. 그 이유를 살펴보면 첫째, 실제 영업점을 그리 많이 둘 필요가 없고, 자동차 구매에 신용 대출을 해줄 경우 자동차 판매상들이 직접 이 상품을 팔았다. 둘째, 인수 작업이 규제상의 문제를 야기하는 일반 상업 은행 인수와 달랐다. 마지막으로, 월터(Walter 1997)가 지적했듯이 유럽의 상업 금융은 과잉으로 인해 피해를 보고 있었으므로 유기적 성장을 통해 확장해 나가기에는 어려움이 있었다. 따라서 어떤 면에서는 원래 기업 전략과는 다르지만 소비자 금융 분야는 산탄데르가 유럽으로 뻗어나가는데 용이한 방법이었고, 시장에 대해 배울 수 있는 기회도 있었다.

인수나 구조 조정 또는 처분이 상대적으로 유럽 시장에 접근하기 좋은 기회였다는 것은 전혀 놀라운 일이 아니다. 1988년 산탄데르는 파리바의 자회사인 크레디 뒤 노르(Credit du Nord)의 벨기에 자회사 크레디 뒤 노르 벨지(Credit du Nord Belge)를 인수해 CC 방크 벨지크(CC Banque Belgique)라고 명명했다. 이로 인해 산탄데르는 22개 지점으로 구축된 연결망을 얻었다. 하지만 이 인수 건은 소비자 금융이라기보다는 상업 금융과 관계가 있었다. 산탄데르는 RBS와 제휴를 맺고 독일과 벨기에에 있는 투자 건의 지분 50퍼센트를 RBS에 팔았다. 하지만 벨기에 제휴 관계는 그리 오래 가지 못했다. 1992년 산탄데르는 방코 드 코메르시오 에 인두스트리아 데 포르투갈(Banco de Comercio e Industria de Portugal)의 지분을 RBS가 소유한 CC 방크 벨지크 지분과 교환했다. 그 다음에 산탄데르는 벨기에 영업을 처분해 크레디트방크(Kreditbank), 크레디트 제네랄(Credit Generale), 게스방크(Gesbank)로 옮겼다. 그리고 1994년 은행 허가를 포기했다. 1996년 산탄데르가 CC 은행(CC Bank)과 CC 리싱(CC Leasing)을 소유한 CC 지주회사(CC Holdings)의 지분 50퍼센트를 인수했을 때 RBS는 CC 은행을 포기했다. 1999년 산탄데르는 BCH와 합병하면서 다시 벨기에로 돌아왔다. 기업 금융을 주종으로 하는 BCH의 자회사인 BCH 베네룩스(BCH Benelux)가 벨기에에 있었기 때문이다. 산탄데르는 이 회사를 살려뒀고, 지금은 산탄데르 베네룩스로 영업을 하고 있다.

산탄데르의 독일에서 주요 행보는 1995년 산탄데르 디레크트(Santander Direkt)를 설립했을 때를 꼽을 수 있다. 이는 산탄데르가 소비 자층이 겹쳐지는 것이 없고, 교차 판매를 할 필요가 없는 소비자 중심 사업 3가지인 CC 은행과 비자카드 사업, 그리고 산탄데르 디레크트를 독일에서 운영하게 되었음을 의미한다. 1997년 CC 은행은 부다페스트에 CC 크레디트를, 체코 공화국에 CCB 리싱(CCB Leasing)을 열었다(2003년 CCB 리싱은 CCB 크레디트와 합병해 CCB 파이낸스를 만들었고, 후에 산탄데르 컨슈머 파이낸스[Santander Consumer Finance]로 이름을 바꿨다).

또 1997년 CCB 뱅크와 상파울루 IMI는 이탈리아에서 핀콘수모 은행(Finconsumo Banca) 지분을 과거 소유자인 이탈리아 은행들—1988년 이 은행을 세워 자동차 구매자들에게 대출해주고 있었다—에게서 각각 50퍼센트씩 매수했다. 1993년 상파울루 IMI는 자사의 소비자 금융 영업 활동을 핀콘수모로 이전해주는 대가로 지분 13퍼센트를 얻었고, 이를 1997년 50퍼센트까지 증가시켰다. 그와 동시에 상파울루 IMI는 산탄데르로부터 올펀드 은행(Allfunds Bank)의 지분 50퍼센트를 인수했고, 이로 인해 스페인 국내 은행들은 외국 뮤추얼 펀드를 기관 투자가들에게 직접 판매할 수 있게 됐다(올펀드는 자산 관리 플랫폼으로, 이 거래에는 상파울루 IMI가 이탈리아에서 올펀드를 사용할 수 있는 권리를 포함하고 있었다). 2006년 산탄데르는 핀콘수모를 산탄데르 컨슈머 은행(Santander Consumer Bank)으로 바꿨다.

2000년 산탄데르는 CC 은행을 코메르츠방크에 매각하려 했지만 두 은행은 가격의 합의점을 찾지 못했다. CC 은행을 팔 수 없게 되자, 산탄데르는 이를 소비자 금융에 박차를 가할 토대로 만들기로 했다. 소비자 신용은 수익성이 좋은 틈새 사업이었지만 확실히 은행의 세계화 전략에 맞는 것은 아니었다. 해결책은 이를 전략의 한 부분으로 편입시키는 것이었다. CC 은행은 오스트리아, 체코, 헝가리, 이탈리아, 폴란드, 노르웨이에 자회사를 설립하거나 인수를 하고자 했다. 이를 위한 첫 번째 단계로 2001년 중반 CC 은행은 독일 지주회사 빌 베르한(Wilh Werhahn) 산하의 AKB 은행과 협력 관계를 맺었다. 원조 베르한은 150년이나 된 가족 주도 기업으로 건축 자재와 제조업, 금융 서비스에 투자하는 기업이었다. 이 합의에는 산탄데르가 나중에 11억 유로에 AKB 은행을 인수하고, AKB 은행과 CC 은행이 서로 이사회 임원을 교환하는 조건이 들어 있었다. AKB 은행은 자산이 51억 독일 마르크(21억 9천만 달러)로 자동차 판매상과 구매자들에게 대출 서비스를 하는 독립 금융업체로는 최대 규모였고, CC 은행보다 규모가 컸다. 그러고 나서 2002년 초 산탄데르는 새로운 주식을 발행해 AKB 은행 인수 자금으로 썼다. AKB 은행과 CC 은행으로 인해 산탄데르는 독일 자동차 구매 대출 분야에서 독립 대출업체 부문의 70퍼센트, 전체 시장 점유율의 13퍼센트를 차지하게 됐다. 이 분야는 CC 은행이 폴크스바겐 은행(Volkswagen Bank)에 이어 2위를 달리고 있던 시장이었다.

유럽 연합이 동쪽으로 팽창해나갈 것을 예상하고 2003년 말 산탄데르는 폴란드에서 뱅크 오브 아메리카의 은행 면허를 매입했고, 이 은행을 CC 뱅크 폴스카(CC Bank Polska)로 만들었다. 그리고 고르노슬라스키 뱅크 고스포다르크지(Gornoslaski Bank Gospodarczy)를 인수하려 협상을 시도했지만 실패하고 말았다. 산탄데르는 또 상파울루 IMI가 보유한 핀코수모 지분의 50퍼센트를 매입해서 완전히 소유하게 됐다. 그와 동시에 RBS에 산탄데르 디레크트의 신용 카드와 개인 대출 포트폴리오를 4억 8,600만 유로에 팔았다. 현재 독일의 신용 카드 사업체 3위인 RBS의 직접 소매 부문은 50만 계좌를 보유하고 있다. 이로 인해 RBS는 독일의 소비자 금융 시장에서 그 위상이 상당히 강화됐다. 그러는 동안 산탄데르는 자동차 대출 금융 사업에 매진할 수 있었다.

2004년 초, 산탄데르는 BCP(Banco Comercial Portugues)가 통제하는 밀레니엄 은행(Bank Millennium)으로부터 폴란드 최대의 자동차 대출 금융 회사인 PTF(Polskie Towarzystwo Finansowe)를 인수했다. PTF는 폴란드에서 4번째로 큰 신용중개회사로 4억 6,900만 유로의 포트폴리오를 갖추고 있었다. 하지만 더 중요한 것은 이 기업이 자동차 대출 시장의 선도자라는 사실이었다. 산탄데르는 PTF를 자사의 CC 뱅크 폴스카와 합병해 PTF 은행을 만들었다.

한 달 후, 산탄데르는 4억 유로를 주고 노르웨이의 디엔비 노르(DnB Nor)의 소비자 금융 부분인 엘콘 파이낸스(Elcon Finans)를 인수했다. 그러고 나서 나중에 엘콘의 임대와 수금 대리업 사업을 소시에테 제네랄에 1억 6천만 유로에 팔고, 계속해서 소비자 금융에 집중했다. 그 해 말, 산탄데르는 독일 소매 은행이자 보험 그룹인 SNS Reall에 속한 자동차 금융 회사인 압핀(Abfin)을 2,200만 유로에 인수했다. 2005년에는 5,400만 유로를 주고 소매 금융을 주종으로 하는 노르웨이 방키아 은행(Bankia Bank)—2001년 설립된 신생 은행이다—을 인수했다. 그리고 엘콘과 방키아를 통합해 새로 산탄데르 컨슈머 뱅크(Santander Consumer Bank)를 세웠고, 자동차 금융 시장 점유율의 30퍼센트를 차지했다. 산탄데르는 2004년 이후로 스웨덴 프라구스 그룹(Fragus Group) 산하의 프라구스 워런티(Fragus Warranty)와 협력하고 있다. 현재 산탄데르는 노르웨이 프라구스 워런티를 통해 중고차 금융 시장을 공략하고 있다.

산탄데르는 영국에 산탄데르 컨슈머 파이낸스 UK를 세웠고, 역시 자동차 대출 금융―5년 내에 시장 선도자가 된다는 계획을 세운 새로운 사업이다―에 초점을 맞췄다. 하지만 목표 달성을 위해서는 추가적으로 다른 회사를 인수해야 할 것 같다.

최근 산탄데르는 포르투갈의 자동차 총판점인 SAG(Solucoes Automovel Globais)와 제휴를 맺었다. 2006년 1월 소비자 금융과 자동차 금융을 하는 포르투갈 회사인 인터방코(Interbanco) 지분의 50퍼센트를 보유한 SAG가 옵션을 행사해 BCP 지분의 50퍼센트를 샀다. 그러고는 그 지분을 BCP에 지불한 것과 똑같은 가격인 1억 1,800만 유로에 산탄데르에 팔았다. 그 후 산탄데르가 포르투갈의 소비자 금융 사업을 인터방코에 넘겼고, 대신 산탄데르의 인터방코 지분율을 60퍼센트로 올렸다. 인터방코는 현재 포르투갈 자동차 금융 시장의 15퍼센트를 차지하고 있는 시장 선도자다. 그리고 산탄데르와 SAG는 60대 40의 합작 투자로 자동차 대여 사업체를 세웠다. 이탈리아에서 산탄데르는 유니핀 지분의 70퍼센트를 4,300만 유로에 인수했다. 그러면서 3년 내에 나머지 지분 30퍼센트를 산다는 옵션을 뒀다. 유니핀은 고객의 급여를 담보로 하는 대출 금융 시장에서 점유율 7퍼센트를 차지하고 있다.

산탄데르의 가장 최근의 소비자 금융 부문 인수는 러시아에서 있었다. 모스크바와 상트페테르부르크 지역에서 자동차 구매 금융 사업을

<표 7.1> 비즈니스 단위당 산탄데르의 운영 실적(2005, 2006)

비즈니스 단위	운영 비율(%)	사업장 수입 (단위: 100만 유로)	성장 (전년 동월 대비, 퍼센트)	효율성[a] (전년 동월 대비, 퍼센트)
2005				
소비자 금융	9	487	46.3	34.3
포르투갈	6	345	35.7	49.4
애비 내셔널	14	811	n.a.	62.2
산탄데르 네트워크[b]	23	1,285	44.1	44.0
바네스토	9	498	24.1	48.2
라틴 아메리카	32	1,776	20.8	52.8
2006				
소비자 금융	9	565	16.0	34.6
포르투갈	6	423	22.6	47.3
애비 내셔널	15	1,003	23.7	55.1
산탄데르 네트워크[b]	23	1,505	17.1	41.0
바네스토	9	585	17.5	45.3
라틴 아메리카	35	2,287	28.8	47.0

Sources: Santanderís 2005 and 2006 annual reports.
[a]Without amortization.
[b]Retail banking in Spain.

하는 작은 회사인 엑스트로방크(Extrobank)를 완전히 인수하기 위해 산탄데르는 약 4천만 유로를 지불했다.

산탄데르는 현재 포르투갈에서 폴란드, 그리고 이탈리아에서 노르웨이에 이르는 유럽 전역에서 소비자 금융 부분에서 상위 5위 안에 든다. 산탄데르의 주요 경쟁자는 BNP 파리바의 자회사인 세텔렘(Cetelem), 시티 그룹, GE 컨슈머 파이낸스(GE Consumer Finance), 크레디 아그리콜 산하의 소핀코(Sofinco)이다. 이 중 최대 경쟁사는 자산 600억 유로에 24개국에서 영업하고 있는 GE 컨슈머 파이낸스다. 산탄데르 컨슈머 파이낸스(Santander Consumer Finance)는 자산 360억 유로에 12개국에서 영업을 하고 있다. 2006년 산탄데르는 HBOS로부터 텍사스에 기반을 둔 드라이브 파이낸셜 서비스(Drive Financial Service)를 인수했다. 드라이브 파이낸셜도 자동차 금융을 주종으로 하는데, 자동차 판매상으로부터 위험도가 높은 소비자 계약을 산다. 드라이브 파이낸셜 인수로 산탄데르 컨슈머 파이낸스는 미국으로 진출하게 됐다.

산탄데르 컨슈머 파이낸스는 독립 기업이다. 산탄데르가 지분을 완전히 소유한 자회사로 세웠는데, 이 자회사가 산탄데르 컨슈머 파이낸스가 진출해 있는 나라의 사업을 소유하고 있으며, 산탄데르 컨슈머 파이낸스의 이름으로 그 사업에 자금을 조달한다. 그리고 영업은 모두 산탄데르 컨슈머 파이낸스라는 이름 아래 동일한 브랜드로 이루어진다. 궁극적으로 산탄데르 컨슈머 파이낸스는 산탄데르가 마음만 먹으면 하나의 독립된 단위로 팔 수 있는 사업체가 될 것이다. 한편 산탄데르 컨슈머 파이낸스는 꾸준한 수익을 내고 있다(그룹 전체 수익의 9퍼센트 : 도표 7.1 참조).

2 _ 포르투갈 : 첫 번째 유럽 소매 영업점 만들기

포르투갈과 스페인은 국경을 맞대고 있는 이웃 나라이긴 하지만 1986년 양국이 EU 회원국이 되기 전까지는 경제 교류가 그다지 많지 않았다. 포르투갈의 금융 분야는 구조라든가 소유권에서도 다른 점이 아주 많았다(Nunes 등 2002). 포르투갈 혁명 정부는 1975년 집권하자마자 자국 은행을 국유화했지만 4개 외국 은행(이 중 스페인 은행은 하나도 없었다)은 계속해서 영업을 허용했다. 1980년대 중반, 포르투갈 정부는 상업 금융과 보험 부문을 민간에 다시 개방해 정부 소유의 은행을 보완했다. 이로 인해 4개 상업 은행—BCI(Banco de Comercio e Industria), Banco Internacional de Credito, Banco Portugues de Investimento, BCP(Banco Comercial Portugues)—이 생겨났다. BCP는 포르투갈의 선도 은행이자 가장 빨리 성장한 민영 상업 은행으로 상당히 빠른 시간 내에 그 입지를 세웠다. 포르투갈 정부는 또 스페인 은행에게는 아니지만 외국 은행도 지점을 세울 수 있도록 허가했다. 1988년 지점 설립 허가를 받은 첫 번째 스페인 은행은 상대적으로 작은 엑스테리어 은행이었다.

산탄데르는 1988년 처음으로 포르투갈에 투자를 했다. 오포르토 (Oporto)에 기반을 둔 BCI의 지분 10퍼센트를 사는 것을 시작으로 포르투갈 정부가 규제를 완화하자 지분을 점점 더 늘려나갔다. 1990년까지 산탄데르는 BCI의 지분을 26퍼센트까지 늘렸다. 반면 RBS는 17퍼센트, 메트라이프가 5퍼센트를 보유하고 있어 산탄데르가 효과적으로 통제할 수 있었다. 다음 해 BCI는 리스본 지역에서의 영업이 성장하자 지점을 25개에서 82개로 늘렸다. 1993년까지 산탄데르는 직접 소유권을 78퍼센트까지 증가시켰고, 이에 대조적으로 RBS는 지분이 13퍼센트로 떨어졌다. 같은 해 산탄데르는 투자 은행인 BSNP(Banco Santander de Negocios Portugal)를 세웠다(1998년 산탄데르는 BCI의 이름을 Banco Santander Portugal 또는 BSP로 바꿨다).

바네스토는 더욱 공격적이었다. 포르투갈 정부는 1989년부터 일련의 트랑슈(국제통화기금 가맹국이 출자한 금액 중 국제 수지가 악화되었을 경우에 기금으로부터 간단히 융자를 받을 수 있는 부분: 역자 주) 조치로 13퍼센트만 보유하고 토타 이 아소레스 은행(Banco Totta e Açores)을 민영화하기 시작했다. 마리오 콘데가 회장으로 있던 바네스토는 법적으로 인수 가능한 직접 지분율 25퍼센트를 인수했다. 하지만 콘데는 자신의 변호사인 마리아노 고메스 데 리아노(Mariano Gomez de Liano)의 포르투갈 파트너인 카를로스 메네지스 팔카오(Carlos Menezes Falcao)가 통제할 수 있는 회사를 통해 25퍼센트를 더 인수했다. 콘데의 계획은 최초로 이베리아 지역 전체를 아우르는 금융 그룹을 만드는 것이었다.

포르투갈 정부는 토타의 통제권을 포르투갈 인에게 돌려주고 싶었고, 의회는 포괄적인 청문회를 열어 콘데가 간접적으로 얻은 25퍼센트의 지분이 적법한지를 심사했다. 포르투갈 정부가 콘데가 소유권을 가지는 것을 수치스럽게 받아들인 데는 두 가지 이유가 있었다. 첫째, 바네스토가 포르투갈의 법을 교묘하게 피해나갔고, 둘째, 콘데는 스페인에서 문제가 있었기 때문이었다(제4장 참조).

1995년 당시 산탄데르가 보유하고 있던 바네스토는 토타의 직접 지분 25퍼센트와 나머지 25퍼센트의 간접 지분 모두를 포르투갈 제일의 부호인 안토니우 데 솜메르 샴팔리마우드(Antonio de Sommer Champalimaud)에게 팔았다. 1974년 살라자르(Salazar)의 독재를 전복시켰던 포르투갈 정부는 1975년 샴팔리마우드의 금융(BPSM - Banco Pinto e Sotto Mayor)과 산업체(무엇보다도 철강, 시멘트) 제국을 국유화시켰다. 샴팔리마우드는 브라질로 돌아가 새로운 시멘트 사업에 주력하며 다시 한 번 거대한 복합 기업을 만들었다. 토타의 지분 50퍼센트를 인수하기 직전에 샴팔리마우드는 BPSM의 지분 80퍼센트를 다시 인수했다.

BBV도 1991년 로이드 은행의 소매 금융망을 인수하며 일찌감치 포르투갈에 진출했다. 그리고 2000년 BBVA는 크레디 리요네의 소매 금융 주식을 인수함으로써, 1984년 이전에 포르투갈에 들어와 있던 해외 은행 중 두 개를 합병했다.[2] BBV는 같은 해 아르헨타리아와의 합병으로 엑스테리어 은행이 포르투갈에 세운 지점 금융망을 손에 넣게 됐다. 엑스테리어 은행은 포르투갈에 18개 지점을 보유하고 있었는데, 1994년 30개를 더 열었다. 이는 엑스테리어가 자회사인 시메온 은행(Banco Simeon)을 60개 지점과 함께 포르투갈 최대의 국영 저축은행인 CGD(Caixa Geral de Depositos)에 매각한 대가로 얻은 것이었다. 이미 서부 스페인에 기반을 둔 엑스트레마두라 은행(Banco de Extremadura)을 소유하고 있었던 CGD는 포르투갈과 인접해 있는 스페인 지역에서 영업을 하고 싶었다. 그리고 시메온은 스페인 북서부의 갈리시아 지방에서 활발하게 사업을 벌이고 있었다.

센트랄 히스파노 은행도 1993년 BCP(Banco Comercial Portugues)와 제휴를 맺어 지분을 10퍼센트 추가로 확보하면서 곧바로 소유 지분이 20퍼센트로 올라갔다. 동시에 센트랄 히스파노는 고수익 고객을 목표로 하는 프라이빗 뱅킹에 주력하는 자회사 바니프 데 제스티언 프리바다 은행(Banco Banif de Gestion Privada)의 지분 50퍼센트를 BCP에 팔았다. 또 작은 투자 은행인 BCH – 포르투갈도 팔았고, 포르투갈에서 BCP와 경쟁하지 않는 대신 BCP는 스페인에서 센트랄 히스파노와 경쟁하지 않기로 합의했다. 1995년 BCP와 BCH는 바니프의 이름을 바니프 방케로스 페르소날레스(Banif Banqueros Personales)로 바꿨다. 바니프는 지점을 고급 건물에 입주시키고 하루 24시간, 365일 내내 은행 업무 서비스를 실시했다. 심지어 고객에게 돈을 배달해주는 서비스까지 했다.

1993년 BCP가 포르투갈 2위 은행인 BPA(Banco Portugues do Atlantico)를 인수하려 했을 때, 포르투갈 정부가 승인을 거부했다. 바네스토-토타 일로 인해 포르투갈 정부가 포르투갈 금융 시장에 대한 스페인 은행의 지배력이 커지는 것을 우려한 것이 부분적인 이유였던 것 같다. 하지만 1995년 BCP가 콤파니아 데 세구로스 임페리오(Companhia de Seguros Imperio)와 합작해 BPA를 인수했다. 연이어 임페리오는 BPA의 자회사인 우니앙 데 방코스 포르투기스(Uniao de Bancos Portugueses)를 인수해 방코 멜루 코메르시알(Banco Mello Comercial)로 이름을 바꿨다. 이 거래로 BCP는 카이샤 제랄(Caixa Geral)에 이어 포르투갈 2위 은행이 됐다. 1998년 BCP는 인수로 승계 받은 스페인 지점을 BCH에 팔았다.

산탄데르가 BCH와 합병했을 때 이해관계에 따른 갈등이 이어졌다. 이미 언급한 바와 같이 BCH와 BCP의 제휴 관계에는 각자의 시장에서는 서로 경쟁하지 않는다는 조건이 포함되어 있었지만 산탄데르는 포르투갈에 가지고 있던 자회사를 처분하고 싶지 않았다. 그래서 산탄데르는 BCP 내의 BCH 지분 14퍼센트를 팔고, BCP는 산탄데르에 있던 자회사 지분 3퍼센트를 팔았다. 한동안 BCP는 바니프에 있는 자사 지분 50퍼센트를 유지했다.

1999년 산탄데르는 샴팔리마우드와 제휴를 맺었다. 샴팔리마우드가 자신의 집안이 보유한 보험회사 문디알 콘피잉카(Mundial Confianca)의 지분 52퍼센트를 파는데 동의했고, 이로 인해 산탄데르는 4개 포르투갈 은행—핀토 이 소토 마요르 은행(Banco Pinto e Sotto Mayor), 셰미칼 은행(Banco Chemical), 토타 이 아소레스 은행(Banco Totta e Açores), 크레디토 프레디알 포르투기스(Credito Predial Portugues)—을 포함해 금융 그룹에 영향력을 행사하게 됐다. 계획은 BSCH 포르투갈과 BSCH 브라질에 있는 샴팔리마우드와 상호 지분 소유를 포함하는 등 아주 포괄적이었다. 산탄데르로서는 이 거래로 인해 이베리아 반도 전역에 진출한다는 면에서 BBVA에 앞서나갈 뿐만 아니라 자산이나 수익 면에서 라틴 아메리카의 비중을 줄일 수 있었다.

하지만 안타깝게도 1995년 집권한 안토니우 구테레스(Antonio Guterres) 사회주의 정부가 이 거래를 반대했다. 포르투갈 정부는 샴팔리마우드가 재산을 매각할 경우 맨 처음 이를 거부할 권리를 사회당 지도자와 대형 은행 회장들에게 주겠다고 한 신사협정을 어겼다고 비난했다. 경제장관 안토니우 소사 프랑코(Antonio Sousa Franco)는 포르투갈의 국익에 반한다고 선언하며 이 거래에 거부권을 행사했고, 국회 조사를 착수했다.

산탄데르는 유럽 위원회에 부당함을 호소했고, 위원회는 그 거래의 결백을 내세워 포르투갈 정부에 거부권을 철회하라는 명령을 내렸다. 하지만 포르투갈 정부는 완강했다. 그들은 자신의 거부권은 경쟁을 방해하는 것과는 전혀 관계없고, 그 거래가 보험 규정을 어겼다고 주장했다. 그와 동시에 BCP가 이 금융 그룹을 적대적으로 인수하려 시도했다. 결국 약 6개월 뒤 샴팔리마우드와 산탄데르, 그리고 포르투갈 정부가 만나 화해 안을 내놓았다. 최종 해결책은 샴팔리마우드가 콘피앙카 금융 그룹의 지분 52퍼센트에 대한 대가로 산탄데르 지분의 4퍼센트를 받는 것이었다. 그러고 나서 카이샤가 산탄데르로부터 그 그룹을 샀지만 다시 콘피앙카 소유의 토타 이 아소레스 지분 94퍼센트와 카이샤가 보유하고 있던 크레디토 프로디알 지분 71퍼센트와 맞바꿨다. 토타를 인수함으로써 산탄데르는 포르투갈 시장 점유율을 12퍼센트 차지하게 됐다. 그리고 산탄데르는 BCP가 소유하고 있는 바니프 지분의 50퍼센트를 다시 사들였다. 그렇게 되자 산탄데르는 바니프와 방코 산탄데르 데 네고시오스(BSN; Banco Santander de Negocios)를 통합할 수 있었다. 이 합병으로 인해 바니프-BSN은 포르투갈 프라이빗 뱅킹 시장의 3분의 1을 차지하게 됐다. 카이샤 제랄(Caixa Geral)은 소유하고 있던 핀토 이 소토 마요르 은행 지분의 53퍼센트를 BCP에 팔았지만 상업 은행인 셰미칼 은행은 보유하기로 했다.[3] 산탄데르가 셰미칼을 산다는 옵션을 보유하고 있었지만 그 옵션을 무효로 만들어버렸다. 셰미칼은 카이샤 인베스티멘토스(Caixa Investimentos)를 인수해 Caixa BI(Caixa-Banco de Investimento)로 이름을 바꿔 CGD의 투자 은행 부문으로 만들었다. BPSM 인수로 BCP는 포르투갈 최대 금융 그룹이 됐다.

2002년 샴팔리마우드는 보틴 가문의 동지 역할을 하며 산탄데르의 이사회 임원이 됐다. 당시 산탄데르 내 그의 지분은 그가 참여하지 않은 자본 증가로 인해 2퍼센트가 약간 넘는 정도였다. 2004년 샴팔리마우드는 86세의 나이로 사망했다.

토타 인수 3년 뒤, 산탄데르는 방향 전환을 꾀했다. 운영 수익이 35퍼센트 상승했고, 순수익은 63퍼센트 상승한 반면, 비용 대비 수입 비율은 거의 10퍼센트가 떨어져 43.7퍼센트를 기록했다. 이는 포르투갈의 주요 은행 중에서 가장 좋은 실적이었고, 비용 대비 수입 비율은 유럽 최저였다.

산탄데르는 현재 포르투갈에 4개 은행─일반 은행으로 영업하는 토타 이 아소레스(Banco Totta e Açores), 모기지 대출을 주종으로 하는 크레디토 프레디알(Crédito Predial), 도시 거주 고수익 고객을 겨냥한 BSP, 그리고 자사의 포르투갈 투자 금융 부문인 BSNP─을 소유하고 있다. 2002년 산탄데르는 포르투갈어를 사내 2대 공식 언어로 지정했다.[4] 그리고 2003년에는 RBS가 보유하고 있던 산탄데르 포르투갈 은행 지분 13퍼센트를 사서 지분율을 98퍼센트로 올렸다.

산탄데르는 토타를 인수한 후 구조 조정을 했다. 토타를 소유한 덕분에 루안다(Luanda)와 기니비사우(Guinea – Bissau), 카보베르데(Cape Verde)에 지점을, 모잠비크(Mozambique)에 자회사를, 그리고 정부가 부분 소유하는 BISTP(Banco Internacional de Sao Tome e Principe)를 관리하고 이권을 챙기게 됐다. 그리고 아시아에서 토타 아시아 은행(Banco Totta Asia)을 확보했다. 산탄데르가 토타를 인수하고 얼마 지나지 않아 토타는 BISTP에 있는 주식을 CGD에 넘겼다. 2002년 토타는 기니비사우와 토타 아시아 은행의 지점을 폐쇄했다. 그리고 루안다에 있는 지점은 자회사인 토타 앙골라 은행(Banque Totta Angola)으로 바꿨다. 2003년에는 모잠비크에 있는 자회사를 남아프리카 스탠다드 은행에 팔았고, 2004년에는 카보베르데의 지점을 처분했다. 2006년 산탄데르 토타 은행과 CGD는 50대 50 합작 투자를 하기로 결정함으로써 이들은 토타 앙골라 은행의 대주주가 됐다. 이 합작 투자로 인해 입지가 줄어든 산탄데르의 사하라 이남 지역에서의 영업활동은 더욱 위축되었다. 한편 CDG는 아프리카의 과거 포르투갈 식민지에서 영업을 하게 됐다. 산탄데르가 전략적 목표에서 중요하지 않은 것으로 생각했던 인수 사업을 처분했다는 것은 그 다음 인수 작업이 되는 바네스토와 BCH를 처분할 때도 반영됐다.

현재 포르투갈 내에서의 순이익은 바네스토나 스페인 내의 산탄데르 소매 금융망보다 훨씬 빨리 상승하고 있다(도표 7.1 참조). 효율성이 향상되고 있지만 바네스토와 소매 금융망의 효율성은 뒤처지고 있어 자본 이득이 더 있을 여지가 있음을 시사하고 있다. 2006년 〈유로머니〉가 5년 연속 산탄데르 토타를 포르투갈 제1의 은행으로 선정했듯이 〈뱅커 (The Banker)〉도 산탄데르 토타를 포르투갈 제1의 은행으로 꼽았다.

3 _ 애비 내셔널 : 산탄데르 완전히 성장하다

2004년 산탄데르는 영국의 애비 내셔널 은행(Abbey National Bank)을 인수했다. 당시 유럽에서 가장 규모가 큰 소매 금융 은행의 국제 합병이었다. 마스트리히트 조약이 체결되고 경제 통화 연맹도 창설되었지만 유럽 금융계에서 국제 합병은 거의 일어나지 않고 있었다(Buch and DeLong 2003; Tschoegl 2003). 회원국 국가에서 영업을 하면 다른 회원국에서도 별다른 제약 없이 사업을 할 수 있도록 하는 '유럽 인증' 제도도 실시되었지만 주요 은행들이 자국 이외의 국가에서 영업을 하는 경우는 극히 제한적이었다. 각 국가의 시장은 이미 성숙했고, 경쟁 상대들도 공고히 기반을 닦아 놓은 상태였다. 이런 요소로 인해 산탄데르는 소비자 금융에 초점을 맞추게 됐다. 국제 합병에 대한 열망이 강하지 않았던 또 다른 이유는 문화적 차이로 인한 장벽뿐만 아니라 법제나 세제가 다르기 때문이기도 했다. 게다가 외국 은행이 들어와 진출국의 주요 은행을 인수 합병하는 것을 그 나라 중앙은행이나 규제 당국이 좋아하지 않는 경우가 많았다. 그래서 언론은 인수건 하나가 발표되면 또 다른 인수/합병이 있을 것임을 예고하는 것으로 봤다.

애비 내셔널은 전통 있는 영국 은행이다. 1944년 애비 로드 빌딩 소사이어티(Abbey Road Buindling Society)와 내셔널 빌딩 소사이어티(National Building Society)가 합병해 애비 내셔널 빌딩 소사이어티를 만들었다. 1987년 애비 내셔널은 프렌즈 프로비던트(Friends Provident)와 제휴했다. 이로 인해 애비 내셔널은 자사 브랜드의 보험 상품을 고객에게 판매할 수 있게 됐다. 나중에 애비 내셔널은 스코티시 뮤추얼(Scottish Mutual)을 사면서 프렌즈 프로비던트와 제휴를 끝냈다. 애비 내셔널은 계속해서 확장해 나갔고, 서비스 영역도 늘렸다. 그러다가 1989년 공기업으로 전환하기로 결심했다. 6년 후 애비 내셔널은 퍼스트 내셔널 파이낸스(First National Finance)를 인수하며 소비자 금융 시장에 진출하기 시작했다. 1999년에는 스카이 디지털(Sky Digital)의 인터액티브에 공개 채널을 열어—고객이 회사의 모기지와 예금 계좌 현황을 완전히 볼 수 있고, 상품에 대한 정보를 요청하고, 애비 내셔널 금융 전문가의 전화를 받을 수 있게 하는—디지털TV 뱅킹 서비스를 시작했다. 그리고 유로 비즈니스 사업을 발족해 유로화 시대에도 대응하는 전략을 보였다. 그 다음 해에는 기차 임대 사업체인 스테이지코치(Stagecoach)로부터 포터

브룩(Porterbrook)을 인수해 도매 금융 부문을 개발했다. 하지만 불행히도 애비 내셔널은 이것에 성공하지 못했고, 애비 트레저리 서비스(Abbey Treasury Service)는 10억 파운드라는 엄청난 손실을 내고 말았다.

2001년 로이드 TSB가 입찰가 190억 파운드로 애비 내셔널을 인수하려 했지만 스코틀랜드 은행(BOS, 현재는 HBOS)이 270억 파운드를 부르는 바람에 성사되지 못했다. 하지만 BOS의 합병 시도는 실패로 돌아갔고, 규제 당국은 로이드 TSB의 입찰도 막았다. 그 다음 해 내셔널 오스트레일리아 은행(National Australia Bank)이 애비 내셔널과 협상을 시도했지만 역시 결렬됐다. 2002년 9월 애비 내셔널은 소비자 금융을 주종으로 하는 자회사 퍼스트 내셔널을 매각할 의향이 있음을 내비쳤다. 2003년 초 GE의 소비자 신용 서비스 기관인 GE 컨슈머 파이낸스가 퍼스트 내셔널을 8억 4,800만 파운드에 인수하는데 동의했다. 퍼스트 내셔널의 매각은 애비 내셔널이 과거 5년 동안 소매 금융 분야에 투자가 부족했다는 점을 인식하며 사업 방향을 다시 그 쪽으로 맞추겠다는 것을 주식시장에 알리는 신호였다. 2002년 말, 애비 내셔널은 아일랜드 은행(Bank of Ireland)과 합병을 전제로 한 회담에 들어갔고, 성공했다면 더블린에 본사를 두고 런던 주식시장에 상장하는 새로운 법인체가 탄생했을 것이다. 하지만 애비 내셔널은 거래가가 너무 낮다는 이유를 들어 회담을 결렬시켰다. 같은 해 연말 어려움에 빠진 회사를 살려내라는 특명을 받은 러크맨 아놀드(Luqman Arnold)가 최고 경영자로 부임했다.[5] 애비 내셔널의 문제가 점점 더 확실히 드러남에 따라 주가가 1년 새 거의 반 토막으로 하락했다.

2003년 여름, 산탄데르 컨슈머의 후안 로드리게스 인시아르테(Juan

Rodréguez Inciarte)가 런던으로 날아왔다.[6] 영국 소매 금융 전문가인 인시아르테는 3일간 애비 내셔널의 지점을 방문하며 애비 내셔널을 인수할 의향이 있음을 내비쳤다. 그리고 지점 분포망과 상품, 고객 서비스의 품질 등을 조사한 후 마드리드로 돌아가는 길에 산탄데르가 애비 내셔널의 소매 금융 부문에서 줄어드는 수익성을 만회할 전문성을 갖추었다고 말했다. 인시아르테의 발언은 상당히 설득력이 있었으며, 산탄데르는 애비 내셔널에 인수를 제안했다.

2004년 7월 애비 내셔널은 산탄데르가 제시한 85억 파운드(155억 달러)에 모든 주식을 넘기고 특별 배당금을 지불하는 조건에 합의했다. 산탄데르가 애비 내셔널 인수로 얻은 이득은 두 가지로 여겨진다. 먼저, 산탄데르가 진출한 사업 지역의 변화로 인해 향후 세계 어느 한 쪽, 예를 들면 라틴아메리카 사업에서 변화의 굴곡이 심해도 2001년이나 2002년처럼 은행 전체에 심한 타격이 오지는 않을 것이다. 두 번째는, 이로 인해 산탄데르의 시장 자본 평가가 상승해 2005년에는 HSBC와 UBS, RBS의 뒤를 이어 유럽 4위 은행이 되어 쉽게 인수 대상으로 여겨지지 않게 됐다는 점이다.

HBOS는 이 거래가 성사되는 것을 막으려 했다. HBOS는 에밀리오 보틴의 지배와 그의 딸 아나 파트리시아의 지도력을 포함한 산탄데르의 가족 주도적 특성을 문제 삼아 기업 경영에 대한 이의를 제기했다. HBOS가 입찰가로 100억 파운드를 제시했지만 결과적으로 성공하지 못했다. 2004년 10월 14일, 애비 내셔널 주주의 65퍼센트(주식가로 95퍼센트에 해당)가 산탄데르의 제안에 찬성표를 던졌다. 최종 협상가는 89억 파운드(162억 달러)였다. 처음 제안을 하고 108일 후 산탄데르는 성공적으로 인수 작업을 마쳤다.

하지만 애비 내셔널을 인수하며 산탄데르는 주주의 승인을 얻는데 몇 가지 커다란 장애물에 직면했다. 이 거래에는 지불 방식을 모두 현금 지불이 아닌 주식으로 지불하는 조건이었기 때문에 주주들은 세금과 유동성 문제에 부딪혔다. 첫째, 그들이 애비 내셔널의 주식과 산탄데르 의 주식을 맞교환할 경우 영국 주주들은 배당금에 대한 세금을 두 번— 한 번은 스페인에서, 다른 한 번은 영국에서—물어야 했는데, 이는 두 나라 간의 세금 협약 중 이중 과세 항목이 완전히 교정되지 않았기 때문 이다. 다행히 2004년 11월 거래를 최종적으로 마치기 전에 영국의 내국 세청이 특별 해결책을 내놨다. 하지만 주주들은 스페인과 영국의 세금 률보다 높은 비율의 금액을 내야 했다. 주식을 많이 보유한 영국인 주주 들은 25퍼센트의 세금에서 상승한 32.5퍼센트를 내야 했는데, 그 이유 는 스페인 기업에서 나온 배당금은 영국 기업이 누리는 세액 공제 대상 이 아니었기 때문이다. 그리고 주식을 적게 보유한 영국인 주주들은 스 페인의 원천징수세 15퍼센트를 내야 했지만 애비 내셔널 주식에 대해 서는 하나도 내지 않아도 됐다. 둘째, 입찰이 이루어지던 당시 산탄데르 의 주식은 런던에서 거래되지 않고 있었다. 그래서 산탄데르는 인수 작 업이 끝난 몇 달 후 산탄데르의 주식이 런던에서 거래되기 전이라도 2,000주 이하의 소액 주주들은 원할 경우 주식을 현금화할 때 수수료나 환율 수수료를 물지 않고 주식을 팔 수 있도록 조치하겠다고 제안했다. 셋째, 주식을 완전히 팔기 원하는 주주들은 스페인의 자본 이득세를 내 게 될 수도 있었다. 그래서 산탄데르는 무료 설비를 이용한 주주 모두를 대표해 단체 세금 문서를 제출해 그들이 영국의 자본 이득세만 내도록 조치했다. 그러면 8,000파운드가 넘는 이득을 본 사람에게만 세금이 적용될 터였다. 하지만 중요 투표에서 많은 소액 주주들은 애비 내셔널 회장에게 야유를 보내며 사임할 것을 요구했다. 이처럼 유럽 국가 간의 합병 장애물은 금융 서비스 단일 시장이라는 공식적인 현실과는 극명한 대조를 이루고 있었다.

애비 내셔널을 인수한 산탄데르는 애비 내셔널 프랑스를 BNP 파리바에 매각했고, 이로 인해 프랑스에서 집을 사려는 영국인 거주자들에게 모기지 대출을 해줄 수 있게 됐다. 산탄데르가 인수 의사를 밝히기 전에도 애비 내셔널은 영국 소매 금융 서비스에만 주력하는 사업자를 찾으려고 노력하고 있었다. 그 전 해, 애비 내셔널은 보유하고 있던—낭트에 기반을 둔 작은 은행인—로얄 생 조지 은행(Royal Saint George Banque)을 매각했다. 약 두 해 전 GE 캐피털 뱅크 프랑스(GE Capital Bank France)로부터 사들인 은행이었다. 공교롭게도 애비 내셔널은 스페인에도 간단하게 투자를 했었다. 애비 내셔널은 1988년 스페인에 진출했지만 1994년 사업을 카하 데 아호로스 델 메디테라네오(Caja de Aborros del Mediterraneo)에 팔았다.

산탄데르가 애비 내셔널을 인수했을 때 운영 비용을 첫해 1억 파운드 줄이는 것을 시작으로 3년 내에 3억 파운드 줄이겠다고 약속했다. 첫해 말, 산탄데르는 비용을 2억 2,400만 파운드 줄여 3년 목표의 75퍼센트를 달성했다. 이렇게 할 수 있었던 이유는 그 전까지 애비 내셔널의 운영이 상당히 비효율적이었기 때문이다. 후안 로드리게스 인시아르테는 2005년 7월 중순 발표회에서 산탄데르에서 가장 효율적으로 운영되는 사업장의 비영업 부서 직원의 수가 6.5퍼센트인 반면, 애비 내셔널

<도표 7.2> 금융계 평균 근무평정(2003)

국가	수입 퍼센트당 비용
스페인	56.8
미국	59.6
네덜란드	60.5
영국	60.5
독일	62.1
프랑스	64.3
이탈리아	67.3
벨기에	67.8
일본	81.6

Source: Presentation by Juan Rodríguez Inciarte, Santander, Spain, 15 July 2005.

은 비영업 부서 직원이 전체 직원의 33퍼센트를 차지하고 있음을 지적했다. 지점 직원 수 비교에서도 산탄데르의 경우 가장 효율적인 사업장의 직원 수가 8명인 반면, 애비 내셔널은 16명이었다. 마지막으로 IT 기술 비용은 애비 내셔널이 운영 비용의 12퍼센트, 산탄데르는 6.9퍼센트를 지출했다.

비용 절감을 달성하기 위해 산탄데르는 2005년 4,000명, 2006년 2,000명의 직원을 해고했다. 그리고 기존의 IT 프로젝트를 중지하고 주요 소프트웨어와 통신 계약을 재협상했다. 그 결과 근무평정(수입 퍼센트당 비용)이 2005년 62.2퍼센트에서 55.1퍼센트로 줄어들었다. 영국 평균(도표 7.2 참조)보다 약간 낮기는 했지만 3년 내에 애비 내셔널의 근무평정 달성 목표를 45퍼센트로 잡은 산탄데르(도표. 7.1 참조)는 말할 것도 없고 스페인의 일반적인 수준과 비교했을 때도 여전히 나빴다.

2007년 초, 산탄데르는 비용 절감 측면에서 자사의 소프트웨어 플랫폼인 파르테논(Partenon)을 애비 내셔널로 이전하지 않은 상태인데도 목표로 잡았던 3억 파운드 줄이기를 이미 달성했다. 지금도 애비 내셔널은 복사된 정보를 담고 있는 6개로 분리된 고객 데이터베이스를 운영하고 있다. 2007년, 산탄데르는 18개월에 걸쳐 파르테논을 애비 내셔널에 도입할 계획을 잡고 있다. 파르테논이 애비 내셔널에 장착되면 상품 교차 판매가 개선되고 비용도 절감되는 효과를 보게 될 것이다. 사실 파르테논은 바네스토가 개발했다. 1990년대 중반, 바네스토에서 산탄데르로 IT 전문가를 파견해 이 시스템을 이식하려 했지만 산탄데르 내의 반대에 부딪혀 실패하고 말았다. 하지만 2002년 바네스토에서 알프레도 사엔즈가 산탄데르의 최고 경영자로 왔고, 그는 파르테논 도입을 옹호하고 추진할 수 있었다.[7]

교차 판매에 대한 미결 문제는 산탄데르가 어떻게 스페인과 영국의 기관 내의 환경 차이점을 다룰 것인가였다. 스페인의 경우는 성인이면 국가에서 발행하는 신분증이 있기 때문에 모든 거주자가 고유 식별 번호를 보유하고 있고, 이를 근거로 세금을 부과할 수 있다. 그래서 고객들이 산탄데르의 어떤 상품을 이용하거나, 어떤 지점에서 거래를 하든 그런 것에 상관없이 그들의 계좌로 연결하기가 용이했다.

하지만 영국에서는 그런 신분증 번호가 없었다. 따라서 은행에 주식 중계 계좌를 보유한—리즈에 거주하는 존 스미스가 모기지와 은행 계좌도 가지고 있다는 것은 알 수 있지만 같은 사람이 다른 지점에도 계좌를 개설했는지를 알아내기는 어려웠다. 이런 어려움이 있다는 점을 인정하면서도 고위 경영진은 신분증 번호를 대신할 다른 정보를 사용해 교차 판매할 수 있는 능력을 개선할 수 있을 것이라고 자신감을 나타냈다.

4 _ 성숙한 시장에서 해외 투자금융 하기

아드리안 최글(Adrian Tschoegl 1987), 뒤페이(Dufey), 융(Yeung)이 주장한 바와 같이 시장이 발달되어 있고 경쟁적이라면 금융 분야에서 일반적으로 외국 은행이 현지 은행보다 낫다고 생각할 이유가 없다. 따라서 발달한 시장에서는 국제적으로 거래가 이루어지는 소매 금융이 상당히 드물다. 따라서 외국 직접 투자를 성공하려면 투자자는 자국에서 경쟁할 때와는 다르게, 또는 그보다 나은 전략을 펼쳐야 한다. 아드리안 최글은 일반적으로 소매 금융에서는 외국 은행이 그와 비슷한 능력을 갖춘 현지 은행과 비슷한 방식으로 영업을 한다고 주장했다. 1970년대와 1980년대 초, 몇몇 미국 은행이 유럽과 다른 지역의 소매 은행을 인수했지만 1980년대 말과 1990년대 초에 다 매각해버렸다. 인수한 사업에서 수익성이 없다는 것을 깨달았기 때문이다. 최근에 데미르구크 쿤트와 호이징가(Demirguc Kunt and Huizinga 1999), 클레센(Claessens 등 2001)은 산업화가 이루어진 시장에서는 외국 은행의 수익이나 마진이 현지 은행보다 낮다는 것을 알아냈다. 도피코와 윌콕스(Dopico and Wilcox 2002)도 신흥 경제 시장보다 성숙한 시장에서는 외국 소매 은행의 영업 규모가 작다는 사실을 밝혔다. 이런 증거는 산탄데르가 제한적으로만 성공을 이룬 경우와 일치하며, 유럽 대륙에서 소매 금융 사업을 하는 것에 관심이 없다는 것을 뒷받침해주고, 미국 진출도 간접적인 방법을 택할 수밖에 없었던 이유를 설명해준다.

　외국 은행은 발달된 소매 금융 시장은 반드시 피해야 한다는 주장에 대한 두 가지 예외 상황이 있다. 첫째는, 민족에 근거한 금융과 관계가 있는데, 이 경우는 은행이 이민 패턴을 따라갔다. 그렇게 해서 은행은 한 나라로 들어가 그 나라의 경쟁 은행과는 다른 방식으로 사업을 했다. 하지만 지난 20년 동안 유럽 대륙 내 이민은 민족에 근거한 금융을 하기에는 너무나 제한적인 특징을 나타냈다. 산탄데르가 포르투갈로 팽창해 나간 경우도 이 범주에 속하지 않는다. 두 번째는, 은행이 자국에서 더 이상 성장할 수 없을 때 일어나는데, 그 이유는 아마도 은행이 너무 커져서 규제 당국이 반독점 체제 구축을 위해 더 이상은 국내 합병을 허용하지 않기 때문일 것이다. 예를 들어, 2000년 미국에서는 10개 외국 은행이 미국 내 상위 12위까지의 해외 은행 자회사를 소유하고 있었는데, 이를 모두 합치면 미국 내 모든 자회사 자산의 92퍼센트를 차지했다(Tscheogl 2002, 2004b). 예상할 수 있겠지만 모기업 은행은 모두 대형이었고, 영어 사용 국가 은행이었다. 재미있는 사실은 이 모기업이 대개 자국에서 가장 큰 은행으로, 국내 성장이 한계에 도달하자 해외 직접투자로 눈을 돌렸다는 점이다. 이 해외 은행들은 인수를 통해 미국에서 엄청난 성장을 할 수 있었다. 아무리 큰 자회사라고 해도 반독점 체제의 관점에서 보면 아주 작았기 때문이다. BBVA는 미국에서 컴퍼스 은행(Compass Bank)을 인수했고, 이 작업은 현재까지 BBVA 인수/합병건 중 최대이지만 그래봤자 미국 은행 순위 20위였다.

외국 은행이 성장을 꾀하지만 전반적으로 자국 시장에서보다 빨리 성장하지 못할 때, 킨들버거(Kindleberger, 1969)가 '잉여관리자원'이라고 부른 자원을 소유하려 할 수 있다. 이런 잉여자원과, 버거(Berger 등 2001)가 세계 활동의 이점이라고 말한 것이 합쳐진 상태에서 생겨나는 기회를 포착할 때 외국으로 진출한다. 이들은 몇몇 미국 은행이 경영과 관리를 잘해 미국 시장 이외 다른 곳에서 현지 은행과 경쟁해 이겼다는 단순한 주장을 한다. 하지만 기록을 조사해보면 기업들마다 생산성이 다르고, 이런 차이가 수년 동안 지속됨을 알 수 있다. 그리고 미국 은행들만 경영과 관리가 잘 되는 것도 아니었다. 1980년대 후반부터 1990년대에 걸쳐 치열한 경쟁을 겪으며 스페인 은행들 역시 상당히 경쟁력이 좋아졌다(Pastor 등 2000). 〈도표 7.2〉를 보면 스페인 은행이 평균적으로 세계 여러 은행과 비교했을 때 효율성이 아주 좋음을 알 수 있는데, 그 이유는 1980년대 말부터 1990년대 초반까지 상당 부분 산탄데르가 유발시켰던 치열한 경쟁을 겪었기 때문인 것 같다. 과거의 사례를 살펴보면, 자사의 관리 기법과 기술을 진출 국가의 소매 금융 분야에 전수시키길 원하는 외국 은행들은 대부분 진출국에서 사업을 시작할 때 아무것도 없는 데서 기초부터 쌓아올리기보다는 현지 은행을 인수하는 쪽이 비용 절감 면에서 더욱 효율적이라고 판단했음을 알 수 있다. 인수자의 전략상의 임무는 일단 규모가 크고 관리가 잘 되지 않는 은행을 찾아내어 이득을 볼 수 있는 가격을 제시해 인수한 다음, 성공적으로 변화시키는 것이다. 미국의 전설적인 투자가 워렌 버핏(Warren Buffet)이 한 말을 봐도 이것이 아주 어려운 일임을 알 수 있다. 버핏은 다음과 같이 말했다. "평판이 좋은 관리 체제가 평판이 나쁜 회사를 맡을 경우 나중에까지 살아남는 것은 회사의 평판이다."

1989 – 1996년의 유럽에서의 합병을 조사한 한 연구(Toruani Rad and Van Beek, 1999)는 인수하는 측에서 볼 때는 국내(시장 내) 합병이 국제(시장 간) 합병보다 이득이 되지만 효과는 아주 미미해 통계상으로도 거의 0에 가깝다는 것을 알아냈다. 게다가 인수 대상 기업의 주주들은 확

실히 이득을 보지만 인수하는 기업의 주주들에게 돌아가는 배당은 긍정적이기는 하나 훨씬 작아 통계상으로는 거의 0에 가까웠다. 마지막으로, 효율성이 더 좋은 은행이 인수를 통해 효율성이 좋지 않은 은행보다 더 많은 이득을 봤지만 그 차이 역시 거의 0에 가까웠다.

국제적 다각화와 인수의 일반적인 장점과는 상관없이 산탄데르가 진출국 시장에서 다른 스페인 은행들과 경쟁할 수 있었던 것은 그들과는 뭔가 다르거나, 더 나았기 때문이다. 그것이 멀리 떨어진 낯선 시장에 진출해 사업을 벌이는데 들어가는 비용을 정당화할 수 있는 것이다. 분명한 것은 산탄데르가 진출해 인수한 은행의 상품과 특별히 다른 상품을 내놓는 것은 아니지만, 앞서 언급한 바와 같이 라틴아메리카의 몇몇 시장에서는 인수 전의 은행 관리자들이 했던 것보다 훨씬 효율적으로 은행을 경영하고 있다는 점을 주목할 필요가 있다. 애비 내셔널의 사례를 살펴보면 이런 점이 확실히 드러난다.

2005년 애비 내셔널의 근무평정은 평균 62.2퍼센트(도표 7.1 참조)였지만 이는 연평균으로 1사분기 68퍼센트에서 4사분기에는 56.6퍼센트로 향상됐고, 2006년에는 55.1퍼센트를 기록했다. 산탄데르가 3년 내에 달성할 것을 계획하며 잡은 야심찬 목표는 45퍼센트였는데, 이는 산탄데르의 라틴아메리카 사업장의 근무평정인 47퍼센트와 포르투갈의 43.7퍼센트 사이의 수치다. 한편, 산탄데르의 소매 금융 연결망의 근무평정은 41퍼센트다. 물론 산탄데르의 계획에 의하면 원래 계획된 3년 후에는 라틴아메리카와 포르투갈 사업장의 근무평정도 더욱 향상될 것이다. 스페인 산탄데르의 소매 금융 영업망의 근무평정이 41퍼센트이고, 바네스토가 45.3퍼센트라는 사실로 미루어볼 때 향상될 가능성이 높다.

2005년 〈유로머니〉는 '영국의 애비 내셔널 인수와 지난 20년 동안의 괄목할 만한 성장을 이룬 SCH의 지도력을 인정하며' 산탄데르를 세계 최고의 은행으로 선정했다. 스페인 은행이 세계 1위에 오른 것은 산탄데르가 처음이었다. 2004년에는 HSBC가, 그리고 2006년에는 소시에테 제네랄이 1위를 차지했다. 2005년 〈유로머니〉와 〈뱅커〉, 〈글로벌 파이낸스〉는 산탄데르를 스페인 최우수 은행으로 선정했고, 그 가운데 〈뱅커〉는 서유럽 최고 은행으로 산탄데르를 꼽았다. 이어 2006년 〈유로머니〉는 산탄데르를 (바네스토와 함께) 스페인 최고 은행으로 선정했다.

5 _ 산탄데르의 지역 다각화 전략에 대한 평가

산탄데르는 토타 이 아소레스, 애비 내셔널, 그리고 유럽 전역에 걸쳐 수많은 소비자 금융 회사를 인수하며 사업 지역의 다각화에 주력했다. 결과적으로, 한 국가에서 산탄데르 수익의 3분의 1 이상을 차지하는 사례가 없다는 점에서 산탄데르는 영업 지역의 다각화를 이루었다. 〈도표 7.1〉을 보면 이베리아 반도(바네스토와 스페인 소매 금융 연결망, 그리고 포르투갈)의 수익이 2006년도 순수익의 38퍼센트만을 차지했고, 라틴아메리카 35퍼센트, 애비 내셔널과 유럽의 소비자 금융이 24퍼센트를 차지하고 있음을 알 수 있다.

경영진의 입장에서는 지역 다각화를 이뤄 은행의 수익 안정성을 강화하려 노력하고 있지만 주주들에게 이런 다각화의 가치는 논란의 대상이 될 수 있다. 첫 번째 쟁점은 지역 다각화는 주주들 스스로가 하기보다는 회사가 더 싼 비용으로 할 수 있을 때만 가치를 더한다는 점이다. 이 쟁점을 가지고 산탄데르의 전략을 평가하기에는 모호한 점이 있다. 라틴아메리카의 은행과 유럽 금융 회사의 주식을 사기 위해 정보를 모으는 비용이나 중계 수수료를 지불하는 등의 거래 비용은 산탄데르의 주주들이 내기에는 너무 비쌌다. 차라리 포르투갈이나 영국 은행의 지분을 사는 쪽이 비용이 덜 들었을 것이다. 산탄데르가 애비 내셔널을 인수할 당시, 영국의 애비 내셔널 소액 주주들이 애비 내셔널 인수를 받아들이도록 하면서 산탄데르가 직면한 어려움은 유럽 내에서조차 소액 주주들에게는 국제적인 주식 거래에 드는 비용 부담이 너무 컸고, 많은 주주들이 다각화를 환영한 것만도 아니었다는 점이다. 애비 내셔널의 주주들은 확실히 그런 불만을 가질 권리가 있었는데, 그들의 경우 산탄데르의 주식을 보유하기를 원했다면 직접 돈을 주고 매입할 수 있었다. 하지만 상당 부분의 자산을 산탄데르에 집중 투자한 주주들에게는 다각화의 가치가 빛을 발했다. 이런 주주 중에는 마드리드에 있는 고위 간부도 포함되어 있었고, 보틴과 같은 거물급 주주도 있었다. 거금이 불안정하게 요동한다는 것은 이들에게는 다른 것으로 대치하기 힘든 일자리나 부(富)를 잃을 수도 있음을 의미하는 것이었다. 간부들의 경우, 이론적으로는 아마도 더욱 안전한 일자리에 대해 보상을 적게 받는 조건을 수락함으로써 다각화로 인해 손해를 본 주주들의 손실을 보상할 수 있었다. 하지만 대주주들은 원치 않는 다각화에 대해 다른 주주들에게 보상을 할 방법이 없었다. 이 문제에 대해서는 제9장에서 좀 더 논의하도록 하겠다.

두 번째 쟁점은 경험적 기초에 근거한다. 데니스(Denis)와 몇몇 연구자들(2002)은 1984년부터 1997년 사이의 미국 다국적 기업의 다각화를 연구해 세계 곳곳에 다각화가 증가할수록 초과 가치는 붕괴되는 반면, 다각화가 적어지면 초과 가치가 증가했다는 것을 알아냈다. 그들은 자신들이 찾아낸 조사 결과가 세계 다각화에 드는 비용이 이득을 초과한다는 견해를 지지한다고 주장했다. 이런 효과가 일어나는 이유에는 세계적인 다각화를 이룬 기업은 국내 기업에 비해 훨씬 복잡하고, 조율하는데도 비용이 더 많이 들고, 감독하기도 어렵기 때문이다. 또 간부들이 자신의 통제 하에서 자산을 늘릴 방법을 찾을 때 성공적인 사업장이 수익이 덜 나오는 사업장의 실적을 메우는 비효율적인 현상이 발생할 가능성 등이 있다. 보드나르(Bodnar)와 다른 연구자들(2003)은 1984년부터 1998년 사이의 미국 기업을 연구한 결과 국제 다각화에 대해 다각화의 영역과 함께 증가하고, 환율과 함께 등락을 거듭하는 작은 할증 현상이 있었음을 발견했다. 가장 최근에는 도카스와 칸(Doukas and Kan 2006)이 국제 합병 자료를 이용해 미묘한 차이를 느낄 수 있는 평가를 내놨다. 그들은 주주 가치 상실은 회사의 영향력과 직결되어 있음을 알아냈다. 거의 모든 주식회사들은 세계 다각화로 인한 가치 손상을 입지 않았으며, 다각화는 채권 보유자들의 재산에는 도움이 됐지만 주식 보유자의 재산은 감소시켰다. 논점은 지리적 다각화가 변동을 줄였고, 따라서 주식의 가치는 회사의 가치에 대한 콜 옵션(매입 선택권)으로 생각할 수 있으며, 그러면서 채권 보유자가 채무 불이행 사태에 빠질 위험을 줄여준다는 것이다. 하지만 도카스와 칸이 내놓은 결과는 약간 모순되는 점이 있다. 거의 모든 주식회사는 여전히 조금씩 가치를 상실하고 있다.

하지만 이 연구들 가운데 은행에 초점을 맞춘 것은 하나도 없다. 은행은 그 특성상 영향력에 의해 크게 좌우되는 기업이지만 철저하게 규제 조치가 이루어지기도 한다. 규제 조치는 규제자와의 관계에 대한 전략의 효과에 따라 은행의 최적 전략에 영향을 미칠 수 있다. 기업은 변동성을 줄여 다각화의 영향에 대처할 수 있다. 그리고 부도 위험이나 그와 관련된 부담에 의한 손실은 손익 계산서의 부채 측면에서 볼 때는 아예 빚을 더 많이 지든가, 자산 측면에서는 더욱 공격적으로 투자를 해서 해결할 수 있다. 스페인 은행의 우려에 대한 대응에서였든, 스스로가 선택한 것이든 산탄데르는 바젤 Ⅱ 협약의 필수조건에서 명기한 자본 충실 비율을 훨씬 넘어섰고, 연례 보고서를 봐도 산탄데르는 회수 불능 융자 관리도 성실하게 해왔음이 드러나 있다. 이런 사실은 산탄데르 은행이 영향력에 대해서는 조심스럽게 행동해왔고, 대출을 해줄 때도 신중하게 했기 때문에 다각화의 결과에 대처하기 위해 어떤 행동을 취하지 않아도 됐음을 암시한다. 이 모든 것이 산탄데르가 추진한 지역 다각화가 고위 경영진에게는 중요한 문제였을지 모르지만 대부분의 산탄데르 주주들의 가치나 이익을 제한하는 부분이 있었음을 시사한다.

6 _ 유럽에서는 다음에 어떤 일이 일어날까?

애비 내셔널 은행을 변모시키기 위해 산탄데르가 할 일이 많은 상황이지만 에밀리오 보틴 3세는 계속해서 영국과 유럽 대륙에서 인수 대상을 물색하고 있다는 소문이 시장에 돌고 있다. 언론은 영국에서의 인수 대상으로 과거 주택금융 공제조합이었던 알리안스&레스터(Alliance & Leicester)를 자주 언급했다. 하지만 몇몇 업계 관측자들은 산탄데르가 그 옵션을 검토했지만 거절했다고 보고했다. 언급된 또 다른 이름은 내셔널 오스트레일리아(National Australia)의 자회사인 클라이즈데일 은행(Clydesdale Bank)이나 요크셔 은행(Yorkshire Bank), 그리고 아일랜드 2위 은행인 얼라이드 아이리시 은행(Allied Irish Bank)이다.

앞 장에서 논의했던 바와 같이 논리적으로 볼 때 다음 목표는 이탈리아다. 이탈리아는 유럽에서도 금융 체계 세분화가 아주 복잡한 시장으로 인수 목표가 될 가능성이 상당히 높다. 상위 5위 은행의 시장 점유율을 분석한 한 보고서에 의하면 프랑스나 영국은 상위 5대 은행이 시장 점유율의 75퍼센트를 차지하지만 이탈리아에서는 45퍼센트를 차지할 뿐이다. 이탈리아 은행(Bank of Italy – 중앙은행)은 현재 드라기 총재의 체제 하에 있으며, 외국 은행이 이탈리아 국내 은행을 인수하거나 국내 은행끼리 합병할 때도 모든 과정이 투명하게 이루어지고 있어 목표 숫자가 줄어들 수 있다. 2006년 12월, 산탄데르는 총 자본 이득이 7억 500만 유로에 달하는 상파울루 IMI의 지분 4.8퍼센트를 매각함으로써 지분율을 1.7퍼센트로 낮췄다. 산탄데르가 향후 이탈리아 시장에 대해 어떤 계획을 가지고 있는지 모르지만 확실히 상파울루 IMI에 중점을 두는 것 같지는 않다.

아시아가 오라고 손짓을 하지만 산탄데르는 과거 필리핀에 진출하려다 실패한 경험이 있다. 1995년 산탄데르는 필리핀에 지점을 설립하려 했지만 정부의 허가를 얻는데 실패하고, 자회사를 세웠다. 그리고 2003년 산탄데르는 필리핀 사업장을 현지 은행에 팔았다.

BBVA를 포함해 수많은 외국 은행이 중국에 투자를 했지만 산탄데르는 예외였다. 2006년 BBVA는 차이나 시티은행(China Citic Bank) 지분 5퍼센트를 매수했고, 홍콩의 시티 인터내셔널 파이낸셜 홀딩스(Citic International Financial Holdings)의 지분 15퍼센트를 매수했다. 중국 진출의 주요 장애는 산탄데르가 사업에 박차를 가하려 할 때 라틴아메리카와는 달리 중국에서는 산탄데르와 목표 시장, 주변을 잘 알아 사업을 진행할 자격을 갖춘 경영자 군단이 없었다는 점이다. 산탄데르는 지금까지 그 어떤 중국 은행과도 제휴를 맺을 의향이 없는 것 같다.

월간 〈유로머니〉 기자와의 인터뷰(Horwood, 2005)에서 에밀리오 보틴 3세는 "20년 전 나는 산탄데르가 세계 9위 은행이 될 거라고는 꿈도 꾸지 않았습니다"라고 말했다. 그로부터 10개월 전, 그는 런던에서 애비 내셔널 인수를 발표한 후, 반 농담이었지만 다소 의미심장한 어조로 "다음 인수 때 만납시다"[8]라고 말하며 증권 분석가와 투자 은행가 회의를 끝마쳤다.

그 다음 인수 건은 바로 ABN 암로 인수를 위한 RBS – 포르티스 – 산탄데르 컨소시엄이었다. 이 인수 건으로 산탄데르는 브라질의 방코 레알(Banco Real)을 손에 넣었고, 이를 바네스파(Banespa)와 합병시킬 수 있었다. 또 ABN 암로의 이탈리아 소매 금융 부문인 안톤베네타 은행과 상업 은행 부문인 인터방카(Interbanca)도 인수했다. 이로 인해 산탄데르가 거의 20년 동안 노력을 기울여온 이탈리아에 거점을 마련했지만, 인수한 지 한 달 만에 안톤베네타를 몬테 데이 파스치 디 시에나(Monte dei Paschi di Siena)에 매각했다. 몬테 데이 파스치는 안톤베네타를 인수해 우니크레디트(UniCredit)와 인테사 상파울루와 경쟁할 수 있을 만큼 몸집을 불리고 싶었기 때문에 인수 가격을 후하게 지불할 용의가 있었다. 이는 예상하지 못했던 것이지만 환영할 만한 제안이었다. 그래서 산탄데르는 ABN 암로 인수를 위해 컨소시엄에 지불할 추가 자본 할당분인 40억 유로를 내지 않기로 했다. 우연에 의한 결과이긴 했지만 수익성이 있을 만한 인수 건을 식별해내는 에밀리오 보틴 3세의 안목이 다시 한 번 입증된 셈이었다.

제8장

경영 **방식**, 경영 **구조**, 경영 **승계**

아주 많은 사람들이 은행의 의사 결정 절차에 참여합니다. 나는 그저 한 가지 예를 보이는 것뿐입니다.
에밀리오 보틴 3세, 〈유로머니〉 1995년 1월

자, 너무 자랑하지 말자고요. 어떤 집안에나 약점은 있으니까.
안토니 부덴브로크가 오빠 토마스에게 ; 토마스 만(Thomas Mann)의 〈부덴브로크 가의 사람들(Buddenbrooks: The Decline of a Family)〉 [1901] 중에서(1994, p.115)

기업 경영의 관점에서 봤을 때 산탄데르는 수수께끼 같은 존재다. 산탄데르는 급속히 성장해 세계 10대 은행 중 하나가 되었고, 회사 지분을 겨우 2.5퍼센트 소유한 한 집안이 최고 경영진 자리와 이사회 의석을 꿰차고 앉아 전략적 의사 결정에 절대적인 영향력을 미치고 있다. 보틴 가문은 보유한 지분의 소유권 이상의 영향력을 행사하며 의사 결정 과정에 관여하고 있는데, 이는 애매한 법 개정 사항, 피라미드식 판매 방식이나 구조, 차등 의결 주식 때문이라기보다는 제휴로 형성된 연결망과 교차 지분 덕분이라고 보는 게 맞다. 이로 인해 은행의 소유권이 안정적으로 되고, 구조를 효과적으로 통제할 수 있게 됐다. 많은 업계 관측자들은 이런 면 때문에 산탄데르가 1980년대와 1990년대 규제 완화가 급격히 진행되던 스페인 금융계에서 이득을 보고 과감한 방식으로 국제화를 시도할 수 있었다고 믿고 있다. 최고 경영진의 단호한 의사 결정으로 은행의 안정성을 확보해 1987년부터 시작된 국내 금융계의 카르텔 해체, 1994년 바네스토 인수, 1999 – 2002년 사이에 합병한 산탄데르 센트랄 히스파노의 주도권을 둘러싼 분쟁과 갈등, 2004년 애비 내셔널 인수와 같이 중요한 순간마다 시의 적절하게 행동할 수 있었던 것이다.

산탄데르는 전문 경영진을 갖춘 현대적인 은행이지만 업계 관측자들과 경쟁사는 모두 산탄데르를 가족 주도 은행으로 본다. 한 집안이 3대에 걸쳐 한 기업에 지도력을 발휘한다면 그것은 가족 왕조 기업이라고 명명한 랜디스(Landes 2006)의 정의에 따르면 산탄데르는 확실히 그 범주에 들어간다. 같은 집안에서 3대에 걸쳐 거의 반세기 동안 이사회에 영향력을 행사하면서 전략적 의사 결정에 참여했다. 이번 장에서는 산탄데르의 의사 결정과 성장, 기업 경영, 경영 승계에 미치는 가족 주도의 특성에 대해 알아보고자 한다. 이를 위해 우리는 인터뷰, 뉴스 기사와 주식 분석가의 보고서 등 다양한 자료를 이용해 가족 주도 은행의 측면과 그렇지 않은 측면에서의 산탄데르 방식을 평가했다. 업계 관측자와 경쟁 은행이 인식하는 바와 같이 우리는 산탄데르가 오랫동안 지속돼온 보틴 집안의 영향력으로 일궈낸 안정과 결단력에서 이득을 봤다는 결론을 내리게 됐다.

1 _ 가족 기업을 둘러싼 논쟁

가족 기업은 논란의 여지가 많은 조직이다. 이 체제를 지지하는 사람들은 가족 기업은 다른 형태의 기업에 비해 개인적 동기부여와 헌신, 충성도, 대행 비용 절감, 이타적인 행동 면에서 이점이 있다고 주장한다. 하지만 비판하는 쪽에서는 가족이 기업을 소유, 통제, 관리하는 경우는 온정주의, 세습주의, 족벌주의, 연고자 등용 등의 문제가 있다고 지적한다. 또한 가족 기업은 대개 효율적으로 운영할 수 있는 정도의 수준까지, 또는 기술력을 선도하는 수준까지 발전하지 못한다고 주장한다. 현대적이고 기술 발전에 힘입은 지식 기반의 능력 중심 경제에 가족 기업은 양립할 수 없다는 것이 그들 주장의 논지다. 심지어 가족 기업은 경쟁력에서 불리한 상황에 있으므로 절멸의 위기에 몰려 있다고까지 말하는 관측자들이 다양한 분야에 포진해 있다. 하지만 세계 곳곳을 살펴볼 때 가족 기업은 여전히 가장 보편적인 기업 형태 중 하나로 남아 있는 것이 현실이다. 주요 경제대국의 대기업들 중에도 가족 기업이 당당하게 그 위치를 차지하고 있을 정도다. 역사와 경험에 근거한 사실에 비춰 봐도 가족 소유권, 통제, 경영방식은 두 번의 산업 혁명과 정보 혁명을 이겨내고 살아남았다. 이런 질긴 생명력은 가족 기업이 다른 형태의 기업보다 본질적으로 불리한 입장에 있지 않다는 것을 의미한다.

가족 기업은 지속적으로 세계 각국 재계의 경영 분야를 장악하고 있다. 오늘날에도 각 업계에는 크게 성장하고 성공을 거둔 가족 기업들이 있다. 경영 혁명의 발상지인 미국의 경우 〈포춘(Fortune)〉지 선정 500대 기업을 살펴보면 셋 중 하나가 가족 기업이다(Villalonga and Amit, 2006).

스페인에서는 우량주인 이벡스(Ibex)−35 주가지수를 대표하는 35개 기업 중 3분의 1 정도가 가족 기업이며, 그 안에는 현재는 물론 과거에 보틴 가문과 연관이 있는 은행인 산탄데르와 바네스토, 뱅크인터가 포함되어 있다.

어떤 한 집안의 일원들이 소유권을 행사하고, 통제력을 가지고 전략적 의사 결정을 내리며, 자신이 보유한 소유권이나 통제력 또는 경영상의 지위를 다음 세대로 대물림하기를 원하는 형태의 기업을 우리는 가족 기업이라고 정의한다. 하지만 가족 기업도 그 집안이 최고 경영진이나 이사회를 효과적으로 통제할 수 있는 경우 보유한 지분의 일부를 상장시킬 수 있다는 점에서 이런 정의는 상대적으로 광범위한 면이 있다. 그리고 가장 중요한 점은 기업의 최고 경영진이 기업 소유주의 가족으로만 구성될 필요가 없기 때문에, 가족 기업에는 기업 소유 집안의 일원이 최고 경영자 자리에 있고 그 밑에 전문 경영인 그룹을 두거나, 전문 경영인이 회사를 운영하고 최고 경영자가 기업 소유 집안 출신이 아닌 경우가 있다. 이런 정의 하에 가족 기업은 대부분의 국가에서 GDP와 고용 상태의 절반 이상을 차지하고 있다(Jones and Rose 1993; Landes 2006; Snodgrass and Biggs 1996).

경제학자, 발달학자, 비즈니스 역사가, 사회과학자들 모두 보편적으로 현대 경제에서 가족 경영과 통제권이 가지는 전망에 대해 회의적인 태도를 보였다. 가족 기업의 실행 가능성에 대한 가장 일반적인 쟁점은 가족 기업은 기술과 규모의 경제의 이점을 이용할 정도로 성장할 능력이 없다는 것이다. 수많은 전문가들은 가족 기업은 자본을 축적하는 능력이 한정되어 있기 때문에 성장은 물론 최고의 기술을 습득하고 개발

할 수 없는 현상이 반복되는 악순환의 희생자로 간주한다. 이 공식에서는 규모의 열세와 최신 기술이 없으므로 가족 기업은 다른 형태의 기업과 비교했을 때 상대적으로 비용 면에서 불리한 위치에 서게 된다. 그런 악순환에서 벗어나려면 비용이 더 많이 드는데 수입은 오히려 줄어들기 때문에 가족 기업은 성장을 위한 충분한 자본을 모을 수가 없는 것이다.[1]

경제학자들은 종종 "가족 기업은 비효율성을 조성하는 정실주의와 온정주의에 근거하기 때문에 경제 발전에 해롭다"고 말해왔다(Benedict 1968). 1950년대 현대화 학자들은—가족 소유권, 통제권 그리고/또는 경영을 포함해—전통주의가 경제 성장의 주요 걸림돌이었으며 현대화된 사회, 정치, 경제, 그리고 금융계 엘리트들이 변화의 동인으로 활동했을 때만 발전이 있었다고 주장했다(Kerr 등 [1960] 1964; Rostow [1960]). 이 학자들은 "기술과 전문화가 대규모 기업이나 조직과 관련이 있다는 것은 너무도 확실하다"(Kerr 등 [1960]1964, 21; Rostow 1960, 9-11, 40)는 입장을 맹렬히 주장했다. 그들은 대기업의 성장이 가족 경영과 통제를 저해할 것이라 예상하며 다음과 같이 말했다. "가족 기업은 보통 소매나 도매 무역, 공예 산업, 중소 규모의 산업체와 같이 규모가 작고 비교적 간단한 조직 체계에서 효율적으로 운영된다."(Kerr 등 [1960]1964, 121). "고도로 발전된 산업국가일수록 가족에 의한 연결에 중점을 두지 않으며, 능력에 더 초점을 맞춘다. 가족이 영향력을 행사한다는 것이 확실하게 알려져 있다 해도 가족 일원을 선호하면 정실주의로 비판을 받는다."(Kerr 등 [1960]1964, 68). 그리고 학자들은 가족 기업을 '세습 경영' 또는 '소유권, 주요 의사 결정을 할 수 있는 지위, 경영

서열 내 최고 직책에 상당한 정도를 확대 가족이 차지하고 있는 경영 체제'와 연관시켰다. 효과적인 의사 결정을 할 권위는 가족에게 있고, 기업의 목표는 그 가족의 이득과 야망에 맞춰져 있다는 것이다(Kerr 등 [1960]1964, 120). 그들은 가족 기업이 "'부하직원'들에 대해 가부장적 개념에 입각해 그들을 걱정하는 태도"를 보인다고 보며 "전문 경영인이 가족의 권위에 복종"한다고 비판한다(Kerr 등 [1960]1964, 138–39). 따라서 경제학 문헌에서는 가족 기업은 현대적이지 못하므로 발전을 이룬 국가에서는 비주류로 격하된다고 보는 경우가 종종 있다.

이와는 다른 형태의 발달학자들도 가족 기업이 계속해서 살아남을지에 대해 의문을 던진다. 의존 개발 이론가들은 이념적으로, 그리고 이론상으로 현대화의 패러다임에 반대하지만 외국 자본, 대규모의 국내 자본, 국가가 연합하는 막강한 '3자 제휴'가 소규모의 지역 부르주아를 집어삼켰다고 주장했다(Evans 1979; Cardoso and Faletto [1973]1979, 163, 174, 213; Frank 1967 참조). 그들에 의하면 산업화 이후의 지형에 정치적으로, 그리고 경제적으로 적응하기에 가족 기업은 너무 작다. 그들은 가족 기업이 없어질 것이라고 예측하지는 않았지만 경제에서 하급 역할만을 할 것이라 암시했다.

본받아야 할 모델로 일본과 한국을 꼽은 후기산업주의 학자들도 소규모 기업에 대한 의문을 제기했다. 하지만 그들은 '자율적인' 국가가 가족 기업에 쉽게 논리를 부과하고 통제할 수 있는 한 가족에 의한 통제 그 자체를 문제 삼지 않았다. 사실 그들은 가족 소유권과 통제는 경공업이나 중공업 발전과 양립할 수 있다고 주장했다(Amsden 1989; Amsden and Hikino 1994). 비교 이득, 전문화, 국가 간의 자유 무역과 교환을 강조한 신고전주의 경제학자들은 '산업 거대화'와 가족 또는 노동자의 소유권을 비판했다(예; Sachs 1993, 18 – 20, 82 – 83). 마지막으로, 저명한 비즈니스 역사가들은 가족 기업의 '보수적'이고 '사적'인 특성이 최소한 20세기의 기술에 기반한 높은 단계의 경제 발전이 이루어지는 동안에는 전문 경영인에 의해 운영되는 기업과 비교했을 때 실적이 불량해지는 근본 이유가 된다고 공격했다(Chandler 1990; Landes 1951; Lazonick 1991).

경제학자, 성장 연구가, 비즈니스 역사가와 여러 사회과학자들이 가족 기업은 결국 종말을 맞거나 그보다 더 큰 기업에 종속될 것이라고 예측했지만, 소수의 비주류 학자들 가운데 이 문제에 대해 아주 다른 틀을 발전시킨 이들도 있었다(초기 사례는 Benedict 1968 참조). 벤 포라스(Ben Porath 1980)는 널리 알려진 논문에서 기업처럼 가족도 거래할 때 효과적이고 효율적인 방법으로 자원을 분배하고 선의, 정직함, 성실, 기술을 상대방에게 전달할 수 있다고 주장했다. 그렇다면 불확실하고 시장 실패라는 조건 하에서는 생산과 소비, 그리고 보험을 준비하는 측면에서 가족 기업이 다른 기관과 비교했을 때 반드시 열등한 것은 아니다. 가족 기업이 국가가 이미 발전을 이룬 다음에도 경제 성장과 기술 발전에 지속적으로 중요한 공헌을 해왔다는 연구를 인류학자(예; Benedict 1968)와 비즈니스 역사가(Colli and Rose 2003; Jones and Rose 1993)들이 확립했다. 그러므로 가족 기업이 여전히 지배적인 기업 형태라는 사실은 전혀 놀라운 일이 아니다.

영국, 미국, 독일, 일본의 비슷한 업계에서 영업하는 기업을 비교한 후 처치(Church 1993)는 가족 소유권, 통제, 그리고/또는 경영 그 자체가 우세한 상황의 변동이 기업과 국가의 국제 경쟁력을 설명하지는 못한다는 결론을 내렸다. 그보다는 기업의 전략적 결정, 소유권이나 관리 조직의 독립성이 상대적인 실적을 결정한다고 봤다. 가장 최근의 경제 관련 문헌은 너무 쉽게 구별되고 대조되는 부분은 피하려 노력하면서 가족 기업과 전문 경영인 체제 기업을 간단하게 이분하는 것 이상을 조사해 가족 소유권과 통제, 그리고 경영이 반드시 저조한 실적을 낳는 것은 아니라는 점을 인정하고 있다(Colli and Rose 2003).

지난 20년 동안, 지분 자산이 더 높은 시장 가치로 전환되는 조건을 알아내기 위해 노력한 금융 경제학자와 조직 이론가들은 새로운 노선을 채택하고 가족 기업을 포함해 연대감이 강한 기업에 대한 연구를 해왔다(Burkart 등 2003; Shleifer and Vishny 1986). 주인 – 대리인 이론에 근거한 전형적인 쟁점은 가족에 의한 관리가 미국같이 소수 주주들의 권리 보호가 잘 되는 나라에서는 비효율적이라는 것이다. 하지만 어떤 특정 상황 하에서는 미국에서조차 가족 소유권과 통제, 그리고/또는 경영이 기업의 가치에 공헌을 한다는 증거가 있다. 1990년대 미국의 〈포춘〉지 선정 500대 기업을 대상으로 한 포괄적 연구에서 빌라롱가와 아밋(Villalonga and Amit 2006)은—비록 창립자가 최고 경영자나 이사회 의장일 때만 해당되는 일이지만—가족 소유권이 주주의 가치를 창출해냈다는 사실을 알아냈다. 하지만 그들은 다음 대의 자손이 최고 경영자나 이사회 의장으로 일하면 가치를 파괴했다는 사실도 알아냈다. 게다가 다중 의결 주식, 피라미드, 상호 소유, 제휴, 투표 동의 등의 방식을 사용해 소유권 이상을 가족이 통제하면 주주의 가치는 줄어든다. 다시 그 다음 세대인 3대 자손이 최고 경영자가 되면 반대 상황으로 주주의 가치가 다시 증가하지만 말이다. 산탄데르는 이런 일반적인 패턴을 따르는 것 같다. 확실히 보틴 집안은 기본적으로 다른 은행과 맺은 상호 소유와 제휴, 의결권 협정을 이용해 보유하고 있는 소유권 이상의 영향력을 행사해왔다. 하지만 다음 장에서도 나오듯 실력 있는 후손이 최고 경영진에 있는 지난 20년간 상대적으로 건실한 결과를 만들어냈다.

1990년대, 앤더슨과 립(Anderson and Reeb 2004)은 스탠다드 앤 푸어스 500(S&P 500)의 자료를 이용해 일반적으로 이사회에서 다른 주주의 이익을 보호하는 역할을 하는 이사의 수에 비해 가족 대표의 수가 적을 경우에 가족 기업이 더욱 많은 가치를 창출해냈음을 알아냈다. 이렇게 경험에 의해 얻어진 결과에 따르면 최고의 조합은 가족 이사 1명당 독립 이사 2명인데, 정확하게 산탄데르의 독립 이사와 가족 이사 비율이 2:1이다(도표 8.1 참조). 다른 조직이나 금융 전문가들은 관리인 제도 이론(Davis 등 1997)을 사용해 가족 주주는 누구보다 회사를 염려하므로 더욱 좋은 실적을 내도록 기여한다고 주장했다(Anderson and Reeb 2003). 미국 자료를 이용한 연구는 가족 출신 최고 경영자는 고용된 최고 경영자보다 보수도 적게 받지만 본질적인 보상에 관심을 더 가지며 회사와 일체감을 느낀다는 것을 밝혔다. 현장 인터뷰에서 몇몇 주식 분석가와 기자들은 보틴이 긴 세월 동안 은행에 기여한 점을 고려할 때 산탄데르의 가족적 특성이 이로운 영향을 미쳤다고 주장했다.

〈도표 8.1〉 산탄데르의 이사회 구성(2006년 말)

이름	이사 유형	임명 연도	지분 소유율[a] (%)	배경
Emilio Botín III	중역(Executive)	1960	2.506	산탄데르 회장
Fernando de Asúa	독립(Independent)	1999	0.001	전(前) 에스파냐 IBM 회장
Alfredo Sáenz	중역(Executive)	1994	0.026	산탄데르 CEO
Matías Rodríguez Inciarte	중역(Executive)	1988	0.011	산탄데르 부사장
Manuel Soto Serrano	독립(Independent)	1999	0.004	인드라(Indra) 부사장
Antoine Bernheim	주주 대표	1999	1.303	아시쿠라지오니 제네랄리 대표
Antonio Basagoiti	[b]	1999	0.008	전(前) 유니온 페노사 사장
Ana Patricia Botín	중역(Executive)	1989	0.000	바네스토 회장
Javier Botín	주주 대표	2004	0.000	보틴 집안 지분 대표
Lord Burns (Terence)	[b]	2004	0.000	전(前) 애비 내셔널 회장

이름	이사 유형	임명 연도	지분 소유율ª (%)	배경
Guillermo de la Dehesa	독립(Independent)	2002	0.000	전(前) 파스토르(Pastor) 은행 CEO
Rodrigo Echenique	[b]	1988	0.011	전(前) 산탄데르 CEO
Antonio Escámez	[b]	1999	0.009	전(前) BCH 이사
Francisco Luzón	중역(Executive)	1997	0.021	전(前) 아르헨티리아 사장
Abel Matutes	독립(Independent)	2002	0.002	비즈니스맨, 전(前) 장관, 유럽 위원화 위원
Luis Rodríguez Durón	주주 대표	2004	1.171	무투아 마드릴레냐 우토모빌리스타 대표
Luis Angel Rojo	독립(Independent)	2005	0.000	전(前) 에스파냐 은행 총재
Luis Alberto Salazar-Simpson	독립(Independent)	1999	0.002	전(前) 아우나(Auna) 사장

Source: Annual Report, 2006, www.gruposantander.com.

ªIncludes direct, indirect, and delegated voting rights. All shares are of the same class.

[b]External directors not otherwise classified by the bank (Echenique was CEO in the 1990s).

2 _ 산탄데르의 가족적 특성

산탄데르는 가족 경영 체제가 선진 경제에서는 사라질 운명이라는 주장에 도전하는 수많은 대기업 중 하나라고 할 수 있다. 많은 가족 기업이 세계적인 수준으로까지 성장하자 이들은 다른 비슷한 소기업과 힘을 합쳤을 때만 효과적으로 경쟁할 수 있다는 가정에 도전하고 있다. 산탄데르는 같은 집안의 3대에 걸친 지휘 하에 세계 10대 금융기관 중 하나가 됐다. 그리고 통제와 최고 경영권을 네 번째 세대로 이양할 것이라는 전망이 강하고 나오고 있다. 우리의 분석은 지난 20년간 스페인과 유럽 금융계의 경쟁적이고 제도적인 상황 하에서 발전한 산탄데르가 가족 경영 구조로 다른 경쟁자들보다 확실한 이점을 봤다는 증거를 제시한다.

제2장에서 살펴본 바와 같이 산탄데르는 시작부터 가족 은행은 아니었다. 보틴 집안과의 밀접한 관계를 맺기 시작한 시점은 1920년까지 거슬러 올라가는데, 그때부터 1950년대 즉 은행이 설립된 지 100년이 지났을 때였다. 현재 보틴 집안 출신의 3대 회장이 가까우면서도 충직한 최고 간부 그룹의 도움을 받아 중요한 문제에 대한 결정을 내리고 있다. 관측자들은 에밀리오 보틴 3세의 딸인 아나 파트리시아가 궁극적으로는 최고 경영자가 될 것이라고 예상한다. 무엇보다 산탄데르 안팎에서 사람들은 산탄데르를 경영 방식 면에서 가족 은행으로 보고 있다. 이제 보틴 집안 주요 일원의 경영 방식과 기업 경영 관행, 경영 승계에 대해 살펴보기로 하겠다.

마지막 전통주의적 은행가 : 에밀리오 보틴 2세

1993년 에밀리오 보틴 2세가 90세로 사망했을 때, 스페인 금융계는 한 시대가 끝났음을 깨달았다. 에밀리오 보틴 2세는 1929년 은행에 들어와 1934년 경영 이사로 임명됐고, 1950년에 회장 자리에 올라 1986년까지 그 자리를 지켰다. 임기 동안 그는 작은 지방은행이었던 산탄데르를 스페인 7위 은행으로 만들었다. 보틴 2세가 60년에 걸쳐 은행가로서의 삶을 살아가는 동안 정권이 4번 바뀌었고(두 번의 독재 정권기 – 공화국 – 입헌 군주국 체제), 경제 체제도 4번(자급자족 경제 – 수입 대체 – 수출 주도형 성장을 위한 지시적 계획 – 개방 경제) 바뀌었다.

스페인 내에서 은행가로서의 위상이 높아지면서 에밀리오 보틴 2세는 이따금 중요 정치 문제에 대한 자신의 생각을 내비치긴 했지만 세인의 관심은 피했다. 예를 들어, 1967년 프랑코 장군이 여전히 권력을 쥐고 있을 때 보틴은 유명 일간지 〈ABC〉와의 인터뷰에서 다음과 같은 발언을 해 약간의 논란을 일으켰다. "국제 무역에 개방된 시장에서 기업은 경쟁력을 증진시켜야 합니다. 그런데 기업이 생각하기에 적절하게 노동력을 배치할 수 있는 재량권이 없으면 경쟁력을 얻기가 힘들어질 것입니다. 그와 동시에 노동자들이 파업할 수 있는 권리와 풍부한 실업 보험 체제가 동반되어야 합니다"(1993년 9월 23일 〈ABC〉지 보도 인용). 1970년대 말, 민주주의로의 험난한 전환기 동안 독재 체제를 평화롭게 해체해 민주주의로 전환하기 위한 올바른 행동 방침을 생각해낸 사람들의 효시가 보틴 2세였다. 프랑코가 사망하고 1년이 채 못 된 1976년 여름, 보틴 2세는 첫 번째 총선 전에 공산당의 합법화를 공개적으로 제안한 최초의 경제인이었다. 그는 〈엘 파이스〉 지를 통해 다음과 같이 말했다. "공산당은 전체주의적이고 반민주적이지만—그렇지 않음이 증명됐다—나는 공산당을 합법화하는 것이 현명한 처사라고 생각합니다."(《엘 파이스》, 1976년 8월 1일). 대중에게 모습을 잘 드러내지 않는 그가 다시 한 번 나타나 주목을 끈 것은 1983년, 문제가 많은 재벌 기업 루마사(Rumasa)—이 재벌 그룹은 은행도 몇 개 소유하고 있었다—가 국유화된 후 경제장관 미구엘 보이어에게 이를 지지하는 내용의 전보를 보냈을 때였다. 루마사 그룹 국유화는 논란을 불러 일으켰지만 적절한 조치로 결국 국유화로 인해 심각한 도산은 피할 수 있었다.

에밀리오 보틴 2세는 경제와 정치에 진보적인 성향을 가지고 있었는데, 이는 1950년대부터 1970년대 사이에 스페인의 집권층에서는 가지기 쉽지 않은 사고방식이었다. 은행가로서 보틴 2세는 산업체 기업 투자에서는 수익성을 거두지 못했지만 소규모 스페인 은행을 발 빠르게 인수하고, 뱅크 오브 아메리카와 합작을 맺고(뱅크인터), 1983년에는 엘렉트리카 데 비에스고(Electrica de Viesgo)를 인수하는 등 혁명적 자취를 보였다. 하지만 그의 아들과 비교했을 때 보틴 2세는 스페인 금융 역사에서 비교적 전통적 개념의 은행가로 기억되고 있다.

현 회장 : 에밀리오 보틴 3세

에밀리오 보틴 2세가 산탄데르를 스페인 국내의 수위 은행으로 부상시켰다면 그의 아들은 산탄데르를 스페인에서 뿐만 아니라 유로 지역 최대, 그리고 세계적으로도 손꼽히는 대형 은행으로 탈바꿈시켰다. 이런 눈부신 성장으로 보틴 집안은 그 위치를 공고히 해 합병 파트너의 반대까지도 맞설 수 있게 됐다. 스페인 안팎에서 보틴 집안 사람들은 물론 중역들과 경쟁사, 규제 당국, 학자, 분석가, 기자를 인터뷰한 결과 그들 모두 은행을 가족 사업으로 인식하고 있다는 것을 알아낼 수 있었다. 의견의 차이는 그런 특성이 정확한지의 여부가 아니라 그 특성이 주는 긍정적 혹은 부정적인 영향에 집중되어 있었다. 산탄데르의 가족적 특성을 거론할 때 인터뷰에 응한 사람들은 존경부터 노골적인 비방까지 다양한 반응을 보였다. 다소 중립적인 평가를 한 사람들은 산탄데르는 '회장주의자(presidencialista)' 은행이라고 말했다.[2]

에밀리오 보틴 3세만큼 성공을 거둔 인물에 대한 평가는 필연적으로 열렬한 존경부터 신랄할 비판까지 다양한 의견을 이끌어낼 수밖에 없다.[3] 사실상 모든 사람들은 우리 연구가 확실히 입증됐다는 점, 즉 산탄데르 은행 안팎의 사람들이 보틴 3세를 의사 결정의 주요 동력이자 전략적 방향과 전체적인 상황을 조율하는 인물로 본다는 것에 동의한다. 보틴 자신은 산탄데르의 의사 결정 과정은 원맨쇼가 아니며 자신의 주요 역할은 구체적인 실례에 의한 지도력이라고 평가했다. 보틴을 옹호하는 사람들은 보틴이 인간적인 면과 물욕이 없는 청렴함에 야망과 헌신, 근면함, 신중함을 겸비했다고 말한다. 국제 금융계에서 보틴은 개인적인 이익을 위해서가 아닌 주주와 직원들을 위해 성장을 주도한 인물로서의 모습을 효과적으로 부각시켜 왔다(물론 보틴 자신도 작지만 무시할 정도는 아닌 주식을 보유하고 있었으므로 그 자신도 주주들과 같은 입장이었다).

비평가나 지지자들 모두 산탄데르를 세계 금융계에서 막강한 경쟁자로 만들어 놓은 보틴 3세의 공로를 치하했다. 〈파이낸셜 타임즈〉의 마드리드 특파원인 레슬리 크로포드(Lesile Crawford)는 다음과 같이 보도했다. "품고 있는 야망의 정도나 크기로 볼 때 보틴 3세는 그의 전임자들과 다르다"(2002년 2월 22일자). 최고 경영진에 취임하고 난 후 처음 몇 년 간의 모습은 토마스 만의 소설 〈부덴브로크 가의 사람들(Buddenbrooks: The Decline of a Family)〉의 3대 자손 토마스 부덴브로크와 놀랄 만큼 흡사하다. "일단 통제권이 토마스 부덴브로크의 손에 쥐어지자 보다 신선하고 창의적이며 진취적인 분위기가 회사에 감돌았다. 이따금씩 조금은 위험을 감수했고, 전대의 경영체제 하에서는 단순히 이론적으로만 좋게 평가되던 회사의 신용을 끌어올려 최고가 되게 했다"(토마스 만 [1901]1994, 261). 2005년 7월 〈유로머니〉는 "현대 금융 역사에서 보틴은 가장 합병에 능한 은행가 중 한 명이 됐다"고 평했다. 전략적 행보를 할 때마다 은행이 보유하고 있는 자금으로 행사할 수 있는 영향력을 잘 계산했다. 인수를 할 때는 모두 치밀한 계획을 차례대로 밟아나가기보다는 좋은 기회가 오면 그것을 잡는 식이었지만, 연이어지는 인수 작업은 그 다음 인수 건을 촉진시키는 발판으로 작용했다.

산탄데르의 고위 중역들의 말에 의하면 은행의 모든 직원들에게는 회사를 움직이는 지도자이면서 소유자가 있다는 의미의 '주인정신(sensacion de dueno)'이 있다고 한다. 이는 보틴 집안이 보유하고 있는 지분 때문이기보다는 보틴 집안이 산탄데르의 문화와 역사, 전통에 끼친 영향에 근거한다. 고위 간부들과 평직원들 중 많은 사람들이 보틴 3세가 지도자라고 생각하며, 그런 사실이 마음을 든든하게 해준다고 말한다. 산탄데르의 직원들은 최고 경영진(특히 보틴 3세)이 특히 2001 - 2002년에 라틴아메리카 몇 개 국가에서 손실이 있었다는 사실을 잘 받아들이고, 그에 대한 책임도 진다는 점을 지적했다. 그들은 그게 바로 지도력이라고 말했다. 따라서 당연히 자산, 수입, 수익, 주가가 상승한 것과 같은 성공에 대한 공로도 보틴 3세에게 돌아갔다.

에밀리오 보틴 3세가 산탄데르에 미치는 영향력을 보여주는 사례가 3가지 있다. 첫 번째는 1994년 바네스토를 인수할 때 보인 과감한 행동이었고, 두 번째는 1999년 산탄데르와 BCH 합병 후 막후 책략을 써서 은행 통제권을 다시 얻은 사건, 세 번째는 2004년 예상치도 못한 애비내셔널 은행을 전례 없는 조건으로 인수한 사건이었다. 첫 번째 일화에 대해 〈유로머니〉(2005년 7월)는 다음과 같이 자세하게 기술했다.

『바네스토 인수 건은 이제는 전설이 됐다. 마리오 콘데의 관리체제 하의 바네스토는 심각한 문제에 부딪힌 상태였다. 에스파냐 은행이 바네스토를 구제해[1993년 12월] 1994년 경매에 붙였다. 산탄데르는 이사회에서 입찰가를 상의했다. 몇 시간 후 보틴은 회의를 끝냈고, 바네스토를 인수할 수 있다고 생각한 입찰가를 써넣은 다음 봉투를 봉인했다. 보틴은 입찰을 따냈지만 이사회와 보틴 자신도 입찰가를 너무 높게 책정했다는 생각에 걱정을 했다. 하지만 그들은 지금은 그렇게 생각하지 않는다. "바네스토 경매 입찰가를 제출했을 때 그 기회를 절대 놓칠 수 없다고 생각했습니다. 그래서 입찰가를 높게 써넣었지요. 사업의 장기적 성공이 중요하다고 보면 1억 유로나 2억 유로 차이가 그리 중요한 게 아니지 않습니까?"라고 보틴은 말했다.』

산탄데르는 주당 가격을 762페세타로 써 566페세타를 써낸 아르헨타리아와 667페세타를 써낸 BBV를 가볍게 물리쳤다. 하지만 이 경매에서 가장 의미심장한 면은 입찰 결과보다는 과정에 관련된 사건이다.

에밀리오 보틴 3세는 다음과 같이 말했다. "오후 내내 그 입찰 조건에 대한 50페이지짜리 서류를 봐가며 서명을 하고 있었지요. 그러다가 정작 입찰가를 써넣어야 하는 따로 분리된 페이지에는 서명하는 것을 잊어버리고 말았어요." 중앙은행 총재인 루이스 앙헬 로호가 즉시 보틴을 불렀고, 그는 서둘러 가서 서명을 했다.[4] 이런 걸 보면 확실히 이사회는 최종 결정을 보틴에게 내리도록 위임했음을 알 수 있다.

두 번째 사례는 산탄데르와 BCH가 합병한 1999년 1월 15일에서 3년이 지난 2002년 2월 14일 통합된 SCH의 경영권에 변화가 있었던 시기에 일어났는데, 이로 인해 보틴의 힘은 더욱 강화됐다. 산탄데르와 BCH의 합병은 엄청난 사건으로 지금까지도 스페인과 유럽 지역의 은행 통합으로는 규모가 가장 크다. 게다가 두 은행은 역사와 기업문화, 경영 방식 등이 서로 많이 달랐다. 당시 BCH 회장이었던 호세 마리아 아무사테기(Jose Maria Amusategui)는 히스파노 아메리카노 은행은 물론 국영 회사인 INI를 오랫동안 운영해온 경험 많은 경영인이었다. 그리고 최고 경영자인 앙헬 코르코스테기(Angel Corcostegui)는 훨씬 젊은 와튼 경영대학원 출신(박사, MBA)으로 비스카야 은행에서 일하다가 BBV에서 합병 후 전투에서 패배한 동료와 함께 센트랄 은행으로 갔다.

합병으로 아무사테기와 보틴의 공동 회장 체제가 출범되었고, 코르코스테기는 최고 경영자로 있다가 아무사테기와 보틴이 각각 2002년과 2007년 은퇴하면 자연스럽게 그들의 뒤는 잇는 것처럼 보였다. 최고 경영진과는 달리 이사회 27개 의석은 산탄데르에 유리한 쪽으로 만들어졌다. 산탄데르 쪽에서 13명, BCH에서 12명, 그리고 2명의 사외 독립 이사로 구성됐다. 이사 10명으로 구성된 최고 위원회는 산탄데르에서 5

명(에밀리오 보틴 3세와 그의 동생 하이미 보틴, 딸 아나 파트리시아 보틴, 라파엘 알론소 보틴, 마티아스 로드리게스 인시아르테), BCH에서 5명(호세 마리아 아무사테기, 앙헬 코르코스테기, 안토니오 에스카메스, 산티아고 폰시어스, 페르난도 데 아수아)으로 이루어졌다.

이렇게 잘 정돈되고 분명한 정국을 헤집어놓은 것은 5주 후에 발간된 잡지 기사였다. 스페인 최대 일간지의 일요 잡지인 〈엘 파이스 세마날(El Pais Semanal – 발행 부수 826,000부)〉은 상당히 긴 특집 기사를 내보냈다. '스페인에서 가장 막강한 여성'이라는 표제로 아나 파트리시아 보틴이 표지를 장식했다(Rodriguez and Rivera 1999). 당시 아나 파트리시아 보틴은 SCH에서 도매 금융 부문을 맡고 있었으며, 이사회의 최고 위원회 위원이었다. 기사는 아나 파트리시아의 삶을 멋지게 표현했고, 직업적 성취를 상당히 공정하게 묘사하면서 그를 새롭게 합병한 SCH의 '라 프린세사 에레데라(la princesa heredera)' 즉 '공주 후계자'로 표현했다. 여기까지는 괜찮았는데 진짜 폭탄은 그 특집 기사 끝부분에 다소 악의적인 의도가 느껴지는 논조로 은행의 최고 경영진을 묘사한 부분에서 터졌다. 기사는 다음과 같다. '그리고 [SCH의 최고 경영자] 코르코스테기는 단지 전문 경영인일 뿐이다. 확실히 명석하긴 하지만 그저 중역일 뿐 그 이상은 어떻게 할 수 있는 것이 없을 것이다. '시간이 지나면 이런 면이 더욱 확실해질 것이다.' (Rodriguez and Rivera 1999, 32; 강조 부분이 첨가됨). 이는 새로운 최고 경영자인 코르코스테기가 아닌 아나 파트리시아 보틴이 회장이 될 것임을 암시하는 것이었고, 이로 인해 BCH측 고위 간부진의 공분을 사게 됐다. 기사가 나가고 나서 24시간이 채 지나지 않은 1999년 2월 22일 월요일, 에밀리오 보틴은 경영진에서 물러나겠다는 딸의 사임을 받아들일 수밖에 없었다. 하지만 이사로서의 활동은 계속하며 향후 발전 계획을 꾀했다. 우리가 인터뷰한 사람들은 이런 행동을 '전략상 후퇴'로 표현했다.

전략적이었든 그렇지 않았든 이 사건은 보틴 3세와 아나 파트리시아 두 사람 모두에게 아주 힘든 일이었음이 틀림없다. 언론은 거의 일제히 보틴의 시대가 끝났음을 알렸다. 하지만 단 한 군데는 예외였다. 경제 일간지 〈익스판시온(Expansion)〉(1999년 2월 24일)은 다음과 같이 논평했다. "조직 내의 아나 파트리시아가 맡은 막중한 역할을 고려할 때, 이는 새로 발족한 은행에 커다란 손실이라고 시장은 보고 있다." 아나 파트리시아의 사임은 '에밀리오 보틴 2세조차 상상할 수 없었을 결정'이라고 논평한 신문도 있었다(〈엘 문도〉1999년 2월 28일). 사임 발표가 있고 하루가 지나 〈엘 파이스〉는 논란을 촉발시킨 기사를 준비하기 시작한 것은 1998년 10월로, 합병 소식이 알려지기 훨씬 전이었음을 밝혔다. 〈엘 파이스〉는 아나 파트리시아 보틴이 이에 대한 인터뷰를 거절했다는 사실도 밝혔다.[5]

하지만 보틴 집안의 산탄데르 지배가 끝났음을 알리기에는 시기상조였다. 그 다음 몇 달 동안 산탄데르의 중역진은 조금씩, 그리고 조용히 SCH에서의 입지를 넓혀나갔다. 2001년 8월 15일 계획보다 6개월 정도 일찍 아무사테기가 물러났다. 그리고 2002년 2월 14일 코르코스테기가 최고 경영자 자리에서 사임했다. 아무사테기는 4,300만 유로에 상당하는 퇴직 수당을 받았고, 코르코스테기는 조기 퇴직에 대한 특별 우대 조치로 1억 4천만 유로를 받았다. SCH 이사회가 퇴직 수당을 승인하긴 했지만 이로 인해 에밀리오 보틴 3세는 연이어 법적 문제에 휘말리게 되었고, 이 문제는 2006년이 돼서야 해결됐다. 〈파이낸셜 타임즈〉(2002년 2월 24일)는 그 일련의 사건에 대해 다음과 같은 기사를 실었다. "지난 이사회 재개편과 앙헬 코르코스테기의 사임으로 명망 높은 SCH의 최고 경영진과 스페인의 수위 은행이 가족 경영 체제로 바뀌어 버렸다." 비스카야 은행에서 코르코스테기와 함께 일했고, 사건 당시 바네스토 회장이었던 알프레도 사엔즈가 코르코스테기의 자리를 이어받았다. 그리고 아나 파트리시아가 사엔즈의 자리로 가 바네스토를 맡았다. 〈엘 파이스〉(2002년 2월 14일)는 이를 다음과 같이 보도했다.

『SCH의 권력 위기는 지난 해 6월 홍보 부문 이사인 루이스 아브릴(Luis Abril)을 해임하며 시작됐다. 당시 아무사테기와 보틴 사이의 충돌은 공공연한 전쟁 상태였다. 7월 법정 소송을 벌이겠다고 위협한 후 아무사테기는 정부와 에스파냐 은행이 개입해줄 것을 요청했다. 하지만 아무사테기의 계획은 실패로 돌아갔고, 그는 8월 15일 공동 회장직에서 물러났다. 이듬해 1월 BCH에서 임명한 이사 4명이 떠났고, 마침내 코르코스테기도 사임했다.』

아무사테기는 강력한 영향력을 행사하는 경제장관 로드리고 라토(Rodrigo Rato - 라토는 보틴과 관계가 좋았다)에게 산탄데르가 합병 협정을 지키게 해달라고 요청했다.[6] 하지만 라토는 그 문제는 은행 내부 문제이니 이사회에서 해결해야 한다고 조언했다. 또 이 문제가 홍보 이사를 해고하고 나서 시작됐다는 것은 위기 때 홍보 활동이 얼마나 중요해지는지를 알 수 있는 대목이다.

하지만 이사회는 보틴에게 유리한 쪽으로 기울어졌다. 2001년 10월 건설회사 드라가도스의 회장이자 BCH에서 임명한 산티아고 폰시어스가 72세 생일을 맞이하며 이사회를 떠났다. 보틴의 지원으로 드라가도스가 다른 건설회사인 사키르(Sacyr)를 합병한 것에 대한 열띤 논란이 있은 다음의 일이었다. 2002년 초, 보틴은 다른 BCH 이사들을 설득해 이사회에서 떠나게 했다. 이 중에는 명망 있는 사업가로 알려진 펠리페 밴하매아(건설회사 아벤고아[Abengoa] 회장), 곤잘로 이노호사(의류회사 코르테피엘[Cortefiel] 회장), 페드로 발베(식품 가공회사 캄포프리오[Campofrio] 회장), 그리고 코메르츠방크의 대표가 포함되어 있었다(〈ABC〉 2002년 2월 10일; 〈엘 파이스〉 2002년 2월 3일). 게다가 코르코스테기가 최고 경영자였지만 보틴이 회계와 인사, 국제 경영에 대한 결정을 내렸다(Gomez Escorial 2004).

1999－2000년 사이에 보틴과 합병 이전의 산탄데르 경영진(마티아스 로드리게스 인시아르테와 아르헨타리아 회장직에서 어쩔 수 없이 물러난 후 보틴이 새롭게 영입한 프란시스코 루손)은 일련의 중요한 행보를 내딛었다. 거기에는 포르투갈의 샴팔리마우드 은행 그룹 인수, RBS가 내셔널 웨스트민스터를 인수할 때 돕기로 약속한 지원, 멕시코의 세르핀과 브라질의 바네스파 인수, 스페인 이동전화 사업자 에어텔에 지분 참여를 한 보다폰과의 협정 체결 등이 포함된다. 몇몇 전 BCH 간부들—그들 중 몇몇은 아무사테기와 갈등이 있었다—사이에 벌어진 언쟁에 힘입어 보틴은 천천히 하지만 확실히 주도권을 다시 잡아가고 있었고, 이사회에 미치는 그의 영향력은 물론 포르투갈과 영국에 있는 외부 동맹 세력에 대한 영향력도 다시 복구되기 시작했다. 한편 2001년 코르코스테기의 위상은 많이 약해졌다. 합병 뒤의 통합 과정이 더뎌지고, 2000년 아

르헨티나에 기반을 두고 라틴아메리카를 대상으로 사업을 하는 인터넷 뱅킹 포탈인 파타곤(Patagon) 지분 75퍼센트를 인수하는데 너무 많은 액수(5억 2,900만 달러)를 지불한데다가 시기도 적절하지 못해 입은 타격 때문이었다.[7] 결국 에밀리오 보틴 3세가 유럽 최대 은행 합병의 승자로 부상했고, 그가 가장 신뢰하는 조력자들인 알프레도 사엔즈, 마티아스 로드리게스 인시아르테, 프란시스코 루손, 아나 파트리시아 보틴을 주요 요직과 이사회에 앉혔다.

우리 인터뷰에 응한 사람들 몇몇은 그런 결과가 나온 또 다른 요인은 3명의 주요 인물의 목표가 달랐기 때문이라는 점을 지적했다. 전 홍보 이사였던 루이스 아브릴은 사임하고 몇 년이 지난 후 한 인터뷰에서 다음과 같이 말했다. "[에밀리오] 보틴은 모든 권력이 합병을 주도한 은행인 산탄데르에 집중되길 바랐고, 이와는 대조적으로 아무사테기는 두둑한 보너스를 받고 은퇴하고 싶어했습니다. 그리고 앙헬 [코르코스테기], 앙헬은 무엇을 원했는가? 그게 바로 수수께끼입니다!"(Garcia de la Granja 2005, 195). 언론이 보도했듯 코르코스테기는 적어도 한동안은 두 회장이 은퇴하고 나면 자신이 그 자리를 물려받을 것이라고 생각했던 것 같다. 하지만 2000년 혹은 2001년 그는 자신이 후계자가 될 가능성이 희박하다는 것을 깨달았다. 궁극적으로 보틴은 합병된 은행에 깊이 관여해 통제권을 쥔 유일한 주요 인물이었고, 이사회에서도 다수의 표를 얻는 상황이었기에 그가 이긴 셈이었다. 또 보틴이 오랫동안 일을 하며 은행과 자신을 동일시했던 태도 역시 그런 결과를 낳는데 중요한 작용을 했다고 볼 수 있다.

BCH와 산탄데르 합병의 끝은 현대 금융 역사에서 전례 없는 일은 아니었다. 1972년 발렌베리 가(家)의 스톡홀름 엔스킬다 은행(Stockholms Enskilda Bank)이 스칸디나비스카 은행(Skandinaviska Banken)과 합병해 스칸디나비스카 엔스킬다 은행(Skandinaviska Enskilda Banken)이 되었는데, 이 은행도 합병 후 BCH와 산탄데르의 경우와 비슷한 전쟁을 치렀다. 다른 점이 있다면 집안의 3대손에서 4대손으로 바뀌는 시점에 아들들 중 마르크와 피터가 합병의 이점에 대한 합의를 보지 못해 갈등을 겪었다는 것이다. 1971년 마르크가 자살했고, 언론은 '발렌베리 시대'가 끝났다고 보도했다. 사실상 발렌베리 집안은 1980년대 중반까지 은행과 산업체 지주회사와 관련된 자산에 대한 통제권을 잃었다. 하지만 1990년까지 피터 발렌베리는 집안 명의의 지주회사와 재단을 재편해 통제권을 회복하고, 자신의 아들과 죽은 형의 아들을 함께 이사회 요직에 앉히며 내분을 해결했다(Lindgren 2007).

바네스토 인수와 BCH 합병 사례는 에밀리오 보틴 3세의 장악력뿐 아니라 적절한 때를 기다릴 줄 아는 그의 인내심과 기회가 왔을 때 행동에 옮기는 단호함을 보여준다. IESE 경영대학원 교수이자 전 비스카야 은행 부회장이었던 에두아르드 발라린(Eduard Ballarin)은 다음과 같이 말했다. "보틴 3세는 언제나 그가 말한 것과 반대로 행동합니다. 산탄데르를 역사적 관점에서 살펴보면 경쟁이 어려운 상황이거나 대응하기 힘들 때마다 과감하게 행동했다는 것을 알 수 있습니다."(〈뱅커〉 2002년 5월).

셋째, 이런 행동 패턴의 의미심장한 면이 나타났던 때는 2004년 애비 내셔널 인수에서였다. 인수하기 약 8개월 전쯤 보틴은 〈파이낸셜 타임즈〉(Botin 2004)에 상당히 긴 기사를 내보내며 미래의 전략에 대한 자신의 생각을 피력했다.

『나는 [유럽 내의 국제 합병] 전략에 장점이 있다는 생각에 회의적입니다. 시간이 좀 흐른 후 유럽은 통합할 수 있을 것이고, 그때가 돼야 규제와 회계, 문화적 장애물과 같이 단일 시장의 기능을 방해하는 수많은 장벽을 극복할 수 있을 것입니다. 자국의 대형 은행을 외국 기업에서 인수한다는 것을 용납하지 못하는 사람들이 아직도 많습니다. 이런 장벽이 없어도 국제 합병은 많은 문제를 만들어낼 수 있습니다. 경영 방식이 다른 개체들을 하나로 합병할 때 확실한 명령의 위계질서를 잡는 일이 어렵다는 것은 너무도 자명한 일입니다. 미래에 유럽 내에서는 국제 합병이 없을 것이라고 말하는 것은 아닙니다. 하지만 현재 상황에서는 합병을 할 경우 과연 주주들을 위한 가치 창출을 할 수 있을지 의문스럽습니다.』

BCH – 산탄데르 합병 기간 동안 그가 겪었던 경험은 확실히 이 같은 관점에 긴 그림자를 드리웠다. 몇 달 후 2004년 7월 애비 내셔널을 인수하고 나서 그는 다음과 같이 말했다. "한 국가 안에서의 합병도 복잡하다는 것을 안다면 두 나라간 합병은 어떨지 상상이 갈 것입니다."(〈AFX UK Focus〉 2004년 7월 20일). 애비 내셔널 인수 후에 국제 합병과 거래에 대한 시각이 달라졌느냐는 질문에 보틴은 얼굴을 찡그리며 다음과 같이 언급했다.

『내 생각은 여전합니다. 3년 전에도 말했고, 작년 그리고 올해도 〈파이낸셜 타임즈〉에 같은 이야기를 했어요. 합병은 언제나 복잡합니다. 대등 합병은 특히나 그렇지요. 합병은 인수 혹은 회사 자체를 사들이는 것과 전혀 다릅니다. 전에 한 경험을 미루어보면 한 나라 안에서 합병을 해도 복잡한 판에 국제간 합병은 오죽하겠습니까? 합병이 전혀 일어나지 않을 거라고 말하는 건 아닙니다. 그저 산탄데르는 하지 않을 거라는 겁니다. 그 이유는 합병을 한다고 해서 주주들을 위한 가치가 창출되는 게 아니기 때문이며, 산탄데르의 경영진은 주주들을 위한 가치 창출을 위해 일하고 있습니다. 애비 내셔널 건은 다릅니다. 그건 회사를 산 거죠. 산탄데르가 애비 내셔널을 산 겁니다 (〈Down Jones International News〉 2004년 7월 26일).」

보틴의 적과 친구 모두가 동일한 시각으로 그를 본 견해를 가장 잘 포착한 것은 〈월스트리트 저널〉(1999년 2월 3일)로, 다음과 같이 평했다. "기회를 잘 포착하는 보틴 3세의 능력이 바로 산탄데르 성공의 원천이다." 최근 인터뷰에서 보틴 3세는 "아주 특별한 기회가 오면 그걸 잡아야 한다고 가르쳐준 것이 바네스토입니다. 그래서 애비 내셔널을 인수한 겁니다. 그때가 영국 금융 시장에 진출할 유일한 기회였습니다. 지금은 모두들 국제 합병을 하려고 하지요. 우린 순조롭게 출발하기 위해 최소 12개월의 준비 기간을 둡니다."(〈유로머니〉 2005년 7월). 급격하게 변하는 금융 시장에서 단호하게 전략적 행보를 했던 것이 산탄데르가 스페인과 유럽의 경쟁자들보다 우위에 설 수 있었던 주요 원인인 것 같다. 이는 시티은행 직원의 인터뷰 내용에서도 드러난다. 그는 다음과 같이 말했다. "다른 대부분의 은행에서는 인수는커녕 그저 단순한 전략상의 결정을 내릴 때도 중역 회의를 몇 번을 거쳐야 합니다." 이런 일은 확실히 산탄데르에서는 일어나지 않는 일이다.

3 _ 산탄데르의 경영 구조

산탄데르의 구조나 이사회 구성을 보면 가족이 경영 구조에 영향력을 행사한다는 사실이 명백하게 드러난다. 2006년 말 현재 이사회는 18명의 이사로 구성되어 있는데 보틴 집안에서 세 자리, 현직 또는 전직 산탄데르 중역이 네 자리, 산탄데르가 제휴를 맺은 보험회사인 아시쿠라지오니 제네랄리(Assicurazioni Generali)와 무투아 마드릴레나 아우토모빌리스타(Mutua Madrilena Automovilista)에서 파견된 대표가 각각 하나씩 두 자리, 독립 사외 이사가 여섯 자리, 한때 합병 파트너인 BCH와 함께 일했던 중역이 한 자리, 전기 설비 회사 유니온 페노사의 중역 한 명과 애비 내셔널 측 대표도 각각 한 자리씩을 차지하고 있다(도표 8.1 참조). 이사를 선임할 수 있는 주식 비율 5.56퍼센트 이상을 소유한 주주는 아무도 없다. 2006년 말 산탄데르 주식 1퍼센트의 시장 시세는 8억 8,400만 유로(11억 4,900만 달러)였다. 따라서 산탄데르 이사회 의석 하나의 가격은 약 64억 달러인 셈이다. 2006년 2월 에밀리오 보틴 3세와 그 자녀들(아나 파트리시아와 에밀리오, 프란시스코 하비에르)은 그들의 주식을 신디케이트화 했다(당시에는 전체의 0.7퍼센트). 그리고 에밀리오 보틴 3세가 감독하는 마르셀리노 보틴 재단(Fundacion Marcelino Botin)이 2006년 말 현재 1.45퍼센트를 소유하고 있다. 앞서 밝힌 바와 같이 산탄데르의 독립 이사와 가족 이사의 숫자 비율은 2:1인데, 이는 앤더슨과 립(Anderson and Reeb 2004)이 스탠다드 앤 푸어스 500 자료를 이용해 계산한 주주의 재산을 극대화하는데 최적인 비율이다.

공개적으로 상장된 회사에 소유권 이상의 통제력을 행사할 때 쓰는 5

가지 방법—다중 의결 주식, 소유권 피라미드, 교차 소유, 제휴, 의결권 협정—중 보틴 3세는 교차 소유, 제휴, 의결권 협정만을 사용했다. 즉 모든 주식이 같은 등급에 속해 있으며, 소유권 피라미드는 없는 것이다. 안토니우 데 솜머 샴팔리마우드, 스코틀랜드 왕립은행(RBS)과의 관계가 좋은 사례다. 1999년 이후 산탄데르가 토타 이 아소레스(Banco Totta e Açores)와 샴팔리마우드의 크레디토 프레디알 포르투기스(Credito Predial Portugues)를 인수했을 때 보틴 3세는 산탄데르의 지분 1.5퍼센트를 소유하고 이사회에 이사로 있던 충실한 동맹 샴팔리마우드에 의지할 수 있었다(샴팔리마우드는 2004년 사망했다). 그리고 RBS와의 제휴와 교차 소유는 1988년 시작돼 2004년까지 지속됐다. 또 다른 중요 제휴 동맹은 산탄데르 지분의 1.3퍼센트를 소유한 이탈리아의 아시쿠라지오니 제네랄리인데, 이 회사도 1999년 이후 이사회에 이사를 파견했다. 이에 대해 아나 파트리시아가 2004년부터 제네랄리의 이사로 재직하고 있다. 마지막으로, 보험회사 무투아 마드릴레나 아우토모빌리스타는 2007년 말 현재 산탄데르 지분의 1.2퍼센트를 소유하고 있으며, 이사는 2004년부터 파견했다. 이사회에서 보틴 집안과 그 동맹이 소유한 지분을 모두 합하면 거의 4퍼센트가 된다.

이렇게 제휴 관계에 있다 보면 암묵적으로든 아니면 드러내 놓고든 의결권 협정을 맺게 된다. "[2004년] 5월 사망할 때까지 안토니우 데 솜머 샴팔리마우드는 자신의 의결권을 보틴에게 위임했다. 비슷한 협정을 맺고 있으며 산탄데르 지분의 1.07퍼센트를 보유하고 있는 이탈리아 보험회사 제네랄리의 회장 앙투안 베른하임(Antoine Bernheim)도 이를 지속해 나갈 것이다."(《선데이 텔레그라프》 2004년 10월 3일). 이런 협정은 상당히 광범위하며 적법하다.

　기업 경영 구조 영역에서 에밀리오 보틴 3세는 최근 들어 주주들의 가치 창출의 중요성을 이해한다고 말했다. 경영진과 주주들, 지배 주주와 소액 주주 사이의 이해관계 차이로 인한 잠재적 갈등과 충돌이라는 민감한 문제가 있을 수 있음을 인정하며 보틴 3세는 "우리는 주인정신을 가진 경영자가 돼야 한다. 무엇보다 우리가 주인이라는 책임감을 지녀야 한다"고 말했다(〈파이낸셜 타임즈〉 2004년 7월 24일). 2002년 연례 주주 회의에서 그는 행동 강령과 보상 프로그램을 밝혔다(〈뉴욕 타임즈〉 2002년 7월 12일). 이는 합병 이후 취한 고압적인 해결책과 아나 파트리시아가 중역으로 돌아온 것에 대해 쏟아진 비판을 유화시키려는 의도가 있었다.[8] 하지만 절대 배제할 수 없는 다른 요소도 있었다. 첫째, 모두 합해 산탄데르 주식을 3분의 2 가량 보유하고 있는 외국 기관투자가들이 당시 미국에서 벌어진 기업 경영 스캔들에 충격을 받았고, 세계적으로 주목을 끄는 기업에 대한 정밀 조사를 늘렸다. 둘째, 불법 해외 계좌 조사가 급격히 진행되면서 이사회의 이사 반을 잃은 스페인 내의 경쟁 은행인 BBVA의 문제로 스페인 금융기관이 사람들의 이목을 끌게 됐다. 셋째, 보틴 자신도 세상에 익히 알려진 두 가지 문제 때문에 소송에 휩싸일 가능성이 높아졌다. 하나는 '대출 양도' 문제로 이 금융 상품을 통해 산탄데르 상품 구매자들은 세금 납세의 허점을 이용할 수 있었고, 은행은 1987-1991년 사이에 새로운 예금을 무려 45억 유로를 유치할 수 있었다. 다른 문제는 아무사테기와 코르코스테기에게 지급된 수억 유로에 달하는 퇴직 수당을 둘러싼 논란이 증폭된 것이다. 하지만 2006년 이사회의 승인을 얻어 그들에게 퇴직 수당을 지불했고, 그것이 주주들에게 해가 됐다는 증기가 없어 보틴은 이 퇴직 수당 문제로 인한 혐의를 벗었고, 대출 양도 건은 검사가 소송을 취하했다.

2004년 애비 내셔널 인수로 산탄데르는 점점 더 세계적으로 주목을 받게 되었고, 은행 경영에 투명성이 요구됐다. 영국 언론은 산탄데르의 은행 역량과 법적 소송 문제에 대한 비판과 더불어[9] 기업 경영에서 에밀리오 보틴 3세가 족벌주의를 사용한 점을 들어 산탄데르가 애비 내셔널을 인수하는 것에 반대하고 HBOS의 대항 입찰을 지지하는 이유라고 말했다.[10] 몇몇 매체에서는 상당히 경멸적인 언어까지 사용해가며 산탄데르에서 보틴의 역할 특성과 그를 공격했다. 예를 들어, 한 신문은 보틴을 '자신의 제국을 확장하려 애쓰는 70세의 포식자'라고 일컬었다(《데일리 메일 리포터(Daily Mail Reporter)》 2004년 7월 24일). 가장 신중한 영국 언론사 중 하나도 산탄데르와 프랑코 정권 사이의 근거 없는 유사점을 꼽아보려 시도하며 산탄데르를 '자비로운 독재 체제'라고 불렀다(《데일리 텔레그라프(Daily Telegraph)》 2004년 10월 24일). 이에 대해 런던의 금융계에 종사하는 사람들 중 몇몇은 좀 더 공평하게 보도할 것을 언론에 요구했다.

『"현재 산탄데르의 상황을 보면 언론이 저렇게 부정적인 시각을 갖는 것이 언짢습니다"라고 런던의 신용평가회사 피치(Pitch Ratings)의 경영 이사 마리아 호세 록커비(Maria Jose Rockerbie)는 말한다. "보틴 집안이 은행에 막강한 영향력을 행사한다는 견해는 일리가 있습니다. 하지만 이는 벌써 수년간에 걸쳐 이루어진 일이고, 주주들이나 해외 투자자들도 은행의 실적에 대해 이렇다 할 문제가 있다고 생각하지 않는 것 같습니다. 산탄데르가 어떻게 돌아가는지 잘 알고 있으며, 주식도 상당히 안정적이라는 것을 숙지하고 있지요. 산탄데르의 경영 체제는 역동적이고 적극적입니다."』[11]

에밀리오 보틴 3세는 산탄데르의 경영 체제가 투명하지 않다는 비난에 불만을 토로했다. 그는 "우리 은행 경영 체제의 투명성은 세계 그 어떤 은행에 견주어도 뒤떨어지지 않습니다. 독립 이사와 적절하게 돌아가는 이사회가 있습니다. 지분을 소유하고 있는 중역이 있지만 그것 때문에 그들은 경영에 최선을 다하고, 그건 우리 집안도 마찬가지입니다"라고 2002년 5월 〈뱅커〉 지를 통해 말했다. 2005년 기업지배구조 전문 평가회사인 데미노어 레이팅(Deminor Rating)은 산탄데르를 '유럽 대륙에서 기업 경영 체제를 구축한 선도적 기업 중 하나로 특히 표준을 공개해 기업 경영을 해나가고 이사회 기능도 원활하게 돌아간다'고 평가했다. 10점 만점 평점에서 데미노어는 산탄데르에게 주주의 권리 보호와 주주 가치 창출에 7.5점, 정보 관행과 이사회 기능에 8점을 줬다. 데미노어가 만든 27페이지짜리 보고서에서 중요한 단락을 뽑아보면 다음과 같다.

『보틴 집안은 [2005년] 주식 자본의 약 2.17퍼센트를 보유한 대주주 중하나로 이사회 의석 18석중 3개를 차지하고 있다. 보유 지분이 작음에도 불구하고 보틴 집안은 존경과 성공적인 금융 왕조를 이루면서 만들어 놓은 친분 관계를 이용해 다른 주주들, 그리고 이사회의 암묵적인 동의로 은행 운영에 막강한 영향력을 행사할 수 있다. 하지만 주주들의 장기 이득이 그들의 이득에 해가 된다고 여길 만한 징조는 없다.』[12]

전략적 의사 결정 문제에 있어 산탄데르가 어느 정도 가족 은행의 성격을 담고 있다는 것은 현재 주주와 채권 소유자, 임직원, 그리고 경쟁 은행 모두가 알고 있는 사실이다. 이런 이유에서 보틴 집안을 투명성이 부족하다고 비난하기는 힘들다. 그리고 직원들은 제약이 조금 있지만, 주주나 채권 소유자는 언제든지 소유하고 있는 지분이나 채권을 팔 수 있다. 인터뷰를 나눈 몇몇 은행가와 주식 분석가는 경영에 적극적인 집안이 은행을 진두지휘한다는 사실이 주주들에게는 안도감을 주는데, 그 이유는 그 집안사람들이 경영자와 이사는 물론 은행을 일부 소유하고 있기 때문이라고 봤다. 따라서 관리인 이론과 마찬가지로(Davis 등 1997) 많은 사람들이 산탄데르의 가족 은행으로서의 특성을 주주들의 수익을 극대화시키는 강력한 동인으로 보고 있다. 앞서 밝혔듯이 인터뷰를 한 몇 사람은 변화가 많고 불안정한 금융계 환경에서 결연하고 단호한 지도자가 있는 은행이야말로—비록 그것이 가족 소유권 제도 자체의 특성이 아닌 한 개인의 특성이긴 하지만—성장 기회를 잡았을 때 경쟁력에 있어 상당한 이점을 갖춘 것이라고 지적했다.

직원들 문제에 있어 산탄데르는 여느 스페인이나 유럽 대륙의 경쟁 은행과 다른 점이 거의 없다. 직원들에게 온정주의적으로 행동하거나, 노사 관계에 있어서도 특별히 관대하게 행동하지 않는다. 다른 은행과 마찬가지로 산탄데르에도 금융 노조가 있다. 고용 관계의 거의 모든 면—채용, 해고 절차, 직군에 따른 급여 등급, 직업 이동성, 근무 시간표, 휴가, 연금 지불 등—과 주주는 물론 직원들의 수익 증가에 따른 혜택이 주어지는 수익 분배 조항도 단체 협약에 따라 결정된다. 수년간 스페인 금융계에서는 대규모의 파업이 없었다(Sagardoy Bengoechea 2006).

해외에서도 산탄데르는 이렇다 할 노동분쟁을 겪지 않았다. 그리고 브라질에서는 몇몇 노동조합이 일자리 삭감을 비판하기는 했지만 '어떤 형태로든 구조조정이나 변화가 있을 경우에는 노조와 협의를 한 다음에 실행하기로' 합의했다(Guillen 2005, 9장).[13] 요컨대 주주와 채권 소유자, 직원들은 산탄데르의 가족 주도적 특성을 부정적으로 보지 않는 것 같다. 이런 특유의 전통을 플러스 요인으로까지 해석하는 사람들도 있다. 가족 기업에서 가장 민감한 사안인 승계 문제에 대해서조차 비교적 논란이 없는 것을 볼 때, 그 사안의 중대성을 감안하면 참으로 놀라운 일이다.

4 _ 승계 문제

이번 장을 시작하며 언급했듯이 기업에 미치는 가족의 영향과 관련된 중요 사안은 그런 영향력을 다음 대까지 물려줄 의도가 있느냐이다. 현 회장이 은퇴할 나이에 가까워짐에 따라 과연 보틴 집안의 4대가 계속해서 지금까지와 같은 영향력을 보유할 것인가를 알아보는 것이 타당할 것 같다. 사실상 이 책을 위해 인터뷰를 한 인물들 모두가 아나 파트리시아 보틴이 아버지의 뒤를 이을 것이라고 예상했다.[14] 언론은 이를 '계승 라인', '금융 왕조', '보틴 왕조', '가부장적 관행'이라고 표현했다.[15]

　기업의 주주와 분석가, 기자, 그리고 일반 대중 모두가 왜 4대가 계속해서 산탄데르를 경영해야 하는지 그 이유를 어느 정도는 설명해줄 것을 계속 요구할 것이다. 이 문제를 분석하려면 먼저 기업 경영자들이 경

〈도표 8.2〉 기업 내 권위의 3가지 유형

권위의 유형	작인(作因)	참모	정당화	한계
카리스마를 포함한 개인적 권위	성공한 사업가 (창업자 또는 제국 건설자)	믿을 만한 친구, 가신(家臣), 제자, 측근 그룹	개인의 능력, 특별한 성격, 사업상 거둔 성공, 신화, 신성한 영감	직원과 소비자가 능력을 증명하고 계속해서 성공을 거둘 것을 요구 할 경우
전통적 권위	창립자나 제국 건설자의 후계자	창립을 도운 조력자, 또는 제국 건설 공신	풍습, 혹은 가문의 전통	전통을 지킬 능력이 있음을 보여줘야 함
법적– 이성적 권위	전문 경영인	관리, 관료, 기타 전문 경영인	전문성, 지식, 경영인으로서의 성공 사례, 기업 소유주의 부를 극대화 시킬 수 있는 능력	시장에서의 실패, 관료나 기술 관료에 대한 거부 반응

Sources: Weber (1978, 215-48) and Bendix ([1956] 2001, xxv-xxviii).

영권에 대한 합당성 즉, 자신의 권위를 정당화하는 여러 가지 방법에 대해 깊이 생각해봐야 한다. 〈도표 8.2〉를 보면 권위의 고전적 기반 3가지가 나와 있다. 첫 번째로 기업의 창업주나 제국 건설자가 지도자임을 주장하는 '개인적 권위(카리스마 넘치는 개인을 포함)' 둘째, 그 후계자들이 자신의 권리를 주장하는 '전통적 권위' 그리고 마지막으로, 전문 경영인이 적법성을 주장하는 '법적 – 이성적 권위'가 있다(Bendix [1956] 2001, xxv – xxviii; Weber 1978. 215 – 48).

이 3가지 형태의 권위는 서로 확연히 다르다. 권위를 세우기 위해 기업 창립자나 그 기업을 키워 '제국을 건설한 지도자'들은 개인적인 재능과 능력, 독특한 성격, 이뤄 놓은 성공과 성과, 심지어 신성에 의한 영감을 내세운다. 이들은 친구, 개인의 가신, 신봉자들, 그리고 무조건적인 지지자와 조력자들로 구성된 실세 집단에 둘러싸여 창립자로서 기업에 미치는 영향력을 공고히 한다. 이들 권위에 가장 위협적인 요소는 직원과 고객이 개인적인 능력과 계속해서 성공을 이룰 것을 요구하는 것이다.

이와는 대조적으로 창립자나 제국 건설자의 후계자들은 다른 어려움에 직면한다. 이들에게는 집안의 전통을 지키는 것이 주요 당면과제다. 소설 속에서 토마스 부덴브로크가 여동생 안토니에게 "우리가 해야 할 일은 말이지 젠장, 앉아서 선조가 해냈듯 일을 해내는 거야"(토마스 만 [1901]1994, 259)라고 말했듯 후계자는 수많은 이유가 달린 어려운 일에 봉착하게 된다. 첫째, 그들은 겸손하고 부지런해 보여야 했다. 토마스 부덴브로크는 철없이 구는 동생 크리스티안에게 이 점을 이해시키려 했다. 그는 동생에게 "특권을 행사하고 자유를 누리기보다는 네 일을 열정적으로 하면서 직원들과 동등하게 행동하면 그들에게 귀감이 될 것이다"(토마스 만 [1901]1994, 260)라고 말했다. 둘째, 후계자는 창립자나 제국 건설자의 협력자들이 후계자의 계획과 명령을 방해하지 않도록 확실히 단속할 필요가 있다. 셋째, 후계자는 가족의 전통을 구체화한다는 인식을 만들어내야 한다.

『토마스 부덴브로크가 얻는 신망은 뭔가 달랐다. 그는 그저 토마스 부덴브로크 개인이 아니었다. 사람들은 토마스 부덴브로크의 부친과 조부, 증조부가 이룬 독특하고 잊을 수 없는 업적과 함께 그를 존경했다. 확실히 그가 이룬 사업적 그리고 공적 면에서의 성공과 별개로 그는 한 세기에 걸친 부덴브로크 가문의 우수 시민으로서의 위상을 대표하는 인물이었다. 가장 중요한 요소는 그가 여유 있고 고상하며 서부할 수 없이 매력적인 방법으로 집안의 역사를 구현해 이를 자신의 필요에 맞게 잘 이용했다는 점이다(토마스 만 [1901] 1994, 402).」

마지막으로, 후계자는 가족 내에서 빈번히 일어나는 불화, 1970년대 초 널리 알려진 발렌베리 가족의 경우와 같은 가족 내 갈등을 다스리는 법을 배워야 한다. 요한 부덴브로크는 다음과 같이 말했다.

『아버지, 오늘 저녁 우리는 여기 이렇게 즐겁게 앉아 있습니다. 정말 축하할 만한 일입니다. 우리가 해낸 일을 생각하면 너무도 행복하고 자랑스럽습니다. 이렇게 뭔가를 성취해서 우리 회사와 집안이 새롭게 부상하고 널리 알려져 존경을 받게 되었습니다. 하지만 아버지, 당신의 큰 아들인 형과의 반목은… 아버지, 하나님의 도움으로 우리가 이룩한 업적에 보이지 않는 균열이 생기게 해서는 안 됩니다. 가족은 하나가 되어야 합니다. 하나로 뭉쳐야 해요. 아버지, 그렇지 않으면 악마가 찾아와 문을 두드릴 겁니다(토마스 만 [1901] 1994, 44).」

기업 내에서 권위를 정당화시키는 고전적인 세 번째 방법은 사적이고 전통적인 규칙과는 전적으로 다르다. 전문 경영인은 자신의 전문적 능력과 학력, 지식, 그리고 다른 기업을 경영했을 때 이룬 성공에 근거해 권위의 정당성을 구축한다(Kerr 등 [1960]1964, 123−24). 시장에서 실패하거나 직원 또는 고객이 관료주의 혹은 기술 관료에 대한 거부 반응을 보일 경우 이들의 권위가 흔들릴 수 있다.

아나 파트리시아 보틴은 대처할 수는 있지만 상당히 복잡한 상황에 처해 있다. 자신의 아버지 에밀리오 보틴 3세는 후계자이자 '제국 건설자'다. 따라서 그의 권위는 이 장에 나온 몇 가지 증거에 미루어봤을 때 개인적인 것 이상이며, 카리스마가 넘친다. 보틴 집안의 명성이 커진 것을 감안할 때 아나 파트리시아는 아버지가 이룩한 업적을 능가하거나 최소한 아버지만큼이라도 일을 해내기가 아주 어려울 것이다. 후계자로서의 정당성을 얻으려면 아나 파트리시아는 가족의 전통을 받들고, 제국을 함께 건설한 아버지의 조력자들을 소외시키기보다는 그들을 감싸 안으며 일을 해나가야 할 것이다. 이는 결코 쉬운 일이 아니다.

보틴 집안의 지분이 아주 작고, 새로운 제국을 만들 가능성이나 현 상태에 무엇인가를 더할 수 있는 가능성은 과거보다 낮으므로, 아나 파트리시아가 후계자로서 아버지의 자리를 물려받을 전통적 정통성을 획득하기는 상대적으로 어려울 것이다. 하지만 아나 파트리시아는 전문 은행가로서 자신의 개성을 강조할 수 있다. 아나 파트리시아는 여러 나라의 다양한 은행에서 일하며 금융업계를 총망라하는 다양한 분야, 즉 투자 금융에서 자산 관리, 도매 금융은 물론 소매 금융까지 모두를 섭렵했다. 그 스스로도 일에 대한 전문성과 경험을 내세우는 것이 향후 회장직에 오를 때 자신의 강점으로 부각시킬 수 있다는 것을 밝힌 바 있다. "이 일을 맡기에 제 자격이 충분치 않다고 생각하는 것이 저를 괴롭힙니다. 저는 금융업계에서 20년 동안 일을 했습니다. 아무것도 없는 데서 산탄데르의 라틴아메리카 연결망을 구축했고, [1999년 BCH와] 합병하기 전의 산탄데르의 기업 재무, 프라이빗 뱅킹, 자산 관리 부문을 운영했으며, 라틴아메리카에서 일하는 직원 50,000명을 관리하고 있습니다."(《파이낸셜 다임즈》 2002년 3월 24일). 하지만 아나 파트리시아에게는 아주 심각한 한계가 있다. 악시오나(Acciona)—가족 경영 체제의 건설·에너지 회사—의 최고 경영자 글로리아 알론소(Gloria Alonso)는 "아나 파트리시아에게 보틴이라는 성은 강점이자 약점으로 작용해왔습니다. 보틴이라는 이름이 붙어 다니는 한 아나 파트리시아는 결코 자신이 이룬 공로를 완전히 인정받지 못할 것입니다"[16]라고 말했다.

우리는 아나 파트리시아가 자신의 전문성과 지식, 그리고 J.P. 모건, 산탄데르 네고시오스 은행, 산탄데르 은행과 바네스토에서 이룬 성공을 거론하며 자신의 권위의 정당성을 세우려고 한다면 훨씬 좋은 성과를 거둘 것이라고 생각한다. 아나 파트리시아는 수알라(Suala – 개인 주식 기금), 라소나(Razona – 인터넷 뱅킹 회사), 그리고 두 개의 재단인 엠프레사 이 크레시미엔토(Empresa y Crecimiento – 라틴아메리카를 겨냥한 벤처 캐피탈 기금)와 코노시미엔토 이 데사롤로(Conocimiento y Desarrollo – 스페인의 기업 – 대학 동반자 관계)를 세웠다. 또 그는 미국은 물론 유럽 여러 국가와 라틴아메리카 국가에서 학업 또는 일을 위해 거주했고, 다수의 언어를 구사한다. 언론은 몇 차례에 걸쳐 아나 파트리시아를 세계적으로 영향력 있는 경제인으로 꼽았다(〈도표 8.3〉 참조). 아나 파트리시아가 당면한 과제는 바네스토 회장으로 탁월한 기량을 나타내 보임으로써 중요 은행을 혼자 힘으로 경영할 수 있다는 것을 보여주는 것이다(Marquez Dorsch and Barbat Hernandez 2005).

가장 최근 수치를 보면 아나 파트리시아의 지휘 하에 바네스토는 스페인의 5대 은행 중 하나로 그 위상을 공고히 했다. 아나 파트리시아의 최대 업적은 정밀한 IT 플랫폼을 이용한 '바네스파이메(Banespyme)' 프

〈도표 8.3〉 아나 파트리시아가 받은 최근의 수상 실적

연도	수상	수여 기관
2006	올해의 유럽 여성 실업가 1위	파이낸셜 타임즈
2005	올해의 유럽 여성 실업가 1위	파이낸셜 타임즈
2005	미국 이외 지역에서 가장 영향력 있는 여성 실업가 8위	포춘
2005	가장 영향력 있는 여성 99위	포브스
2005	금융 분야 최우수 매니저를 위한 A.T. 커니 상	A.T. Kearney
2005	스페인에서 가장 영향력 있는 인물 33위	악추알리다드 이코노미카
2004	올해의 유럽 여성 실업가 2위	파이낸셜 타임즈
2004	가장 영향력 있는 사업가 25인	CNN
2004	미국 이외 지역에서 가장 영향력 있는 여성 실업가 6위	포춘
2003	미국 이외 지역에서 가장 영향력 있는 여성 실업가 20위	포춘

Source: Factiva.

로그램으로 중소기업 중 16,000명의 새로운 고객을 은행에 유치한 점이다. 주식 분석가들은 2003년 이후 바네스토의 변화에 대해 주식 분석을 늘리고 종목 추천을 긍정적으로 하는 등 우호적으로 반응하고 있다(〈도표 8.4〉 참조). 그리고 아나 파트리시아는 스페인 금융계 평균 이상으로 은행의 효율성과 생산성 향상을 위해 애썼다. 전에 바네스토에서 일했던 한 중역은 다음과 같이 말했다.

『아나 파트리시아 보틴의 이미지는 바네스토의 이미지와 합쳐지는데, 이는 은행에 아주 이롭습니다. 몇 년 전까지만 해도 바네스토는 시골스럽고 구태의연하며 비효율적인 은행으로 비춰져왔지만 지금은 상당히 현대적인 은

〈도표 8.4〉 바네스토 지분 관련 주식 분석가의 추천 현황

		강력 매수	매수	보유	시장 수익률 하회	매도	전체	순익
2006	End	5	0	3	3	1	12	1
	Beginning	6	2	1	3	0	12	5
2005	End	1	3	5	3	1	13	0
	Beginning	1	5	4	2	1	13	3
2004	End	2	4	6	3	0	15	3
	Beginning	2	3	8	2	0	15	3
2003	End	2	5	3	1	0	11	6
	Beginning	2	6	2	1	0	11	7
2002	End	0	0	0	0	0	0	0
	Beginning	0	0	0	0	0	0	0
2001	End	0	0	0	0	0	0	0
	Beginning	0	0	0	0	0	0	0
2000	End	0	0	0	0	1	1	-1
	Beginning	0	0	0	0	1	1	-1
1999	End	0	0	0	2	0	2	-2
	Beginning	0	0	2	0	0	2	0
1998	End	1	1	4	1	3	10	-2
	Beginning	1	2	3	1	3	10	-1
1997	End	0	0	6	6	2	14	-8
	Beginning	0	0	6	6	2	14	-8
1996	End	4	1	0	5	3	13	-3
	Beginning	1	1	5	2	4	13	-4
1995	End	0	0	5	4	4	13	-8
	Beginning	0	0	6	4	3	13	-7
1994	End	1	0	1	3	4	9	-6
	Beginning	0	0	1	3	5	9	-8
1993	End	2	0	11	1	5	19	-4
	Beginning	3	0	10	1	5	19	-3
Total		34	33	92	57	48	264	

Source: I/B/E/S (Institutional Brokers Estimates System).
Note: The NET column was calculated subtracting the sum of 'underperform' and 'sell' from the sum of 'strong buy' and 'buy' .

행으로 인식되고 있습니다. 젊은 여성이 회장으로 있다는 사실이 인식을 바꾸는데 지대한 공헌을 했다는 것은 의심의 여지가 없습니다. 특히 지금처럼 스페인 사회가 가치의 변화를 원하는 시점에서는 더욱 그렇습니다(〈디네로〉 2006년 3월, 14페이지에서 인용).」

아나 파트리시아는 지난 20년간 산탄데르가 이룬 눈부신 실적을 연장시킬 잠재성을 가지고 있다. 산탄데르의 회장이 되면 지금까지 분석한 정통성 문제뿐만 아니라 금융은 여전히 남성의 전유물이라는 인식이 세계 곳곳에 팽배해 있는 상황에서 그가 여성이라는 것을 포함해 수많은 도전에 직면하게 될 것이기 때문이다. 아나 파트리시아가 1999년부터 2002년까지 3년간의 '추방'이라는 고통스러운 시간을 극복하면서 지금의 자리까지 왔다는 것은 존경할 만한 일이다. 아나 파트리시아가 열심히 일하고 야망이 있을 뿐만 아니라 세계인이며 지적이고 끈기 있다는 것은 그와 대화를 해본 사람이면 누구나 알 수 있다. 인터뷰를 한 몇 사람은 아나 파트리시아가 조부의 지성과 부친의 직관을 겸비했다고 말한다. 많은 사람들이 인정하듯 아나 파트리시아는 톰 울페((Tom Wolfe 1979)가 쓴 용어를 인용해 표현하면 세계 10대 은행, 아마도 곧 5대 은행 중 하나가 될 은행의 회장 자리에 오르기에 '적격인 재목'이다.

하지만 수많은 외부인들은 아나 파트리시아가 회장 재목으로 그저 자격을 갖추었는지보다는 수많은 회장 후보군 중에서 가장 적격인지를 보고 있다. 관측자들은 은행 중역들 중 최고 경영자이자 합병의 베테랑이고 상업 금융을 속속들이 알고 있는 경험 많은 알프레도 사엔즈를 가장 우수한 후보로 꼽고 있다. 하지만 사엔즈가 보틴 3세보다 8살 아래리는 점을 감안하면 그는 산단데르가 한 단계 높은 수준으로 노약하는 전환기의 회장직에나 어울릴 만한 인물일 뿐이다. 마티아스 로드리게스 인시아르테를 잠재적 후보로 보는 관측자들도 있다. 인시아르테가 지난 20년 동안 산탄데르의 중요 결정을 내리는데 적극적으로 참여했고, 회장이 충동적으로 의사 결정을 하려 할 때 그만의 이성적 판단과 신중함으로 균형을 잡아주기는 했지만 그는 혼자서 은행을 경영해본 경험이 없다. 가능성이 약하기는 하지만 또 다른 후보로 전 아르헨타리아의 회장인 프란시스코 루손을 꼽는 사람들도 있다. 하지만 대부분의 관측자들은 외부 출신인 루손이 산탄데르의 회장이 될 가능성은 거의 없다고 보고 있다.

지금까지 언급한 네 사람 중 하나를 회장으로 선택하라고 하면(도표 8.5 참조) 우리는 아나 파트리시아 보틴이 차기 산탄데르의 회장이 될 것으로 예상한다. 그 이유는 첫째, 아나 파트리시아는 다른 후보자 3명보다 젊기 때문에 그가 회장이 되면 산탄데르 역사에 새롭고 역동적인 장을 마련할 수 있을 것이다. 둘째, 아나 파트리시아 자신이 언론과의 접촉을 피해왔음에도 다른 후보들보다 대중에게 더 많이 알려졌다. 이는 아나 파트리시아가 금융업계 일에 적극적이지 않았던 3년(1999 – 2002) 동안에도 해당된다. 2005년 말 이전까지 〈파이낸셜 타임즈〉, 〈월스트리트 저널〉, 〈월스트리트 저널 유럽〉의 산탄데르 관련 기사 334개를 살펴보면 에밀리오 보틴 3세에 관한 기사가 84개, 아나 파트리시아에 관한 것이 77개, 프란시스코 루손에 관한 것이 76개, 알프레도 사엔즈와 마티아스 로드리게스 인시아르테에 관한 것은 7개밖에 되지 않는다(그림 8.1 참조). 셋째, 사엔즈와 인시아르테, 그리고 루손 모두 그들이 산탄데

<표 8.5> 산탄데르 주요 중역이 다른 스페인 은행(또는 기관)에서 한 활동

이름과 교육	직업 연혁	산탄데르에서의 지위
Emilio Botín-Sanz de Sautuola y García de los Ríos (b. 1934) 법률가, 이코노미스트 Universidad Comercial de Deusto	산탄데르 은행 (1958–현재)	총괄 이사(1967–1986), 이사회 임원(1960–현재), 회장(1986–1999), SCH 공동 회장(1999–2001), SCH 회장(2001–현재)
Ana Patricia Botín-Sanz de Sautuolay OíShea (b. 1960) 이코노미스트 Bryn Mawr College	JP 모건(1981–1988)	산탄데르 은행(1988–91), 이사회 임원(1989–현재), 방코 산탄데르 네고시오스 총괄 이사(1991–1994), 방코 산탄데르 네고시오스 최고 경영자(1994–1999), 바네스토 회장(2002–현재)
Alfredo Sáenz (b. 1942) 법률가, 이코노미스트 Universidad Comercial de Deusto	투바섹(Tubacex)과 기타 철강 회사(1965–1982), 비스카야 은행(1982–1988), BBV 최고 경영자 (1988–1993)	바네스토 회장(1993–2002), SCH 최고 경영자(2002–현재)
Matías Rodríguez Inciarte (b. 1948) 이코노미스트 Universidad Complutense de Madrid	주 칠레 스페인 대사관 통상외교관(1973–1977), 재정경제부 기술사무국장 (1977–1978), EEC 관계 국가 사무국장 (1978–1980), 경제 관련 사무총장 (1980–1981), 정부 각료(1981–1982)	산탄데르 은행(1984–현재), 이사회 임원(1984–현재), 산탄데르 은행 부총괄 이사 (1986–1994), 산탄데르와 SCH 제2, 3부회장 (1994–현재)
Francisco Luzón (b. 1948) 이코노미스트 Universidad Comercial de Deusto	비스카야 은행(1972–1988), 엑스테리어 은행 회장 (1988–1991), 아르헨타리아 회장 (1991–1996)	산탄데르 은행(1996–현재), 라틴 아메리카 부문 총괄 이사(1996–현재)

이름과 교육	직업 연혁	산탄데르에서의 지위
José María Amusátegui (b. 1932) 법률가 Universidad Comercial de Madrid	아보가도 델 에스타도 (Abogado del Estado – 주[州] 변호사 단체), 알토스 오노스 데 비스카야 (Altos Hornos de Vizcaya) (1967–1970), 인스티투도 나시오날 데 인두스트리아(Instituto Nacional de Industria) 부회장(1970–1974), 인테사 회장(1975–1980), 인스티투도 나시오날 데 이드로카부로스(Instituto Nacional de Hidrocarburos) 부회장(1981–1985), 텔레포니카 부회장(1985 –1991), 히스파노 아메리카노 부회장, 최고 경영자(1985 –1991), 히스파노 아메리카노 회장(1991), BCH 공동 회장 (1991–1992), BCH 회장(1992–1999)	SCH 공동 회장(1999–2001)
Angel Corcóstegui (b. 1951) 토목기술자 Universidad de Cantabria PhD and MBA, The Wharton School	체이스 맨해튼 은행, 비스카야 은행, BBV, BCH 최고 경영자 (1994–1999)	SCH 최고 경영자 (1999–2002)

Sources: Factiva; *Who's Who in Spain;* www.gruposantander.com.

르 내에 차지하고 있는 자리가 에밀리오 보틴 3세 덕분이라는 사실을 아나 파트리시아도 동감하고 있다. 마지막으로, 우리가 찾은 자료의 증거에 의하면 대다수의 관측자와 분석가, 그리고 시장 전반이 아나 파트리시아가 차기 산탄데르의 회장이 될 것으로 예상하고 있다.

산탄데르는 몇몇 고위 간부를 아나 파트리시아의 측근으로 바꿔 과도기 기간을 준비하기 시작했다. 예를 들어 2006년 여름, 아나 파트리

〈그림 8.1〉 국제 금융 언론에서 에밀리오 보틴과 아나 파트리시아 보틴에 대해
다룬 기사(1980-2006)

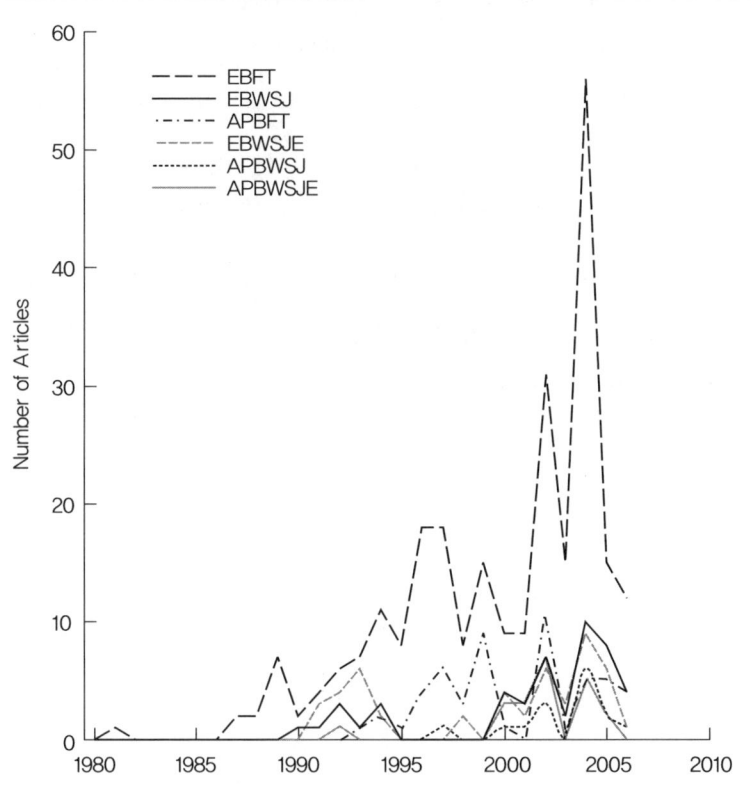

Source: Factiva.
Notes: EBFT (Emilio Botĺn in the *Financial Times*); EBWSJ (Emilio Botĺn in the *Wall Street
Journal);* EBWSJE (Emilio Botĺn in the *Wall Street Journal Europe*); APBFT (Ana Patricia Botĺn
in the *Financial Times*); APBWSJ (Ana Patricia Botĺn in the *Wall Street Journal*); APBWSJE
(Ana Patricia Botĺn in the *Wall Street Journal Europe*).

시아가 뽑아 산탄데르에 합류한 두 명의 젊은 중역이 애비 내셔널과 바
네스토의 고위직에 임명됐다(〈엘 파이스〉 2006년 7월 16일). 이는 보틴 집
안이 은행을 경영하는데 얼마나 능숙한지를 보여주는 사례 중 하나다.

승계 작업이 일어나 주요 보직에 변화가 생기기 전에 아나 파트리시아가 회장이 될 경우를 대비해 그와 같은 세대의 믿을 수 있는 중역진으로 이루어진 팀의 기초를 만들어두려는 것이었다.

누가 통제권을 행사하며, 누가 전략적 결정에 가장 막강한 영향력을 행사하느냐는 관점에서 볼 때 산탄데르는 반세기 전부터 가족 은행이었다. 지난 50년 동안 산탄데르는 성장해왔고, 세계에서 가장 크고 실적도 가장 좋은 은행 중 하나가 됐다. 다음 장에서는 산탄데르의 경영 방식과 경영 체제 구조, 승계 관행이 은행의 성장과 전망, 실적에 미친 영향에 대해 분석할 것이다.

제**9**장

세계적 그룹의 **미래**

금융은 어려운 사업입니다. 언제나 신중하고 인내해야 하죠. 잠시라도 방심하면 안 됩니다.[1]
에밀리오 보틴 3세, 〈엘 파이스〉 1994년 4월 26일

산탄데르의 엄청난 성장은 아직 끝나지 않았다. 산탄데르가 얼마나
더 성장할 수 있고 고수익을 낼 수 있을지 정확하게 추산하기는 힘들다.
그리고 규제와 경쟁을 얼마나 성공적으로 헤쳐 나갈지, 보틴 집안에서
앞으로 얼마나 오랫동안 은행 경영과 전략적 의사 결정에 결정적인 영
향력을 행사할 수 있을지도 정확하게 계산할 수 없다. 마무리를 하는 이
번 장에서는 과거의 경향에 근거해 미래를 조망하면서 우발적으로 일
어날 수 있는 사건과 연속성이 없는 현상을 주시하고자 한다. 우리는 성
장과 효율성, 주주 배당수익, 주요 전략적 결정의 질과 영향 면에서 산

탄데르를 평가하는 것으로 이 책을 시작했다. 이제 그 분석을 토대로 산탄데르의 현재 경영 구조가 앞으로 어느 정도까지 유지될지를 평가하려 한다. 일반적으로 재무 실적, 특히 주주들에게 돌아가는 배당수익이 나빠지면 현재의 소유권과 통제 구조의 안정성에 잠재적으로 영향을 미칠 수 있다. 산탄데르가 세계 수위의 은행으로 급격한 성장을 한데서 얻은 교훈을 분석하면서 이 책을 마치고자 한다.

1 _ 산탄데르의 눈부신 성장과 효율성

성장을 실적 측정의 유일한 지표로 본다면 지난 20년간 산탄데르의 경영은 엄청난 성공을 거둔 셈이다. 1985년 이후로 산탄데르는 스페인 7위에서 1위로, 무시해도 될 만큼 작은 은행에서 라틴아메리카와 유럽지역 1위 은행으로, 그리고 세계 152위에서 10위로 부상했다. 시장 자본도 30억 달러에서 1,150억 달러로 불어났고, 고객 수도 75만 명에서 6,600만 명으로 급증했다. HBOS(전 스코틀랜드 은행)를 제외하고는 같은 기간 동안 이렇게 빨리 성장해 대형 은행이 된 경우는 유례가 없다 (도표 4.2 참조).

　제8장에서 밝혔듯이 몇 가지 동기 때문에 산탄데르의 경영진은 성장을 추구하게 됐다. 그 동기 중 첫 번째는 금융 시장이 세계화를 이루며 규모의 중요성이 커진 점이고, 두 번째는 1986년 스페인이 유럽 연합에 가입하면서 산탄데르보다 더 큰 다른 유럽의 경쟁 은행이 가하는 위협 때문이었다. 세 번째 동기로는 자국의 다른 은행과 경쟁을 들 수 있다.

네 번째는 통제권을 잃을 위험을 감수하더라도 산탄데르를 스페인에서 뿐만 아니라 세계적인 은행으로 키우길 원했던 보틴 집안의 열망을 들 수 있다.

산탄데르가 지난 20년간 내린 전략적 결정을 보면 에밀리오 보틴 3세가 성장을 선호했다는 것이 확연히 드러난다. 이 모든 요소와 동인은 각각 나름대로의 역할을 했으며, 모든 것이 합쳐져 성장을 향한 강력하고도 저항할 수 없는 추진력을 만들어 냈다.

산탄데르는 또한 비슷한 규모의 다른 세계적 은행과 비교했을 때 상당히 효율적인 은행이다. 2005년 세계 10대 은행 중 비용 대비 수입 비율이 산탄데르가 기록한 53퍼센트보다 낮은 은행은 HSBC와 뱅크 오브 아메리카뿐이었다. 시티은행과 RBS는 산탄데르보다 근무평정이 나빴다. 스페인 내에서는 BBVA의 근무평정은 48퍼센트이고, 세계에서 가장 효율적인 은행 중 하나인 포퓰라는 39퍼센트라는 놀라운 수치를 기록했다. 경쟁회사인 유럽의 거대 은행 중에는 근무평정이 60퍼센트(예; 바클레이즈, ING), 심지어는 70퍼센트(예; 도이치 방크)가 넘는 은행도 있다. 산탄데르의 효율성은 IT에 투자하고 직원 훈련, 그리고 단체 교섭과 직원들과의 고용 관계의 안정적인 토대에 힘입어 계속해서 개선됐다.

2 _ 산탄데르의 주주 배당수익

지난 20년간 산탄데르의 성장은 실로 눈부신 반면 그 재무 실적은 건실하긴 하나 성장만큼 인상적이지는 않다. 산탄데르는 매년 주식 장부 가격의 10-20피센드 사이의 수익을 내왔다. 2005년에는 //억 날러, 그리고 2006년에는 놀랍게도 103억 달러의 수익을 보고했다. 그러나 이러한 수익성을 산탄데르의 경영진이 수익보다는 배당수익을 중시하는 주주들의 이윤 창출을 위해 노력한 증거라고 보기는 힘들다.

주주들에게 돌아가는 배당금도 전략에서 중요한 요소다. 산탄데르의 향후 팽창 계획은 어떻게 주식 투자자들을 유치하고 계속해서 보유할 수 있느냐에 달려 있다. 산탄데르의 최고 경영자인 알프레도 사엔즈는 산탄데르가 계속해서 대단위 인수 작업을 한 만큼 충분한 현금을 보유하고 있지 않으며, 비 금융 투자 부문을 처리해서 얻을 수 있는 수입도 더 이상 충분하지 않다고 인터뷰를 통해 밝혔다. 그리고 이 책에서 가장 중요한 요소인 보틴 집안과 이사회 전체가 보유하고 있는 지분이 5퍼센트가 안 된다는 점을 감안할 때 주주들이 불만족스러워 할 경우 은행을 통제하는 것이 어려워진다. 주주들에게 돌아가는 수익이 급격히 줄어든다면 은행 운영을 개선할 수 있는 확실한 방법을 알고 있다고 생각하는 외부 인사들이 산탄데르의 234만 개인 주주들에게 더 나은 투자 방법이 있다고 제안하며 인수하려 들 것이다. 하지만 알프레도 사엔즈가 지적한 바와 같이 산탄데르 은행이 연간 20퍼센트 정도 성장하고 있고, 수익은 그보다 높다는 점을 고려할 때 산탄데르를 인수할 생각이 있는 측은 산탄데르의 소액 주주들에게 50-60퍼센트의 할증금을 제시해야 할 것이다.

〈도표 9.1과 9.2〉는 1986년 이후 산탄데르와 다른 은행의 연간 주주 배당수익 총계와 1991-2006년, 그리고 2003-2006년 기간 동안의 상승 평균을 보여준다. 도표를 보면 배당수익을 달러로 표시하든 자국 통

화로 표시하든 산탄데르는 국내외 경쟁 은행의 뒤를 따라가는 형국이다. 이는 본질적으로 투자자들이 BBVA를 포함해 다른 은행의 주식에 투자했다면 수익이 더 나았을 것임을 의미한다. 따라서 산탄데르의 현재 힘의 균형은 사실상 미약하다고 할 수 있다. 주주 수익의 차이를 라틴아메리카 위기(2001-2002년)와 2004년 애비 내셔널 인수 탓으로 돌릴 수도 있을 것이다. 사실 2006년 주주 수익 부분에서 산탄데르는 경쟁 그룹 내에서 최상위 순위에 올랐는데, 이는 산탄데르의 인수 전략이 성과를 내기 시작하는 조짐으로 볼 수 있다. 최고 경영자 알프레도 사엔즈는 인터뷰에서 선진국 시장에서의 인수 작업은 3년 내에 그 성과를 보여야 하고, 개발 단계의 시장에서는 1, 2년 안에 실적을 보여야 주주들이 경영진을 계속해서 신뢰한다고 밝혔다.

비교 대상으로 유용한 또 다른 요소는 산탄데르 주식에 투자하는 것이 정부 채권과 같이 상대적으로 위험이 덜한 종목에 투자하는 것과 비교했을 때 가치가 있는지를 살펴보는 것이다. 페르나데스와 카라비아스(Fernandez and Carabias 2006)에 의하면 1992-2005년 동안의 10년 만기 스페인 정부의 채권 수익률은 평균 7퍼센트였다. 그리고 대부분의 주식 분석가들은 평균 위험 할증률을 3.5퍼센트에서 4.5퍼센트로 적용했다. 따라서 주주들은 동기간의 수익률을 11.5퍼센트로 예상했다. 산탄데르의 실제 수익률은 17.9퍼센트였으므로 산탄데르의 실적은 같은 기간 13.6퍼센트—산탄데르의 실적은 제외한 수치—를 기록한 우량주 이벡스-35 지수나 14.9퍼센트를 기록한 마드리드 증권 거래 일반 지수보다 높았다(Fernandez and Carabias 2006).

마지막으로, 산탄데르가 세계 곳곳에서 직접 인수 작업을 하기보다

	1986	1987	1988	1989	1990	1991	1992	1993	1994	1995	1996
Citigroup		10.2	-1.7	32.6	-18.6	74.7	25.0	62.9	-15.4	97.7	46.3
Bank of America	-2.0	-16.7	64.3	74.1	-48.3	85.0	30.6	-1.4	-4.4	59.8	44.4
HSBC	52.3	-4.6	2.0	34.7	-24.9	101.1	62.0	114.0	-25.3	45.1	45.9
JP Morgan Chase & Co.	-1.7	-45.5	59.0	4.3	-62.4	105.0	88.1	7.4	-6.5	68.8	56.9
Mitsubishi UFJ	63.4	87.2	35.4	-12.6	-30.6	35.5	-10.0	28.7	3.3	-3.6	-17.1
UBS	51.7	-31.1	-6.3	56.2	-23.4	29.4	9.3	87.6	-9.9	22.3	-21.1
Royal Bank of Scotland	17.7	60.5	-0.7	41.6	-2.9	4.0	12.0	121.7	-4.9	53.7	10.7
Wells Fargo	22.5	6.6	36.0	45.5	-3.4	81.9	21.5	15.9	-1.2	46.0	35.6
Santander			**19.4**	**-11.4**	**-6.7**	**-11.1**	**-5.4**	**27.9**	**1.2**	**36.6**	**31.9**
BNP Paribas									-3.6	0.2	-12.0
ING							20.4	67.6	3.6	47.9	38.9

	1986	1987	1988	1989	1990	1991	1992	1993	1994	1995	1996
Wachovia	15.1	-16.5	18.1	-2.8	-20.5	104.9	50.4	-2.1	4.3	39.9	37.5
Mizuho Financial Group	52.1	95.4	20.5	-14.5	-29.8	34.7	-30.3	19.0	19.4	4.9	-26.5
BBVA				3.6	-26.5	14.3	-23.4	13.5	16.7	51.0	54.3
Deutsche Bank	13.0	-40.4	32.9	58.1	-17.3	13.1	-7.3	30.7	-7.0	5.2	0.7
Crédit Agricole											
ABN AMRO						41.8	22.9	38.6	-0.7	38.3	48.4
Banco Popular Español			22.2	9.4	20.9	17.9	-8.4	24.5	10.5	61.0	9.7
Banesto			3.7	6.9	-27.8	-0.8	-36.8	-11.6	-37.3	-1.5	11.6

Source: Datastream International.
Notes: Data for Mitsubishi UFJ in the years 2001 and prior are the returns of Bank of Tokyo-Mitsubishi. Data for Mizuho Financial Group in the years 2000 and prior are the returns of Dai-Ichi Kangyo Bank.

<도표 9.1B> 세계 주요 은행과 스페인 은행의 은행이 전체 주주 배당수익(달러 단위-백분율).
2006년 현재 시가총액을 기준으로 순위 매김(1997~2006)

	1997	1998	1999	2000	2001	2002	2003	2004	2005	2006	1991-2006	2003-2006
Citigroup	79.7	-6.8	70.1	23.5	0.0	-23.9	41.6	2.7	4.6	19.6	26.4	16.1
Bank of America	27.3	1.3	-14.0	-4.5	42.7	14.5	20.1	21.5	2.4	20.7	19.1	15.9
HSBC	18.3	4.7	73.6	8.5	-18.0	-2.5	51.0	12.9	-2.2	19.1	26.1	18.7
JP Morgan Chase & Co.	25.5	32.8	11.7	-10.0	-17.4	-30.7	60.3	10.0	5.7	25.6	21.6	23.7
Mitsubishi UFJ	-25.0	-24.6	35.0	-28.1	-13.9	-18.2	44.4	30.8	34.1	-7.9	1.0	23.6
UBS	68.6	8.7	-10.9	27.0	-7.2	-1.1	45.2	25.9	16.7	31.2	17.0	29.3
Royal Bank of Scotland	36.8	29.7	13.8	45.5	5.5	1.0	27.7	18.1	-7.2	35.0	22.2	17.2
Wells Fargo	82.1	5.0	3.3	40.7	-20.2	10.3	29.5	9.0	4.5	16.8	21.0	14.5
Santander	**60.4**	**22.8**	**14.5**	**-3.2**	**-19.9**	**-15.4**	**78.7**	**8.0**	**9.3**	**46.2**	**14.7**	**32.5**

	1997	1998	1999	2000	2001	2002	2003	2004	2005	2006	1991-2006	2003-2006
BNP Paribas	42.7	58.0	14.5	-1.7	5.3	-6.0	60.7	20.0	15.4	41.1	15.8	33.1
ING	20.2	47.8	0.9	35.2	-34.1	-31.1	46.2	36.7	20.1	33.1	19.8	33.7
Wachovia	42.2	22.1	-43.5	-9.8	16.1	19.5	31.8	16.8	4.3	12.0	17.6	15.8
Mizuho Financial Group	-58.7	-9.4	76.5	-23.7	-66.2	-54.2	218.2	68.6	59.3	-9.6	-2.9	66.7
BBVA	83.1	46.7	-8.3	6.7	-15.2	-20.4	49.0	32.4	3.4	39.1	17.7	29.8
Deutsche Bank	54.2	-15.7	49.9	0.5	-14.1	-33.6	84.6	9.3	12.0	42.4	10.4	33.9
Crédit Agricole						-1.5	67.3	34.2	5.8	38.2	26.5	34.6
ABN AMRO	23.5	10.9	21.5	-5.1	-25.9	6.6	51.6	19.8	3.6	29.8	18.4	25.0
Banco Popular Español	46.4	10.3	-12.0	10.0	-3.2	28.1	50.6	13.9	-5.0	53.1	17.2	25.7
Banesto	27.4	34.1	19.7	-14.7	-8.5	-33.5	67.6	22.8	7.2	52.4	2.0	35.4

Source: Datastream International.
Notes: Data for Mitsubishi UFJ in the years 2001 and prior are the returns of Bank of Tokyo-Mitsubishi. Data for Mizuho Financial Group in the years 2000 and prior are the returns of Dai-Ichi Kangyo Bank.

〈도표 9.2A〉 세계 주요 은행과 스페인 은행의 전체 주주 배당수익(현지 통화 단위-백분율). 2006년 현재 시가총액을 기준으로 순위 매김(1986~1996)

	1986	1987	1988	1989	1990	1991	1992	1993	1994	1995	1996
Citigroup	-2.0	10.2	-1.7	32.6	-18.6	74.7	25.0	62.9	-15.4	97.7	46.3
Bank of America		-16.7	64.3	74.1	-48.3	85.0	30.6	-1.4	-4.4	59.8	44.4
HSBC	52.0	-4.8	2.5	34.7	-24.9	100.6	61.4	113.5	-25.2	45.0	46.0
JP Morgan Chase & Co.	-1.7	-45.5	59.0	4.3	-62.4	105.0	88.1	7.4	-6.5	68.8	56.9
Mitsubishi UFJ	29.3	43.6	39.3	0.5	-34.5	24.9	-10.1	15.0	-7.6	-0.4	-6.8
UBS	18.7	-45.5	10.4	60.4	-36.7	37.5	18.2	90.2	-20.6	7.5	-7.9
Royal Bank of Scotland	14.8	26.6	3.1	58.8	-18.9	7.2	38.4	126.8	-10.1	54.8	0.5
Wells Fargo	22.5	6.6	36.0	45.5	-3.4	81.9	21.5	15.9	-1.2	46.0	35.6
Santander			**25.8**	**-14.5**	**-18.6**	**-9.8**	**12.4**	**59.3**	**-6.8**	**25.9**	**41.4**

	1986	1987	1988	1989	1990	1991	1992	1993	1994	1995	1996
BNP Paribas									-12.9	-8.2	-6.5
ING							28.2	78.8	-7.4	36.6	49.9
Wachovia	15.1	-16.5	18.1	-2.8	-20.5	104.9	50.4	-2.1	4.3	39.9	37.5
Mizuho Financial Group	20.1	49.9	24.0	-1.6	-33.8	24.1	-30.4	6.4	6.7	8.5	-17.4
BBVA				-0.1	-35.9	15.9	-9.0	41.3	7.5	39.2	65.5
Deutsche Bank	-11.1	-51.2	49.5	50.8	-26.9	14.8	-1.0	40.1	-17.0	-2.8	8.4
Crédit Agricole											
ABN AMRO						43.7	30.8	48.0	-11.3	27.8	60.1
Banco Popular Español			28.7	5.5	5.4	19.6	8.9	55.0	1.7	48.4	17.6
Banesto			9.3	3.1	-37.1	0.7	-24.9	10.1	-42.2	-9.2	19.6

Source: Datastream International.
Notes: Data for Mitsubishi UFJ in the years 2001 and prior are the returns of Bank of Tokyo-Mitsubishi. Data for Mizuho Financial Group in the years 2000 and prior are the returns of Dai-Ichi Kangyo Bank.

〈도표 9.2B〉 세계 주요 은행과 스페인 은행이 전체 주주 배당수익(현지 통화 단위-백분율). 2006년 현재 시가총액을 기준으로 순위 매김(1997~2006)

	1997	1998	1999	2000	2001	2002	2003	2004	2005	2006	1991-2006	2003-2006
Citigroup	79.7	-6.8	70.1	23.5	0.0	-23.9	41.6	2.7	4.6	19.6	26.4	16.1
Bank of America	27.3	1.3	-14.0	-4.5	42.7	14.5	20.1	21.5	2.4	20.7	19.1	15.9
HSBC	18.5	4.7	74.2	8.9	-18.0	-2.5	50.3	13.0	-2.4	19.4	26.1	18.6
JP Morgan Chase & Co.	25.5	32.8	11.7	-10.0	-17.4	-30.7	60.3	10.0	5.7	25.6	21.6	23.7
Mitsubishi UFJ	-16.0	-34.6	22.3	-19.7	-1.3	-26.1	30.7	25.1	55.2	-7.6	0.2	23.7
UBS	83.1	2.4	3.9	28.6	-5.0	-17.6	29.9	15.7	35.3	21.5	16.7	25.4
Royal Bank of Scotland	42.3	28.3	17.4	57.0	8.3	-8.7	14.8	10.1	3.8	18.4	22.1	11.7
Wells Fargo	82.1	5.0	3.3	40.7	-20.2	10.3	29.5	9.0	4.5	16.8	21.0	14.5
Santander	88.0	14.2	34.1	3.3	-15.5	-28.2	48.6	0.3	26.0	30.8	16.7	25.2
BNP Paribas	65.1	46.7	34.1	4.9	11.1	-20.2	33.7	11.4	32.9	26.2	11.4	25.7

	1997	1998	1999	2000	2001	2002	2003	2004	2005	2006	1991-2006	2003-2006
ING	40.9	36.9	18.2	44.3	-30.5	-41.5	21.6	26.9	38.3	19.1	18.3	26.3
Wachovia	42.2	22.1	-43.5	-9.8	16.1	19.5	31.8	16.8	4.3	12.0	17.6	15.8
Mizuho Financial Group	-53.6	-21.5	60.3	-14.9	-62.1	-57.9	192.7	59.9	82.6	-8.8	-3.7	67.1
BBVA	114.6	36.4	7.5	13.9	-10.6	-32.4	23.9	22.8	19.1	24.4	19.8	22.6
Deutsche Bank	79.9	-21.9	75.6	7.3	-9.5	-43.7	53.5	1.4	29.0	27.4	10.3	26.5
Crédit Agricole						-16.4	39.2	24.5	21.9	23.6	5.0	27.1
ABN AMRO	44.7	2.6	42.3	1.3	-21.8	-9.6	26.1	11.2	19.3	16.1	18.4	18.1
Banco Popular Español	71.6	2.5	3.0	17.4	2.0	8.7	25.3	5.7	9.4	36.9	19.3	18.7
Banesto	49.3	24.7	40.2	-8.9	-3.6	-43.5	39.4	13.9	23.5	36.3	3.8	27.9

Source: Datastream International.
Notes: Data for Mitsubishi UFJ in the years 2001 and prior are the returns of Bank of Tokyo-Mitsubishi. Data for Mizuho Financial Group in the years 2000 and prior are the returns of Dai-Ichi Kangyo Bank.

는 주주들이 보유한 지분을 스스로 다각화하도록 내버려둘 것인가에 대한 문제를 고려해봐야 한다. 이 생각은 주주들이 돈을 어디에 투자할 지를 스스로 결정하도록 내버려둔다는 전제가 깔려 있어 경영진이 잠재적으로 비판을 받을 가능성이 있다. 직관적으로 봤을 때는 좋아 보이지만 여기에는 몇 가지 문제점이 있다. 첫째, 어떤 은행을 인수해 은행 자산으로 최적의 포트폴리오를 만들 수 있을지는 주주들보다는 은행 경영진이 더 잘 알고 있다. 알프레도 사엔즈는 회사가 아닌 주주들이 다각화를 해야 한다는 것이 더욱 중요한 문제가 될 것이라며 두 번째 문제를 거론했다. 그는 "인수를 할 때는 은행만 사는 게 아니라 금융 산업 전체를 인수하는 겁니다. 그래서 인수를 잘 하면 시너지 효과를 일으켜 주주들을 위한 가치 창출을 할 가능성이 생깁니다. 우량 은행은 그런 기회에서 이득을 얻어냅니다."

3 _ 주요 결정과 사건에 대한 반응

수익성과 배당수익 외에도 회사의 전략적 결정에 대한 반응을 점검하는 것이 중요하다. 이에 대해 우리는 4가지 지표를 사용하는데, 그 지표는 다음과 같다.

① 일련의 주요 결정과 사건에 대한 비정상적인 주식시장 배당
② 가장 영향력 있는 투자은행 증권 분석가의 추천
③ 해외 진출로 얻은 다각화 수익

④ 국제 금융 언론에 노출되는 정도

비정상적인 주식시장 배당

비정상적인 주식시장 배당은 중요한 사건에 대한 시장 반응을 보는 지표로 널리 사용된다. 이때 주의할 점은 비정상적인 배당을 계산하는 데 있어 우리가 사용하는 계산법에는 한 가지 한계점이 있다는 사실이다. 그것은 주식 가격에 관계된 사건의 효과를 같은 기간 동안 일정한 역할을 하는 기업 내/외부의 여러 가지 복잡한 요소와 완전히 분리하는 것은 불가능하다는 것이다.

이런 점을 염두에 두고 분석을 실시하면 몇 가지 흥미로운 결과가 도출된다. 〈도표 9.3〉에는 어떤 사건이 일어나고 나서 각각 5일, 3일, 그리고 1일이 지난 후에 그 주요 사건으로 인해 발생한 비정상적인 배당 수익이 나와 있다. 이는 결과가 얼마나 건실하게 나왔는지를 계산하기 위한 것이다.[2] 도표를 보면 상대적으로 명확한 배당수익이 지속적으로 나온 것은 1999년 BCH와 합병을 발표했을 때뿐이다. 이와 반대로 부정적이고 비정상적인 배당수익을 기록한 때는 산탄데르가 바네스토 인수 입찰을 따냈다고 에스파냐 은행이 발표했을 때였다. 1989년 이자율이 높은 당좌 예금인 '수퍼쿠엔타(supercuenta)'를 내놓았을 때도 부정적인 결과를 낳았는데, 이는 시장이 예금 시장 점유율은 증가했지만 산탄데르의 수익성은 저해될 것이라는 우려에서였다. 2001년 말 아르헨티나의 채무 불이행 사태 역시 시장에서 상당히 부정적인 반응을 불러 일으켰다. 하지만 2주 후 페소 대비 달러 태환법이 끝난 것이 산탄데르의 주식 가격에는 다소 긍정적인 효과를 가져왔다. 2004년 애비 내셔널 인수

〈도표 9.3〉 주요 사건에 반응한 산탄데르 주식 가격의 비정상적인 시장 배당수익(백분율)

발표 날짜	사건	날짜별	사건 반응도 (1일/ 3일)	5일
1989. 9. 12	수퍼쿠엔타 출시	-2.4	-1.6	-3.2
1994. 4. 25	산탄데르가 바네스토 입찰을 따냄	-10.7	-4.0	-6.6
1999. 1. 15	BCH와 합병	6.5	8.5	11.1
1999. 2. 22	아나 파트리시아 보틴이 중역에서 물러남	-1.2	2.7	5.4
2001. 8. 15	호세 마리아 아뮤사테기가 공동 회장직에서 물러남	0.4	0.0	1.3
2001. 12. 23	아르헨티나가 외채에 대해 재무 불이행을 선언함	-2.8	-4.9	-3.3
2002. 1. 5	아르헨티나가 페소-달러 태환법을 끝냄	0.0	2.6	2.4
2002. 2. 13	코르쿠스테기가 사임하고 사엔즈가 최고 경영자 자리에 오름.	-0.3	-1.2	-1.0
2004. 7. 26	애비 내셔널 은행 인수	-2.6	-4.9	-3.0
2005. 10. 24	소버린 뱅코프 지분 인수	-2.5	-1.7	0.4

Source: Wharton Research Data Services.
Note: We estimated abnormal stock market returns by taking into account the actual change in Santander's stock price during a time window of one, three, or five days on and after the event date. We then compared the observed returns to expected returns that we derived by using Sharpe's model, which we calibrated on Santander's stock price and the market index during the 180-day period from 200 days to 21 days before each event took place.

발표도 부정적인 반응을 야기시켰다. 마지막으로 2005년 소버린 뱅코프(Sovereign Bancorp)의 지분 20퍼센트를 매입한 사건에 대해서는 약간 부정적인 반응이 일어났다. 일반적으로 인수를 하면 인수하는 측의 주식 가격이 하락하는 경향이 있다. 예를 들어 UBS가 실시한 국제 인수 건은 반이 부정적이고 비정상적인 배당수익을 야기했다(Walter 2004, 196).

경영자 임명과 관련된 사건의 경우에는 시장 반응이 복합적이었다. 1999년 아나 파트리시아가 은행에서 맡았던 다양한 중역 직책에서 물러났을 때 시장의 5일과 3일 후 반응은 상당히 긍정적이었지만 1일 후에는 다소 부정적인 반응이 나왔다. 이것은 시장이 초기에는 아나 파트리시아의 사임을 찬성하지 않다가 며칠 내 안심을 했다는 것으로 해석할 수 있다.[3] 2001년 아무사테기가 공동 회장직을 사임했을 때는 약간 긍정적인 반응이 나왔는데, 아마도 두 명의 공동 회장이 권력을 나눠 가졌을 때 생기던 불편한 상황이 해소되었기 때문이었던 것 같다. 2002년 코르코스테기가 최고 경영자 자리에서 물러나면서 바네스토의 알프레드 사엔즈가 그 자리를 맡고, 대신 아나 파트리시아가 바네스토 회장으로 취임했는데 이 사건은 약간의 부정적인 반응을 보였을 뿐이다. 전반적으로 비정상적인 배당수익은 BCH 합병 건과 같이 눈에 띄는 경우를 제외하고는 시장이 산탄데르의 전략이나 경영진의 변화에 대해 약간 걱정을 하거나 무관심할 때 발생했다.

증권 분석가의 추천
〈도표 9.4〉는 증권 분석가가 한 추천을 나타낸다. 이 자료는 1993년

<도표 9.4> 주식 분석가의 산탄데르 주식 추천 현황

		강력 매수	매수	보유	시장 수익률 하회	매도	전체	순익
2006	End	2	7	4	1	1	15	7
	Beginning	1	7	5	1	1	15	6
2005	End	7	10	10	1	0	28	16
	Beginning	4	14	6	3	1	28	14
2004	End	4	4	18	6	1	33	1
	Beginning	2	7	16	6	2	33	1
2003	End	5	11	16	1	0	33	15
	Beginning	4	12	11	5	1	33	10
2002	End	4	5	18	6	0	33	3
	Beginning	4	9	16	4	0	33	9
2001	End	5	9	14	6	0	34	8
	Beginning	6	5	16	7	0	34	4
2000	End	7	5	8	1	0	21	11
	Beginning	5	7	7	2	0	21	10
1999	End	9	11	7	2	0	29	18
	Beginning	9	10	8	2	0	29	17
1998	End	4	4	7	2	1	18	5
	Beginning	6	5	6	1	0	18	10
1997	End	4	2	10	0	1	17	5
	Beginning	4	3	6	2	2	17	3
1996	End	6	5	6	1	1	19	9
	Beginning	6	4	8	1	0	19	9
1995	End	4	3	9	1	1	18	5
	Beginning	5	1	9	1	2	18	3
1994	End	8	1	12	0	0	21	9
	Beginning	11	3	5	0	2	21	12
1993	End	7	3	5	0	0	15	10
	Beginning	8	3	4	0	0	15	11
전체		151	170	267	63	17	668	241

Source: I/B/E/S (Institutional Brokers Estimates System).
Note: The NET column was calculated subtracting the sum of 'underperform' and 'sell' from the sum of 'strong buy' and 'buy .'

부터 2006년 사이에 투자 은행의 분석가들이 추천한 종목 668개를 토대로 만들어졌다. 전반적으로 분석가들은 '수익률 하회'나 '매도'보다는 '강력 매수'나 '매수' 종목을 추천한다. 이 기간에는 아주 적은 수의 '매도' 추천만이 있었을 뿐이다. 중요한 사건들이 일어났을 때 분석가들이 보인 반응은 누구나 예상할 수 있는 바와 일치했다. 예컨대 1999년 센트럴 히스파노와 합병했을 때는 그것을 호재로 판단해 매입을 더 많이 추천했다. 그러나 2001년과 2002년의 아르헨티나 경제위기 때, 그리고 2004년의 애비 내셔널을 인수했을 때는 매도 추천이 매입 추천보다 훨씬 많았다. 요약하면 시장은 주요 인수 건이 성사되고 경영진에 변화가 생긴 다음 산탄데르의 주식 가격을 떨어뜨리는 식으로 응징했지만 주식 분석가들은 일반적으로 산탄데르의 주요 전략적 결정과 경영진의 변화를 인정했다.

지역 다각화와 수익성

산탄데르는 해외로 팽창해 나가는데 상당히 적극적이었다. 먼저 신흥 경제 시장으로 시작해서 최근 들어서는 유럽으로 진출했다. 에스파냐 은행과 국제통화기금의 연구자들은 1995년부터 2004년까지 8개 선진국에 본사를 둔 62개 은행—산탄데르 포함—에서 나온 자료를 이용한 연구에서 은행이 해외, 특히 신흥 경제 시장으로 팽창해 나가면서 자산에 대한 배당수익이 늘었다는 결론을 내렸다. 그들은 한 지역(예; 라틴 아메리카나 유럽)에 자산 집중도가 과도하면 해외 팽창으로 인한 이득은 줄어들었다는 점도 알아냈다(Garcia − Herrero and Vazquez 2006).

자국 이외 다른 지역에 분포해 있는 자산 비율 면에서 이 연구에 사용된 표본 은행 중 산탄데르는 다른 은행에 비해 상당히 높은 수치를 기록했다. 표본에 있는 평균은 다른 선진국의 경우 7퍼센트, 신흥 경제국은 2퍼센트였다. 이에 비해 산탄데르는 각 부문 공히 약 3분의 1을 기록했다. 따라서 산탄데르가 2001년과 2002년 손실을 본 해의 배당수익이 상당히 마이너스인 이유는 많은 부분 라틴아메리카에만 너무 과도하게 치중했기 때문으로 드러났으며, 다른 스페인 다국적 기업도 같은 문제로 비슷한 피해를 본 것으로 밝혀졌다(Guillen 2005). 산탄데르가 2004년 애비 내셔널을 인수하고, 계속해서 유럽에서 소비자 금융 사업을 키운 것이 이런 지역 차에 따른 손실 부분을 상쇄시키는데 도움이 됐다.

국제 금융 언론에서의 산탄데르의 이미지

지난 20년 동안 국제 금융 언론은 산탄데르에 지속적인 관심을 보였다. 하지만 1980년대 초반에만 해도 〈파이낸셜 타임즈〉, 〈월스트리트 저널〉, 〈월스트리트 저널 유럽〉의 산탄데르에 대한 기사는 다른 은행을 이야기하면서 살짝 덤으로 싣는 일조차 하지 않았다(그림 9.1 참조). 그러다가 1986년 스페인이 유럽 연합에 가입하면서 산탄데르에 관심을 가지기 시작했고, 1990년대 들어 바네스토를 매수하고, 센트랄 히스파노와 합병하고, 라틴아메리카로 팽창해가면서 산탄데르에 대한 언론보도가 점점 늘어났다. 하지만 2001 – 2002년에 라틴아메리카 경제 사정이 나빠지자 또다시 관심에서 멀어졌다. 그리고 2004년, 산탄데르가 애비 내셔널을 인수하자 갑자기 언론보도가 늘어났고, 이후 미국과 유럽, 영국 언론에 주목을 받게 됐다.

언론에 보도되는 횟수와 더불어 국제 금융과 비즈니스 관련 미디어

〈그림 9.1〉 국제 금융 언론이 다룬 산탄데르 관련 기사(1980-2006)

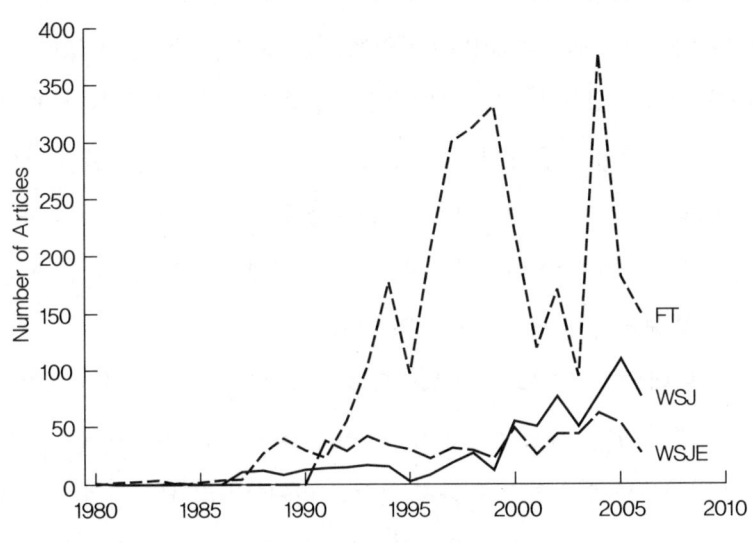

Source: Factiva.
Notes: FT *(Financial Times)*; WSJ *(Wall Street Journal)*; WSJE *(Wall Street Journal Europe)*.

도 스페인 기업들이 외국으로 팽창해 나가며 세계 곳곳에서 신문의 머리기사를 장식하자 스페인 기업 전반, 특히 산탄데르에 관심을 가지게 됐다. 이를 다음의 4단계로 나눌 수 있다.

① 처음 놀랍고 믿기 어려웠던 시기(1996년 또는 1997년까지)

② 산탄데르 이해하기와 추종이 증가한 시기(1997 – 2000년)

③ 라틴아메리카 사업에 대한 신랄한 경고의 시기(2001 – 2002년)

④ 산탄데르가 세계적으로 경쟁력 있는 은행임을 깨달은 시기(2003년 부터 계속)

1990년대 중반까지 국제 금융과 비즈니스에 종사하는 기자들은 산탄데르에 대해 놀라워하면서도 믿지 못하겠다는 반응을 보였는데, 특히 라틴아메리카에서 벌인 인수 작업에 대해 그 같은 태도를 보였다. 기껏해야 해외로 성장하면서 얻은 다각화 성과 정도만을 언급했다. 신문들은 산탄데르가 금융계에서 세계적으로 경쟁할 만큼 강력한 은행이 될 것이라는 기사는 내지 않았는데, 그 이유는 사실에 근거해 평가하기보다는 그저 기술이나 마케팅 능력, 그리고 경영이 약할 것이라는 편견을 가지고 보거나 아예 무시해버렸기 때문이다.[4]

1990년대 초, 기자들은 '엘도라도', '식민지 건설', '침략', 그리고 가장 유명한 말인 '새로운 정복자(심지어 인수자들)'와 같은 표현을 사용해가며, 아무도 인수하길 원하지 않았던 라틴아메리카의 기업을 사들이는 거침없는 스페인 기업 군단(산탄데르도 포함해서)을 소개했다. 국제적인 인쇄 매체의 전, 현직 마드리드 특파원과의 인터뷰를 보면 편집자가 취한 오만한 태도 때문에 스페인 기업과 경영자들에 대한 초기 기사는 지면에 실리지 못한 경우가 많았음이 드러난다. 산탄데르와 몇몇 스페인 기업이 해외 진출을 공고히 하기 위해 쏟은 10년이 넘는 노력 끝에 유럽은 물론 세계적 수준의 실력자로 부상했지만 런던과 뉴욕에 있는 편집자와 특파원들은 초기 산탄데르와 스페인 기업의 그러한 노력을 평가절하하며 왜곡된 이미지를 만들어 내는데 일조했다.

1990년 말까지 산탄데르가 눈에 띄는 명백한 위기를 맞거나 큰 실수를 저지르지 않고 거침없이 해외로 팽창해나간 것이 초기의 부정적인 이미지를 일소하는데 도움이 됐다. 예를 들어, 〈포춘〉은(2000년 4월 3일) 소위 '새로운 유럽 재계의 엘리트'라 불리는 유명 인사로 채워진 목록에 에밀리오 보틴 3세와 앙헬 코르코스테기를 집어넣고 산탄데르가 라틴아메리카에서 거둔 성공과 더불어 높아진 유럽 내의 위상을 소개했다. 해외와 자국(스페인)에서 인수한 기업 통합 문제가 주목을 끌자 미디어는 스페인 기업들이 필연적으로 해외 성장을 추구해야 하며, 성공적으로 국제화를 이룬다는 것을 알게 됐다(〈이코노미스트〉 1999년 1월 23일; 〈월스트리트 저널 유럽〉 1999년 5월 4일).

그리고 스페인 기업의 선전을 극찬하는 기사가 연이어 쏟아져 나왔다. 특히 아낌없는 찬사를 보낸 것은 〈비즈니스 위크(Business Week)〉의 '스페인의 엄청난 부상' 이라는 표지 관련 특집 기사였다(2000년 5월 22일 유럽판). 흥미로운 것은 시티은행이 멕시코 최대 은행인 바나멕스 (Banamex)를 인수했을 때 미디어는 그보다 일찍 라틴아메리카의 다른 나라는 물론 멕시코에 진출한 산탄데르와 BBVA의 행보에 필적하는 일이라고 평했다. 그러면서도 암묵적으로는 시티은행을 선도자라기보다는 뒤를 쫓아가는 쪽으로 묘사했다(〈월스트리트 저널〉 2001년 5월 18일; 〈월스트리트 저널 유럽〉 2001년 2월 22일).

하지만 1999년 브라질 외환 위기로 시작해 아르헨티나의 경제 위기와 2002년 채무 불이행 사태로 심화된 신흥 시장의 혼란으로 인해 산탄데르를 포함한 스페인 기업에 대한 언론의 평가는 중대한 변화를 겪게 됐다. 라틴아메리카 위기의 여파를 호전적으로 다룬 기사가 몇 가지 있었다. 〈이코노미스트〉는 다음과 같은 기사를 실었다. "몇 년 동안 라틴아메리카로 제국을 확장해나가는 것을 자랑하던 스페인의 대기업들이 지금은 그로 인해 고전하고 있다."(2002년 1월 5일). 하지만 대부분의 기사는 공평하고 객관적으로 보도했다. 그들은 먼저 산탄데르같이 라틴아메리카에서 영업을 크게 하는 은행에게 그 지역의 채무 불이행 사태로 야기된 참담한 결과에 대해 경고했다(〈파이낸셜 타임즈〉 2001년 10월 16일, 2001년 12월 22일; 〈월스트리트 저널〉 2001년 7월 20일). 그러고 나서 아르헨티나 사태로 인한 수입과 주식 가격 하락에 대해 보도했다. 2002년 마드리드의 이벡스-35 우량주 주식지수와 산탄데르가 보유한 주식 가격이 30퍼센트 하락했다(당시 산탄데르는 수익의 52퍼센트를 라틴아메리카에서 내고 있었다). 언론은 산탄데르와 다른 스페인 대기업이 라틴아메리카처럼 불안정한 시장에 투자를 너무 집중하는 것에 대해 이구동성으로 충고했다.[5] 〈월스트리트 저널 유럽〉(2001년 6월 18일)은 제1면 기사에서 "최악의 시나리오는 아르헨티나가 완전히 무너질 경우 스페인의 투자 심리가 흔들려 이 지역에 대한 기업의 전략에 의구심을 갖게 되는 것이다"라고 지적했다.

흥미롭게도 2003년 아르헨티나와 다른 라틴아메리카 지역의 최대 위기가 지나간 후 스페인 기업들이 계속 남아 있으면서—다른 나라에서 진출했던 기업들은 거의 모두 빠져나갔다—적절한 조치와 부채 탕감 작업을 하자 언론은 이런 상황을 다소 다른 시각에서 보기 시작했다.

『유럽 경제가 계속해서 침체기일 때 스페인의 대기업들은 작년 한 해 가장 커다란 경제 발전 바구니였던 라틴아메리카에서 예상치 못한 반가운 구제조치를 받게 됐다. 올해 들어 지금까지 마드리드 증권거래소가 유럽에서 가장 실적이 좋다. 수많은 분석가들이 그 눈부신 위업은 부분적으로는 브라질의 운명이 바뀌었기 때문이라고 보고 있다(〈월스트리트 저널〉 2003년 6월 2일, 〈월스트리트 저널 유럽〉 2003년 6월 2일).』

2003년 한 해 산탄데르의 주식 가격은 43.6퍼센트나 치솟았는데, 다우존스 유로 스톡스(Dow Jones Euro Stoxx) 지수에 반영된 것과 같이 그해 유로 지역 은행 평균인 20.6퍼센트의 두 배였다.

2003년 중반까지 국제 언론은 다시 보도 행태를 바꿔 산탄데르와 여타 스페인 기업이 라틴아메리카 위기의 폭풍을 성공적으로 견뎌냄으로써 유럽은 물론 세계적으로 진정한 시장 선도자가 됐다고 칭찬했다(예; 〈월스트리트 저널〉 2003년 9월 16일; 〈파이낸셜 타임즈〉 2004년 1월 22일). 2004년 애비 내셔널 인수를 발표하자 영국 언론은 공공연하게 비판을 쏟아냈으며, 그보다 강도는 약간 덜했지만 〈파이낸셜 타임즈〉와 〈월스트리트 저널〉도 비판에 합세했다. 그러나 입찰이 끝나고 영국 당국과 유럽 연합, 미국까지 그 거래를 인정하자 언론은 새롭게 설립된 이 '세계적' 은행의 향후 인수 계획에 관심을 가지기 시작했다(예; 〈파이낸셜 타임즈〉 2004년 9월 2일). 그리고 HBOS가 9월 중순 대항 입찰을 포기하자 〈파이낸셜 타임즈〉와 〈월스트리트 저널〉 둘 다 계속해서 애비 내셔널을 변모시키는 계획의 어려움을 지적하면서도 산탄데르와 그 회장의 지혜를 칭찬했다. 2005년 중순, 국제 언론은 IT 플랫폼과 은행 구조조정 문제에 있어 산탄데르가 달성한 진전에 대해 보도하기 시작했다. 하지만 그러면서도 〈파이낸셜 타임즈〉는 애비 내셔널이 계속해서 고객을 유지할 수 있는 능력이 있는지에 대해 회의적인 태도를 보였다. 2005년 7월 〈유로머니〉는 '현대 금융의 가장 놀라운 이야기'라고 정의하며 산탄데르를 세계 최우수 은행으로 선정했다. 그리고 〈파이낸셜 타임즈〉는 2005년 10월에 이어 2006년에도 아나 파트리시아 보틴을 유럽 최우수 여성 경제인으로 뽑았다. 이제 산탄데르는 명실상부한 세계 금융계의 강자, 계산에 넣어야 할 경쟁 상대, 분석과 벤치마킹 대상, 그리고 본받을 모델이 된 것이다.

4 _ 산탄데르의 경험에서 배울 교훈

산탄데르는 무엇보다도 현재 상업 금융이 국제적으로 성장할 잠재성이 상당히 큰 사업이라는 것을 보여준다. 수년 동안 업계 관측자들은 소매 금융이나 상업 금융을 본질적으로 국내 사업으로 간주해왔다. 현재 시티은행과 HSBC, 산탄데르는 금융처럼 세분화가 이루어진 산업에 국가 간 경계를 넘어 자사가 개발한 경영 기술을 이전하며 전략을 쌓아가고 있다. 그리고 산탄데르는 지방에 거점을 둔, 국제 경험이 없고 상대적으로 작은 은행도 소매 금융을 이용해 성장하면 상위 그룹에 도달할 수 있다는 것을 보여준다. 여러 가지 면에서 산탄데르는 해외에서 성장할 수 있는 기회를 포착하는 예리한 안목을 갖추고 기술을 이용해 상품 차별화 전략을 실행해 성공한 모범 사례다.

산탄데르가 경영 문제에 있어 보여준 참신한 관점은 소유권 이상으로 의사 결정에 영향력을 미치는 것과 관계있다. 보틴 집안사람들은 제휴와 의결권 협의를 잘 이용해 은행 경영 구조 체제와 전략적 결정을 할 때 상당한 영향력을 행사해왔다. 하지만 이사회가 지분의 5퍼센트 이하만을 통제할 수 있고, 230만의 개별 주주가 있다는 사실을 감안할 때 현재의 균형 상태는 재정 실적 상태에 따라 변할 수 있다. 따라서 미래의 성장과 팽창은 과거보다 훨씬 더 주주들의 눈치를 보고 그들을 기쁘게 만들어야 한다는 제약에 민감해질 수밖에 없다.

앞 장에서 분석을 통해 우리는 보틴 집안사람들이 이사회와 경영진에 있음으로 인해 진작된 안정과 의사 결정 방식이 산탄데르가 안팎으로 성장하는데 있어 촉진제 역할을 했다는 결론을 내렸다. 산탄데르의 가족 주도적 특성은 성장이 진행되는 동안 최소 3가지 이점을 낳은 것 같다. 첫째, 다른 국내외 은행이 합병 후 통합을 위한 전투에서 고전하고 있을 때 산탄데르는—BCH와의 합병 후 3년을 제외하고—확실한 목표를 가지고, 전략적으로 내린 결정을 신속하고 전문적인 방식으로 실행하는 조력자 군단의 지원을 받는 최고 경영진의 단호하고 거침없는 지도력을 발휘했다. 둘째, 산탄데르의 단호한 의사 결정 덕분에 은행이 좋은 인수 건을 포착해 성공적으로 성사시킬 수 있었고, 설정한 시간 내에 목표물 통합을 이뤄내는 기록도 세웠다. 셋째, 보틴 집안이 확실히 은행을 통제하고 지휘한다는 이미지를 은행 안팎에 심어 인수 위협을 차단했으며, 그로 인해 최고 경영진은 위험한 계획을 결정할 때도 여유를 가질 수 있었다.

물론 가족 지도체제에는 단점도 있다. 스페인 안팎에서 관측자들은 산탄데르를 '전통적' 은행으로 인식해 산탄데르의 기업 관행이 투명성 표준을 준수하고 있음에도 이를 종종 비난했다. 아나 파트리시아 보틴이 산탄데르의 회장 자리에 오르면 그가 여자인데다 보틴 집안 출신이기 때문에 다른 최고 경영자들이 받는 것보다 훨씬 더 정밀한 조사를 받게 될 것이다. 중역들이 최고 위치에 오르는 것이 능력보다는 어떤 속성에 의해 좌우된다고 생각하면 중역들의 동기 부여 효과를 측정하기가 어려워진다. 전반적으로 산탄데르의 실적은 은행 경영과 의사 결정에 보틴 집안사람들이 개입하는 것에 대한 찬반이 균형을 이루고 있다는 점이 긍정적임을 나타내는 지표 같다.

산탄데르 사례는 가족의 지도력이 기업 경영 체제와 의사 결정에 영향을 미쳐 엄청난 성장을 하고, 우수한 실적을 낸다는 것을 보여주고 있다. 또 한 가족이 소유권 이상의 영향력을 얼마나 잘 행사할 수 있는지를 보여주는 모범 사례이기도 하다. 에밀리오 보틴 3세는 단순히 탁월한 은행가일 뿐만 아니라 금융 시장이 공식적으로 상장된 기업에 엄청난 압력을 행사하는 시대에 기업 경영 체제의 복잡성을 속속들이 알고 있는 인물로 경영 역사에 수록될 것이다.

5_ 미래를 향해

산탄데르는 몇 번의 결정적인 변신을 했다. 지방에서 시작해 설립된 지 100년이 지나서야 전국 은행이 됐다. 상업 은행으로서의 성격을 잃어버리지 않고 산업체 자산을 가지고 실험을 했으며, 라틴아메리카와 유럽으로 팽창해가며 세계적인 은행으로 도약했다. 경영진이 성장을 선호한다는 것이 밝혀졌으므로 미래와 관련해 가장 흥미로운 질문은 산탄데르가 계속해서 인수 작업을 해나갈 것인가이다. 현장 조사를 하고 작업을 하며 우리는 산탄데르가 코메르츠방크, ABN 암로, 웰스 파고 같은 은행을 인수 목표로 삼고 있다는 소문과 근거 있는 분석도 접할 수 있었고, 그와는 반대되는 주장도 접했다. 이에 대해 내릴 수 있는 가장 중요한 결론은 최근까지 걸어온 대담한 행보를 고려한다면 절대 산탄데르를 과소평가할 수 없다는 것이다. 현재의 규모와 실적으로 볼 때 산탄데르는 거대하고 유능한 인수자다. 그리고 산탄데르는 실적이 좋지 않은 인수 은행을 변모시키는데 비상한 능력이 있음을 증명했다. 물론 라틴아메리카의 볼리비아와 페루, 특히 아르헨티나에서는 고전했던 것이 사실이지만 인수 후 실적에 대한 전반적 기록은 상당히 좋다. 특히 멕시코의 세르핀(Serfin), 브라질의 바네스파(Banespa), 영국의 애비 내셔널 같은 대형 은행 인수 후 실적이 아주 좋았다.

유럽 대륙에서 산탄데르는 시장 통합 현상의 증가로 이득을 봤다. 그리고 이제 국제 합병에 대한 제약도 완화될 것이다. 산탄데르는 수년 동안 영국(RBS), 프랑스(소시에테 제네랄), 이탈리아(상파울루 IMI), 독일(코메르츠방크) 등과 제휴 또는 주식 보유 방식을 통해 다양한 유럽 시장에 대해 배웠다. 그리고 남부, 중부, 동부 유럽의 10개 국가에서 10년에서 20년 동안 소비자 금융 사업을 해왔다. 우리는 산탄데르가 시장 자본 면에서 뿐만 아니라 운영 면에서도 유로 지역과 동부 유럽 최대 은행이 될 것이라고 예상한다. 이 모든 것은 적당한 인수 목표물을 찾을 수 있느냐에 달려 있다.

산탄데르가 미국 시장에 대해 어떤 계획을 가지고 있는지, 특히 멕시코에서 뱅크 오브 아메리카와 제휴를 맺은 후의 행보에 대해 언론과 금융계에서 여러 가지를 추정하고 있다. 산탄데르는 소버린 뱅코프(Sovereign Bancorp)의 주식을 약 20퍼센트 정도 보유하고 있었는데 이를 25퍼센트까지 올렸고, 최근에는 자동차 대출 금융에도 뛰어들었다. 산탄데르의 전략은 영국에서 RBS와 제휴를 맺어 경험을 쌓은 것처럼 미국 시장에서도 경험을 얻고자 하는 것 같다. 하지만 대단위 인수를 할 가능성도 있다.

산탄데르가 진정한 세계적 은행이 되려면 아시아에서도 영업을 해야 한다. 산탄데르의 고위 경영진은 중국과 그 밖의 아시아 국가 지역을 정기적으로 방문해왔다. 초기에 일본과 필리핀, 그리고 여타 지역에서의 활동은 실망스러웠지만 산탄데르와 BBVA, 그리고 (훨씬 작은 규모의) 사바델 은행은 중국에 대표사무소를 열었다. 텔레포니카가 중국 2위의 유선통신회사인 넷컴(Netcom)의 지분 10퍼센트를 보유하고 있는 것처럼 다른 스페인 다국적 기업들도 중국에서 영업을 하고 있다. 산탄데르의 경쟁자인 시티은행, 뱅크 오브 아메리카, BBVA, HSBC, RBS가 중국 최대 은행의 지분을 5－10퍼센트 보유하고 있고 ING, ABN 암로, 알리안츠, 포르티스는 제휴를 맺었다. 몇몇 분석가와 학자들은 스페인 은행과 기업들이 중국 진출에 있어 중요한 협상 칩을 가지고 있다고 주장한다. 스페인 기업이 라틴아메리카에서 영업을 하고 있다는 사실이 그것이다. 중국 정부와 중국의 주요 에너지/광산 회사는 천연자원이 풍부한 라틴아메리카 지역에 진출해 사업을 키우는데 깊은 관심을 보이고 있다(Blazquez Lidoy 등 2005). 스페인 기업들은 라틴아메리카에서 이미 기본적인 에너지와 금융 제반 시설을 건설해 사업을 하고 있으므로 자연스럽게 이들이 파트너가 될 것으로 전망된다. 중국과 스페인, 그리고 라틴아메리카 사이의 '삼각망'에 대한 이야기가 많이 회자되고 있으며, 중국과 스페인의 대기업 사이에 제휴 관계가 늘어난다는 소문도 점점 증가하고 있다. 하지만 이 방법이 산탄데르가 아시아 진출로 택한 유일한 경로이고 가장 실행 가능성이 높은 방법이라고는 생각하지 않는다. 산탄데르는 가장 많이 이루어지는 방법을 택하지 않은 경우가 많았고,

유행의 선도자 역할도 잘 하지 않았다. 중국이나 인도에는 매력적인 인수 대상이 별로 많지 않다는 점을 감안하면 산탄데르는 아마도 소수 지분이나 소비자 금융을 이용해 기반을 마련하고 나서 점점 더 과감한 행보를 택할 것이다. 그 지역을 잘 알면서 최고 경영진으로서의 자신감을 누릴 줄 아는 중역을 찾는 문제가 어렵다는 것이 언제나 가장 힘든 부분이었다.

우리가 인터뷰를 한 사람들도 산탄데르가 기업 부문이나 좀 더 고차원적인 형태의 투자 금융을 선호해 소매 금융이나 상업 금융에 덜 집중할지에 대해 여러 가지 추측을 했다. 도이치 방크(Deutsche Bank)나 드레스너 방크(Dresdner Bank)의 투자 금융 부분에서의 최근 경험을 보면 산탄데르가 다음 단계로 올라가야 한다고 재촉하는 사람들에게 잠시 생각할 여지를 두게 한다(Smith and Walter 2003; Walter 2004, 154-68). 소매 금융과 상업 금융은 성장 가능성이 많은 분야다. 비용을 줄이고 파르테논과 같은 IT 플랫폼을 이용해, 인수한 은행의 상품을 교차 판매해 수익을 늘리는 식으로 효율성을 강화하며 실적을 개선할 여지도 많다.

투자 금융 능력 개발은 전문성과 고객층의 구축에 달려 있다. 전문지식은 살 수는 있지만 그 전문지식을 실행하는 개인이 너무 방만하게 구는 탓에 계속 유지하기가 힘들다. 또 투자 금융 서비스를 받을 정도로 성장한 고객이 최고의 고객이므로 건실한 관계에 기반한 고객층을 구축하는 데는 시간이 걸린다. 그리고 상업 금융과 투자 금융의 조직 문화는 서로 잘 양립하지 않는다는 것도 문제가 될 수 있다. 산탄데르가 1980년대 중반 이후로 투자 은행을 세우려 애썼지만 소매 금융과 상업 금융에서와 같은 성공을 거두지는 못했다. 미래에 대한 가능성으로 기대되는 것은 한두 군데 스페인 건설 그룹에서 산탄데르의 지분을 인수해 이사회에 이사를 파견할 수도 있다는 점이다. 비영리 자동차 보험사인 무투아 마드릴레나는 거의 3년 동안 산탄데르의 지분을 약 1퍼센트 정도 보유하고 있으며, 이사 한 명을 파견했다. 무투아 마드릴레나는 스페인에서 가장 큰 건설회사인 ACS의 지분 3퍼센트와 서비스 그룹인 사키르 지분의 5퍼센트도 보유하고 있다. ACS는 최근 이베드롤라와 렙솔－YPF 사키르(두 회사 모두 〈포춘〉 글로벌 500에 드는 기업이다)의 주요 주주가 됐다. 산탄데르는 사키르와 또 다른 대규모 건설회사인 악시오나(Acciona)에 신용 편의 서비스를 제공했다. 악시오나는 최근 엔데사(Endesa)의 최대 주주가 되었고, 역시 〈포춘〉 글로벌 500에 드는 기업이다. 이를 보면 산탄데르는 스페인 최대 다국적 기업과 지분 교차 소유를 통해 긴밀한 관계를 맺고 있는 셈이므로 은행의 투자 금융 사업을 진작시킬 뿐 아니라 현 상태를 유지하는 데도 도움이 될 수 있다.

산탄데르의 사례는 급격한 규제 조치와 경쟁 조건이 변하는 상황 하에서 의사 결정시 직관을 발휘하고, 신속하고 체계적으로 실행할 필요가 있을 때 가족 주도의 영향력이 제한적이기보다는 훨씬 더 행동하기에 편리하고 융통성이 있음을 보여준다. 그리고 사건이 연속되는 종단적 관찰 결과에 근거한 사례만을 놓고 봤을 때에도 산탄데르는 가족 소유와 통제, 그리고/또는 전략적 의사 결정이 반드시 전문 경영, 능력주의, 주주 가치 지향, 단체 교섭에 의한 노사 관계, 그리고 다른 '현대적' 기업의 특징으로 일컬어지는 여타의 특성과 대치되어 충돌하기만 하는 것은 아니라는 것도 보여준다. 산탄데르가 미래에도 계속해서 성공을 거둘 것인지는 상당 부분 기업 성장과 주주 배당수익 사이의 균형을 맞추는 일뿐 아니라 기술과 마케팅 분야의 무형의 자산을 강화해 저렴한 비용으로 더 나은 금융 서비스를 제공할 수 있느냐에 달렸다. 어떤 사람은 쉬운 부분은 이루었다고 말하기도 한다. 1위가 되는 것, 아니면 최소한 1위를 향해 다가가는 것에 비교했을 때 세계 152위에서 10위로 뛰어오른 것은 그다지 대단한 일이 아니다. 정상에 가까워질수록 경쟁은 더욱 치열해지는 법이다.

위기에 더 빛나는 산탄데르 은행

미국 경제를 뒤흔든 금융위기가 유럽으로 번졌다. 특히 미국처럼 주택담보대출의 부실 비율이 높은 영국이 금융위기의 직격탄을 맞고 있다. 독일도 마찬가지다. 그러면 스페인은 어떨까. 스페인은 영국이나 독일에 비해 금융 후진국으로 분류되지만 유럽이 단일 통화권으로 묶여 있기 때문에 스페인도 금융위기에서 안전하진 않다. 스페인 정부가 시장 안전을 위해 2008년 10월 7일 300억 유로의 펀드를 조성하고, 예금 지급 보증 한도를 2만 유로에서 10만 유로로 대폭 상향 조정한 것은 스페인이 무풍지대가 아니라는 사실을 보여준다. 그러나 적어도 스페인이 자랑하는 세계적인 금융 그룹 산탄데르만은 예외다. 이 회사의 영국 자회사인 애비 내셔널 은행(Abbey National Bank)은 영국 은행 간 거래 활성화를 위해 12억 5000만 달러를 시장에 공급했다. 게다가 금융위기로 쓰러진 영국의 금융회사를 야금야금 사들이고 있다. 독일의 시사주간지 〈슈피겔〉이 "금융위기의 승자는 산탄데르"라고 극찬한 것도 위기를 기회로 만드는 산탄데르의 마술에 주목했기 때문이다. 심지어 〈슈피

겔)은 "모건스탠리 · 골드만삭스가 순수한 의미의 투자은행(IB)으로서의 사업을 포기한 상황에서 다른 금융회사들은 소매 금융이 주력인 산탄데르의 모델을 베끼기 시작할 것"이라고 보도했다.

잇단 인수 · 합병(M&A)으로 자국 시장을 평정한 산탄데르(Banco Santander)가 1990년대 중반부터 스페인 밖으로 눈을 돌린다. 특히 같은 언어를 사용해 문화적 동질성이 큰 중남미 시장을 주목했다. 1996년부터 베네수엘라 · 멕시코 · 아르헨티나 · 브라질에 진출해 지난해 기준으로 순이익의 3분의 1을 중남미 시장에서 벌어들였다. 1999년엔 포르투갈 · 독일 · 이탈리아 등 유럽시장으로 세력을 확장했다. 그러나 세계 금융시장이 산탄데르에 본격적으로 주목하기 시작한 것은 산탄데르가 2004년 영국의 6위 은행인 애비 내셔널을 인수하면서부터다. 유럽 변방의 스페인에서 출발한 산탄데르가 미국과 세계 금융시장을 양분한 영국으로 진출하자 세계 금융계는 새로운 강자의 출현에 긴장하기 시작한 것이다.

예상은 빗나가지 않았다. 2007년 세계 M&A 시장에서 가장 주목을 받았던 회사는 네덜란드의 금융 그룹 ABN암로. 인수전에선 바클레이즈와 스코틀랜드 왕립은행(RBS) 등 영국의 두 은행이 맞붙어 치열한 전투가 벌어졌다. 은행과 사모펀드들 간의 합종연횡도 활발했다. 그러나 최후의 승자는 벨기에의 포르티스(Fortis), 산탄데르를 우군으로 확보한 RBS. 이 인수전에서 산탄데르는 ABN암로의 브라질 · 이탈리아 법인을 차지했다. 이미 자신들이 진출해 있는 국가에서 영업권을 확대하기 위해 필요한 부문은 쏙 빼서 인수한 것이다.

산탄데르의 힘이 유감없이 발휘된 것은 2008년 들어 금융위기가 심화되면서다. 산탄데르는 7월 위기에 처한 영국의 얼라이언스 앤 레이세스터(A&L) 은행을 22억 4000만 달러에 인수하기로 결정했고, 9월 22일엔 최종 인수 절차를 마무리 했다.

　내친 김에 산탄데르는 9월 29일 영국 최대의 모기지 전문업체인 브래드포드 앤 빙글리(B&B)의 소매 금융 부문을 10억 9000만 달러에 인수하기로 결정했다. 당초 영국 정부는 B&B 전체를 산탄데르에 넘기려 했다. 그러나 모기지 사업은 산탄데르의 전문 영역이 아니었다. 또 모기지가 증권 유동화를 통해 각종 파생상품으로 재가공된 탓에 B&B의 부실이 어느 정도인지를 파악하기 어렵자 산탄데르는 영국 정부의 제안에 콧방귀를 뀌었다. 그러나 매수자가 나타나지 않은 B&B를 영국 정부가 국유화하기로 결정하자 재빨리 나서 소매 금융 부문만 인수한 것이다. 잇단 인수를 통해 영국의 소매 금융 시장에서 산탄데르의 점유율은 13%에 이를 것으로 전망된다. 이처럼 산탄데르가 소매 금융에 큰 관심을 보이는 것은 "잘 할 수 있는 사업에 역량을 집중한다"는 에밀리오 보틴 회장의 경영철학이 M&A에서도 관철됐기 때문이다. 웬만큼 덩치가 큰 은행이라면 투자은행 부문 육성에 열심일 때 산탄데르만은 유독 소매 금융에 치중해왔다. 물론 그룹 내에 각종 사업 부문이 골고루 포진돼 있지만 2007년 기준으로 그룹 전체의 순이익 가운데 85%가 소매 금융에서 발생했다. 리먼 브라더스, 메릴린치 등 유수의 투자은행들이 모기지 관련 증권 투자에 따른 엄청난 손실로 쓰러져 갈 때 산탄데르만은 휘파람을 불었다. 모기지 관련 손실이 거의 제로에 가까웠기 때문이다. 물론 산탄데르도 각국 증시의 폭락으로 시가총액이 줄어들긴 했지만 모기지 관련 손실로 인한 상각은 전혀 없었다. 국내 몇몇 은행들도 모기지 관련 투자로 손실을 입었는데 어떻게 산탄데르만은 이를 피해갈 수 있었을까. 소매 금융에 집중한다는 보틴 회장의 경영철학 이외에도 스페인 정부의 금융규제도 산탄데르가 모기지 관련 파생금융증권을 멀리한 이유로 꼽힌다. 1970년대 초, 경기침체와 그에 따른 금융부실로 은행 산업이 흔들리자 스페인 중앙은행은 은행들의 무분별한 투자로부터 고객의 예금을 보호하기 위한 규제를 대폭 강화했다. 자기자본 비율을 높이고, 부실과 관련한 회계기준을 높이고, 파생증권에 대한 투자도 엄격히 제한했다. 이런 이유 때문에 금융회사라면 앞뒤를 가리지 않고 금광을 캐러 떠날 때 산탄데르만은 자신들의 영역에 머무르며 위기의 소용돌이에 휘말리지 않았던 것이다.

그러나 이것만으로는 설명이 되지 않는다. 도대체 그 많은 기업을 M&A 할 수 있는 자금은 어디서 생겼단 말인가. 1986년 아버지로부터 회사를 물려받은 보틴 회장은 1990년대 초 민영화된 스페인의 건설 · 에너지 · 텔레콤 사업에 진출해 M&A 자금을 마련한다. 이를 통해 바네스토 · 센트럴 히스파노 등을 인수하며 스페인 내 경쟁자들을 멀찌감치 떼어놨다. 한 차례 더 도약하기 위한 산탄데르의 준비는 최근에 이뤄졌다. 벨 에이폭―19세기 말부터 1차 세계 대전 전까지 평화롭고 우아한 시절―시대에 지어진 전국 각지의 고성 1200개를 전 세계 부동산 버블이 터지기 전인 2006년 이전에 팔아 현금을 마련한 것이다. 산탄데르는 매년 큰 폭으로 늘어나는 순이익과 부동산을 팔아 생긴 여유자금으로 ABN암로를 시작으로 영국의 금융회사를 차례차례 먹어치운 것이다.

이 같은 성공 덕분에 산탄데르 제국을 이끌고 있는 보틴 회장은 스페인의 영웅으로 추앙받고 있다. 호세 루이스 로드리게스 사파테로 스페인 총리는 9월 말 의회 연설에서 "엄청난 순이익과 제로에 가까운 모기지 관련 손실 덕분에 산탄데르는 전 세계인의 부러움의 대상이 됐다"고 자랑했다.

영국의 일간지 〈가디언〉은 "영화 〈노인을 위한 나라는 없다〉에 출연해 2008년 아카데미 남우조연상을 받은 하비어 바뎀, 영화 〈비밀의 꽃〉 등을 제작한 세계적인 영화감독 페드로 알바도모가 유명하긴 하지만 보틴 회장에는 미치지 못한다"며 "보틴 회장은 오래 전부터 스페인에서 가장 영향력 있는 인물"이라고 소개했다.

보틴 회장도 자신감에 넘치고 있다. 보틴 산탄데르 회장은 9월 22일 A&L 인수를 결정하는 주주총회에서 "우리는 경쟁자들에 비해 훨씬 좋은 상태에 있다"며 자신감을 나타냈다. 또 "야망에서 만큼은 전 세계 누구와 비교해도 결코 뒤지지 않는다"고도 했다. 이런 자신감과 사업에서의 성공 때문에 보틴 회장의 나이 76세이지만 은퇴에 대한 얘기는 전혀 나오지 않는다. 다만 하버드를 졸업한 화려한 미모의 딸 아나 파트리시아(47)가 경영 후계자 수업을 착실히 수행해 나가고 있다.

잇단 M&A를 통해 산탄데르는 지난해 91억 유로의 순이익을 내고 HSBC에 이어 유럽 2위, 세계 8위 은행에 올랐다. 시가총액 순위는 9월 말 기준으로 2007년 말보다 한 단계 뛴 7위에 랭크됐다. 그러나 더 빛나는 것은 향후 진로다. 잇단 M&A에 따른 합병 작업이 마무리되면 산탄데르는 거뜬히 세계 5위 내 은행에 진입할 것으로 전망된다. 게다가 세계 금융위기의 골이 깊어질수록 산탄데르의 영역은 더 넓어질 것으로 보인다. 2007년 ABN암로 인수전의 동맹 파트너였던 벨기에의 포르티스가 망가지자 산탄데르가 유력 인수자로 거론되는 등 위기 때마다 산탄데르는 소방수로 부상하고 있다. 그만큼 M&A 기회가 많다는 얘기다.

이처럼 산틴데르가 위기 속에서 빛을 더 빛하자 국내에서도 산탄데르 모델이 각광받기 시작했다. 금융위원회는 대통령 업무보고에서 "우리는 2007년부터 산탄데르 은행을 주목해왔다"고 밝혔다. 산탄데르가 언어 동질성이 높은 중남미 진출을 통해 세력을 확장했듯이 국내 은행도 아시아적 동질성이 있는 동남아시아와 중앙아시아를 집중 공략할 필요가 있다는 것이다.

하나금융지주의 김승유 회장은 회사 내 조직개편 선포식에서 "우리가 앞으로 나아가야 할 방향을 산탄데르에서 찾고 있다"고 천명하기도 했다. 이에 앞서 김승유 회장은 2007년 9월 보틴 회장을 국내로 초청해 장시간 대화를 나누기도 했다. 하나금융지주는 국내외 금융회사 인수 등에서 산탄데르와 전략적 파트너십을 맺는 작업을 추진 중이다. 우리금융지주의 이팔성 회장, 신한은행의 신상훈 행장 등도 공개석상에서 자주 산탄데르를 롤 모델로 언급했다. 삼성경제연구소 정구현 소장도 마찬가지다. 정구현 소장은 "금융업은 국가 배경도 중요하고 전통도 중요해 하루아침에 되는 것은 아니다"며 "그러나 산탄데르가 M&A로 급성장한 사례를 보면 결코 불가능하지는 않다"고 말했다.

전 세계를 휩쓴 금융위기가 단시간에 해소되진 않을 것으로 보인다. 오히려 금융에서 실물경제로 전이되며 각국 경제에 큰 상처를 남길 것이다. 과연 위기의 파도가 더 높아지더라도 지금까지 보여준 산탄데르의 저력이 계속 발휘될 것인지를 지켜보는 것도 재미있는 관전 포인트가 될 것이다.

2008년 10월

김준현(중앙일보 경제부문 기자)

10여 년 전 닥쳐왔던 외환위기가 어느 정도 정리되기 시작하던 때, TV 보도나 신문 경제면을 펼칠 때마다 눈에 들어왔던 기사는 기업 구조조정, 은행들 간의 합병 소식이었다. 당시만 해도 인수합병을 의미하는 M&A(Merger & Acquisition)라는 단어 자체가 생소했던 시기였지만 IMF에서 국제 구제 금융을 받은 후 국내 금융계는 뼈를 깎는 구조조정을 거쳐야 했다. 나라 전체의 경제는 완전히 뒤집혔지만 일반 서민 입장에서는 당시 전례 없이 정기 예금에 대해 연간 10퍼센트를 상회하는 이자를 주는 상품이 제1, 2 금융권에서 봇물 터지듯 쏟아져 나와 어떤 면에서는 '저축할 맛'이 나던 시절로 기억되기도 한다. 비교적 충실하게 이룬 구조조정 끝에 우리 금융계는 외환위기 전 40여 개 은행에서 현재는 시중은행 7개, 지방 은행 6개, 특수 은행이 5개로 숫자가 절반 이하로 줄어들며 새롭게 재편되었다. 은행들이 서로 합치고 다른 은행을 흡수하며 '한 덩치' 하는 대형 은행들이 탄생하는 것을 목격했다.

그리고 금융 시장이 개방되어 외환위기 이전에는 볼 수 없었던 외국 은행이 서서히 주변에 들어서는 것노 보게 되었다. 대표적으로 HSBC 나 시티은행이 국내에 진출해 이제는 어느 정도 인지도가 많이 올라간 상태로 다양한 상품을 내놓으며 국내 은행들과 경쟁을 하고 있다.

일반적인 기업과 마찬가지로 은행도 장기적인 면에서 성장을 하려면 해외로 진출을 할 수 밖에 없는데, 그 이유는 국내 인수 합병에는 한계가 있고, 내수 시장도 정체되는 시기가 오므로 결국에는 성장하는데 어떤 벽에 부딪치게 될 것이기 때문이다.

일반 서민이 생활 속에 쉽게 드나들며 저축을 하고 대출을 받는 은행은 소매 금융을 주로 하는 상업 은행이다. 그리고 국내 은행의 대부분이 이 소매 금융 분야에 주력하며 나름대로 강점을 가지고 있어 이 분야를 잘 개발하면 국제화에 성공할 수 있다고 여겨지고 있다.

하지만 소매금융은 기업 금융이나 투자 금융과는 달리 특성상 국제화를 하기가 어려운 영역이다. 그 이유는 나라마다 소매 금융 시장 사정이 다르고, 상품에 대한 소비자들의 취향도 다르며, 금융 시장에 대한 정부 규제의 정도도 모두 다르기 때문이다. 이런 복잡한 상황을 극복해 다른 나라에서 소매 금융업을 한다는 것은 아주 힘든 일이다.

우리 금융 당국이 그런 소매 금융 분야가 국제화에 성공하기 위한 조건은 무엇이며, 본보기로 삼을 만한 은행이 어디인지를 찾다 내린 결론이 이 책의 '주인공'인 스페인의 산탄데르 은행이다. 금융 당국이 산탄데르를 국제화 사례로 선정한 후, 지난 해부터 산탄데르 은행은 각광을 받고 있다. 하나금융의 경우는 최고 경영자가 직접 연수를 다녀오기도 했다.

산탄데르가 이런 벤치마킹의 대상으로 거론되는 이유가 몇 가지 있다. 산탄데르는 종합 금융 그룹으로 투자금융과 기업 금융도 하지만 주로 주력하는 부분은 상업 금융, 즉 소매 금융 분야다. 앞서 밝힌 바와 같이 먼저 우리 국내 은행들이 강점을 가지고 있다고 판단되는 소매 금융을 특화시켜 국제화에 성공했고, 내수 시장에서 먼저 경쟁력을 강화한 다음에 해외로 진출했고, M&A를 활용해 비교적 단기간에 세계적인 선도 은행이 되었기 때문이다.

이 세상에 존재하는 줄도 몰랐던(?) 스페인의 산탄데르 은행 이야기를 번역하면서 여러 가지 면에서 흥미로운 점을 발견할 수 있었다. 무엇보다도 가장 관심이 갔던 부분은 가족 주도로 이루어지는 기업 경영, 승계 문제에 대한 것으로 가족 주도 기업 경영에 대해 학계에 쏟아내는 여러 가지 우려와 반대 이론, 그리고 논란을 헤쳐 나가고 있는 모습에서 우리와 비슷한 면을 발견할 수 있었다. 한 가문이 3대, 어쩌면 4대에 걸쳐 경영하는 은행이 30년이 안 되는 시간 내에 금융 변방국의 지방 출신 이류 은행에서 세계 금융의 강자로 도약해가는 길에 가장 결정적인 영향력을 행사한 에밀리오 보틴 현 산탄데르 회장과 보틴 집안을 보며 우리 재벌 기업과 총수 집안, 그리고 그에 관련된 논란과 스캔들이 생각났다.

가족 주도의 기업 경영과 경영권 대물림이라는 '뜨거운 감자'에 우리 국민만큼 민감하게 반응하는 사람들을 찾기는 쉽지 않을 것이다. 그러면서 우리 경제계를 대표하는 재벌 기업과 총수들이 기업 경영에서 저지르는 부패와 스캔들 기사를 접할 때마다 가슴이 답답해지는 것을 느끼게 된다.

하지만 긍정적인 면도 찾을 수 있었다. 금융의 변방으로 분류되던 스페인의 산탄데르 은행이 이루어 놓은 놀라운 성과를 보면서 한국 전쟁 이후 아주 짧은 시간에 지금의 모습으로 눈부신 성장을 한 우리 경제를 되돌아볼 때 아시아에서 한국 금융계가 산탄데르와 같은 신화를 다시 한 번 써보길 바란다면 너무 과한 꿈일까? 10년 전, 힘들었던 외환위기도 비교적 짧은 시간에 극복하고 다시 일어선 우리니 절대 이룰 수 없는 '꿈' 이라고 말하고 싶지는 않다.

특히 이 글을 쓰고 있는 요즘, 세계적인 투자은행이었던 리먼 브라더스의 파산을 시작으로 미국의 서브프라임 모기지(비우량 주택 담보 대출) 부실로 불거진 미국 발 금융 위기의 여파가 전 세계로 확산돼 세계 경제가 위기 속에 요동치고 있다. 특히 미국 상황에 너무도 민감하게 반응해 시간 단위로 환율이 급락과 급등을 반복하며 요동치고 있고, 바닥이 어디인지 모르고 떨어지는 우리 주식 시장을 착잡한 심정으로 지켜보면서, 그 어느 때보다도 실력 있고 내실 있는 금융계가 만들어지길 기원한다.

이번 금융 위기에 막대한 타격을 입고 휘청거리는 세계 유수의 금융 기관들과는 달리 산탄데르 은행이 별다른 영향을 받지 않고 굳건히 설 수 있는 원동력은 소매 금융에만 매진했기 때문이다. 특화된 경쟁력으로 꾸준히 수익을 냈고, 다른 금융 회사들이 위험을 감수해가며 복잡한 금융 상품을 사고팔아 돈을 벌 때도 꾸준히 예금을 유치하고 대출에만 집중했기 때문에 서브프라임 관련 손실이 전혀 없었다.

번역 작업은 힘겨웠다. 지난 7월 번역을 의뢰 받은 후 순수하게 번역하는 데만 두 달이 약간 못 되는 시간이 걸렸고, 이어지는 후반 작업과 수정이 고생스럽고 힘들었다. 국제 금융이라는 잘 알지도 못하는 분야에 대한 두려움도 있었고, 여러 가지 생소한 외국어와 관련 자료 검색에 많은 시간을 할애하는 등 어려움이 많았다. 그러나 힘들었지만 그 시간을 통해 많은 것을 배울 수 있어서 보람이 있었고, 이제 그렇게 공들인 시간과 노력의 결과물이 나와 더 없이 기쁘다.

　미약하나마 내 지식의 지평을 조금 더 넓힐 수 있는 값진 기회였다. 내가 그랬던 것처럼 이 책을 읽는 독자 분들이 새로운 지평을 여는데 조금이라도 도움이 된다면 힘들었던 모든 것들이 충분히 상쇄되고도 남으리라 확신한다.

조은경

제1장 세계 경제 속의 가족 주도 은행

1 고고학자들이 최소 4,000년 전부터 금융 활동, 특히 외환 거래와 대출 활동이 시작되었다고 수록한 문헌이 있다는 것을 밝혔다. 〈신약〉 성경에는 예수 그리스도가 예루살렘의 성전에서 상인을 쫓아내는 이야기가 나온다. 세계에서 가장 오래된 은행은 몬테 데이 파스치 디 시에나 은행(Banca Monte dei Paschi di Siena)으로 그 기원이 1472년으로 거슬러 올라간다. 즉, 콘스탄티노플이 함락된 직후이자 스페인이 신대륙을 발견하기 전에 세계 최초의 은행이 탄생했다.

2 이 인용문의 정확한 표현에 대해 합의를 보지 못한 부분이 몇 가지 있다. 우리는 인터넷을 통해 다양한 소스에서 이 인용문을 입수했으며, 여기서는 단순히 설명을 위한 예증으로 사용했다.

제2장 가족 은행의 기원

1 "El que da primero, da dos veces."

2 "No hay privilegio de familia, ni de herencia, que no sea arrasado por la ley implacable del mercade libre."

3 프랑코의 군대가 도착할 때까지 산탄데르 은행 회장은 산탄데르 시에 남아 있었다. 회장과 이사회 임원 2명은 공화국 정부에 의해 며칠간 투옥되었다. 당시 총괄 이사로 있던 에밀리오 보틴 2세는 1936년 12월부터 1937년 10월까지 런던과 바젤에 머물며 자의적으로 망명 생활을 했다(Martin Acena 2007, 115-31).

4 이 부분은 Hoyo Aparicio(1993; 2000)와 Hernandez Andreu(2002)의 논문을 많이 참고했다.

⁵ 1968년 연례 주주총회 연설에서 에밀리오 보틴 2세는 당시 벌어지던 캠페인을 '언론과 젊은 경제학자들'이 은행의 국유화를 지지하는 것이라며 비난했다. 그는 마드리드의 일간지인 〈푸에블로(Pueblo)〉를 염두에 두고 한 말로, 〈푸에블로〉는 사회주의적 성향의 프랑코주의자인 에밀리오 로메로(Emilio Romero)가 이끄는 신문이었다. 보틴 2세가 언급한 젊은 경제학자 중에는 〈The Power of Banks in Spain (Munoz 1967)〉의 저자와 그의 스승인 저명한 경제학자 후안 빌라르데 푸에르테스(Juan Velarde Fuertes)도 포함된다(Tortella and Garcia Ruiz 2003 참조).

제4장 강자 생존

[1] Garcia Ruiz and Tortella(1994, 425)에서 인용

[2] 1989년 정부는 도이체 방크가 코메르시알 트란스아틀란티코 은행(Banco Comercial Transatlantico)의 지분 100퍼센트를 인수하는 것을 허가했다. 도이체 방크는 1950년 코메르시알 트란스아틀란티코 은행의 창립을 도왔으며, 사실상 트란스아틀란티코 지분의 39퍼센트를 이미 소유하고 있는 상태였다. 이는 외국 은행이 스페인 은행을 인수한 첫 번째 사례다(1989년은 도이체 방크의 스페인 진출 100주년을 기념하는 해였다). 1994년 도이체 방크는 마드리드 은행(Banco de Madrid)을 인수했다. 마드리드 은행은 현재 바클레이즈 은행의 뒤를 이어 스페인 내 외국 은행 순위 2위에 올라 있다.

[3] 〈이코노미스트〉 1987년 12월 19일자; 〈로이터 뉴스〉 1987년 12월 11일

[4] 〈뉴욕 타임스〉 1987년 12월 7일자

[5] 〈로이터 뉴스〉 1987년 12월 11일자

제5장 신세계

[1] "Para alianzas, para compras, para cualquier tipo de operación futura, la empresa españolaque tenga una gran presencia en Latinoamerica tiene unas cartas de negociación superiores a las que no tienen inversiones fuera." Diario de Sesiones del Senado : Comisión de Asuntos Iberoamericanos 141 (2001년, 6월 7일): 16–17

[2] 비공개 인터뷰

[3] 지역 상인들이 에스파뇰 데 라 이슬라 데 쿠바 은행(Español de la Isla de Cuba)

을 설립했다. 이 은행은 기원이 카하 레알 데 데스쿠엔토스(Caja Real de Descuentos : 1854년 설립)까지 거슬러 올라간다. 1856년 에스파뇰 데 라 아바나(Español de La Havana) 은행으로 이름을 바꿨다. 1851년 필리핀의 식민지 총독 안토니오 데 우르비스톤도 이 에기아(Antonio de Urbiztondo y Eguia)는 필리핀 최초의 은행인 엘 방코 에스파뇰 필리피노 데 이사벨 Ⅱ(El Banco Español Filipino de Isabel Ⅱ) 설립을 지원했다. 1889년 이 은행은 이름을 엘 방코 에스파뇰 필리피노로 바꿨다가 1912년 필리핀 은행(Bank of Philippine Islands[Banco de las Islas Filipinas])으로 다시 한 번 더 이름을 바꿨다. 이 은행은 오늘날까지 운영되는 3개 은행 중 하나다. 1936년 푸에르토리코 포퓰라 은행(Banco Popular de Puerto Rico)이 1888년 설립된 푸에르토리코 에스파냐 은행(Banco Español de Puerto Rico)을 흡수했다.

4 대표사무소는 모은행의 연락 업무를 담당하지만 대표사무소만의 회계 장부가 없기 때문에 대출 업무를 담당하거나 예금을 유치하지는 못한다.

5 1905년 미국과 쿠바 투자가의 합작으로 설립된 트러스트 컴퍼니 오브 쿠바(Trust Company of Cuba)는 1952년 방코 델 코메르시오(Banco del Comercio)와 합병했다. 이 은행의 소유주는 스페인 출신의 파야(Falla) 가문이다.

6 자회사나 지사—소수 지분만 소유하는—가 지불 불능 상태가 돼도 모은행은 지불 능력이 있을 수 있고, 그 반대의 경우가 일어날 수도 있다.

7 대표사무소처럼 지점도 모은행의 일부이며, 모은행이 지불 불능 상태가 되지 않는 한 파산하지 않지만 모 은행이 파산하면 지점도 파산한다. 지점은 은행의 전체 자본 기반 내에서 거래를 해 이득을 창출한다. 은행은 외국 지사를 대개 재무 관리와 도매 금융, 그리고 기업 금융을 하는데 이용하며, 소매 금융 기지로 사용하는 경우는 거의 없다(Heinkel and Levi 1992).

8 배리 뉴먼(Barry Newman), '스페인 더욱 강력한 제휴를 통해 상업적 이득과 정치적 이익을 얻으려 하다.' 〈월스트리트 저널〉 1983년 5월 3일, p.36

9 이전 1년 사이에 로얄 뱅크 오브 캐나다와 뱅크 오브 아메리카는 도미니카 공화국에 있는 자회사를 현지 은행에 매각했다.

10 2006년 HSBC는 그루포 파이낸시에로 델 이스트모(Grupo Financiero del Istmo)를 매수했고, 파나마에 지점 42개를 냈다. 그리고 코스타리카, 온두라스, 콜롬비아, 엘살바도르, 니카라과 전역에 걸쳐 추가적으로 178개 지점을 열었다.

11 인터안디노 은행(Banco Interandino)은 뱅크 오브 아메리카의 지점이었다. 인터안디노 경영진은 외국 투자자에게 적대적인 알란 가르시아(Alan Garcia) 정권의 집권기에 뱅크 오브 아메리카가 페루에서 철수하기로 결정했을 때 뱅크 오브 아메리카로부터 은행을 아주 싼 값에 인수했다.

12 카라카스 은행은 네덜란드령 안틸레스 군도에 자회사가 있는데, 현재 산탄데르는 이를 처분하고 싶어 한다.

13 산탄데르는 아르헨티나에 있는 바네스토 방코 쇼(Banesto Banco Shaw)를 바나멕스에 팔았고, 바나멕스는 이를 그 자회사인 방코 델 수드(Banco del Sud)와 합쳤다. 나중에 시티은행이 바나멕스를 인수한 후, 방코 델 수드를 아르헨티나의 방코 마르코(Banco Marco)에 팔았다. 산탄데르는 또한 이전 이름이 방코 델 파시피코(Banco del Pacifico)였고 1991년 바네스토가 인수했던 바네스토 칠레(Banesto Chile)를 BHIF(Banco Hipotecario y de Fomento)에 매각했다. 그리고 BBVA가 나중에 이 은행을 인수했다.

14 존 탈리아부에(John Tagliabue), '라틴 아메리카에서의 스페인 FDI: 스페인, 자본을 쥐고 제국을 다시 찾다. 〈뉴욕 타임스〉 2003년 6월 29일 sec.3, p.4 col.1

15 〈익스판시온〉 2002년 1월 22일

16 인터뷰를 한 인물이 '멕시코 인'이라고 강조함

17 '수익성이 좋지 않은 라틴 아메리카 사업을 정리하고 더욱 확장해 나가다.' 〈뱅커〉 2002년 5월 1일

18 클라이브 하우드(Clive Horwood), '소매 금융의 명수 ' 〈유로머니〉 2005년 7월 1일

19 사실 산탄데르는 포퓰라 푸에르토리코 은행과 합작해 입찰을 했다. 포퓰라는 보유하고 있는 지점과 근접해 있지 않은 36개 지점(예금액의 3분의 2 정도)을 차지했고, 산탄데르는 기존의 포퓰라 지점과 경쟁을 하고 있던 지점을 얻었다.

20 인수 측은 둘 다 푸에르토리코 현지 은행이었다.

21 1907년 로얄 뱅크 오브 캐나다가 지점을 내면서 최초로 푸에르토리코에 진출했다. 1978년 로얄 뱅크 오브 캐나다는 산 후안 은행(Banco de San Juan)을 14개 지점과 함께 인수해 보유하고 있던 기존의 지점과 합쳤다. 오랫동안 푸에르토리코와 카리브 해 지역에서 영업을 했지만 1985년 모든 사업장을 매각하고 그 지역에서 빠져나갔다.

22 엣지 법(Edge Act) 기업은 연방 허가를 얻은 미국 기업으로 금융과 해외 무역에 관련된 국제 금융 거래만을 한다. 은행은 엣지 법에 의해 자회사를 만들어 국제 금융 서비스를 제공할 수 있다. 최근까지 미국 은행들은 법적으로 다른 주(州)에 서 지점을 설립할 수 없었다. 그래서 다른 주에서도 국제 업무를 할 수 있게 하는 엣지 법을 이용해 모자란 점을 부분적으로나마 보완하고 있다.

23 구매자는 코럴 게이블스(Coral Gables)에 기반을 둔 커머스뱅크 (Commercebank)로 미국에 거주하고 있는 베네수엘라 이주민이 주요 고객층이 다. 2005년 커머스뱅크는 사바델 은행의 마이애미 지점에서 예금계좌를 어느 정 도 인수했다.

24 산탄데르는 16억 달러를 받았는데, 이는 2000년 산탄데르가 은행 전체를 인수했 을 때 지불했던 것보다 약간 높다. 그래서 자본 이득을 7억 달러 정도 올렸다. 여 기에서 본 자본 이득으로 산탄데르는 핵심 자본 비율을 5.5퍼센트로 올릴 수 있 었다.

제6장. 제휴와 그 한계점

1 13개 회원 은행은 다음과 같다 : 아일랜드의 AIB 그룹, 스페인의 산탄데르 은행, 포르투갈의 에스피리토 산토 은행(Banco Espirito Santo of Portugal), 독일의 BHF, 프랑스 신용상업은행(Credit Commercial de France), 네덜란드의 ING, 이 탈리아의 인스티투토 방카리오 상파울루 데 토리노(Instituto Bancario San Paolo de Torino), 벨기에의 크레디트방크(Kredietbank), 핀란드의 메리타 은행(Merita Bank of Finland), 그리스의 내셔널 뱅크(National Bank of Greece), 스웨덴의 노 르드방켄(Nordbanken), 스코틀랜드 왕립은행(RBS), 덴마크의 유니뱅크 (Unibank)다. RBS 산하 은행인 윌리엄&글린(William & Glynn's Bank)이 5개 창 립 은행 중 하나였다.

2 1990년 크레디 리요네는 산탄데르의 자회사로 마드리드 주변에 지점을 100개 정 도 보유하고 있던 코메르시알 에스파뇰 은행(Banco Comercial Español)을 샀다. 스페인 은행 2개를 인수하면서 크레디 리요네는 사실상 히스파노 아메리카노와 맺었던 제휴를 끝냈다. 하지만 당시 크레디 리요네는 너무 공격적인 해외 팽창으 로 인해 재정상에 어려움을 겪고 있던 상황이었다. 결국 국가의 구제 금융 기준에 맞추기 위해 인수했던 외국 기업을 매각해야 했다. 그렇게 처리한 많은 기업 중에

호베르 은행과 현 크레디 리요네 에스파냐를 카하 마드리드와 카하 두에로(Caja Duero)에 매각했다(Tschoegl 2003).

3 T. Burns and S. Iskander, 'SG 스페인과 제휴를 맺다' 〈파이낸셜 타임즈〉 2000년 2월 1일

4 Ian McConnell, '왕실 화장 크림에 스페인 산 파리는 없다' 〈헤럴드〉 2000년 2월 18일

5 〈유로머니〉 2005년 7월 1일

6 'BSCH, 코메르츠방크 지분율 올리지 않다' 〈리테일 뱅커 인터내셔널〉 2000년 10월 31일

7 '보틴, 국제 합병에 이점이 없다고 보다' 〈로이터 뉴스〉 2000년 1월 31일

8 Ibid.

제7장 다시 유럽으로

1 "Una vez culminada su expansión por Latinoamérica y cerrada la salida del First Union, el Santander 'afronta,' en palabras de su presidente, 'los desafíos y las oportunidades que va a suponer la Unión Económica y Monetaria Europea. En este posicionamiento estratégico frente al euro es fundamental el reforzamiento de los recursos propios del grupo "

2 1863년 뱅크 오브 런던 앤 사우스 아메리카(Bank of London and South America)가 리스본에 지점을 설립한 이후로 로이드는 포르투갈에서 영업을 해왔다. 크레디 리요네에 속한 크레디 프랑코 포르투기스(Crédit Franco Portugues)는 1892년 이래로 리스본에서 영업을 했다.

3 셰미칼 은행은 1975년 혁명 이후 포르투갈이 외국 은행의 진입을 허용하고 나서 맨 처음으로 1984년 메뉴팩처러스 하노버(Manufacturers Hanover)가 설립한 은행이었다.

4 산탄데르는 현재 스페인어, 영어, 포르투갈어, 그리고 브라질 포르투갈어를 공식 언어로 채택하고 있다.

5 소문에 의하면 아놀드는 UBS의 회장이었던 마르셀 오스펠(Marcel Ospel)과 싸워서 사이가 틀어진 후 UBS 최고 경영자 자리에서 축출되었다고 한다.

6 이 단락은 하우드(Horwood)의 보도를 많이 참고했다.

7 알프레도 시엔즈와의 인터뷰, 2006년 10월 3, 4일

8 〈파이낸셜 타임즈〉 2004년 10월 15일 p.21

제8장 경영 방식, 경영 구조, 경영 승계

1 이 부분의 논쟁과 반론에 대한 비평은 Galve Gorriz and Salas Fumas(2003) 참조.

2 〈악추알리다드 이코노미카(Actualidad Economica)〉 1995년 11월 27일; 〈엘 파이스〉 1999년 1월 16일

3 가장 신랄한 비평은 라파엘 페레스 에스콜라르(Rafael Perez Escolar)에게서 나왔다. 그는 에스파냐 은행이 바네스토를 인수하기 전 바네스토의 이사로 있으며 사기죄로 유죄 판결(10년 복역을 선고 받음)을 받았다. 또 2001년과 2005년 사이에 아무사테기와 코르코스테기에게 지급된 해직 수당 문제로 에밀리오 보틴이 몇 차례에 걸쳐 심각한 법정 소송에 휘말리게 만든 인물이기도 하다. 그의 회고록(〈Memorias〉 2005)은 에스파냐 은행과 에밀리오 보틴에 대한 터무니없는 비판으로 가득하다. 몇몇 저널리스트들도 보틴이 선정주의와 음모 이론을 사용한다며 비난하기도 했다(Almiron 2003; Novoa 2003). 2005년 말, 보틴에게 제기되어 있던 기소와 소송 건 모두가 기각됐다.

4 〈유로머니〉 1995년 1월; 〈엘 파이스〉 2002년 2월 3일

5 〈엘 파이스〉 1999년 2월 23일. SCH의 홍보 이사 루이스 아브릴의 이야기는 다르다. 그에 의하면 아나 파트리시아 보틴은 〈엘 파이스 세미날〉 기사에 적극적으로 협조했으며, 다만 커버에 싣지는 말아달라고 요청했으나 받아들여지지 않았다. Garcia de la Granja (2005, 187–88)참조.

6 보틴은 아스나르가 총리에 선출되기 전부터도 그의 경제 정책을 옹호했고, 이에 관련된 무엇인가가 당시 재직 중이던 펠리페 곤살레스 총리의 심기를 건드렸다(〈엘 파이스〉 1996년 1월 30일; 〈익스판시온〉 2001년 7월 27일 참조).

7 〈엘 문도〉 2000년 3월 10일; 〈리테일 뱅커 인터내셔널〉 2001년 6월 27일; 〈라 방구아르디아(La Vanguardia)〉 2001년 6월 27일; 〈엘 파이스〉 2001년 6월 27일; 〈비즈니스 위크〉 2002년 3월 4일 참조)

8 몇몇 언론은 산탄데르가 가족 주도 방식으로 회귀하는데 아주 강한 거부 반응을 보였다. 〈뱅커〉는 사설을 통해 다음과 같이 논평했다. "뱅커는 아나 파트리시아 보틴이 SCH를 위해 사퇴할 것을 요구한다. 아나 파트리시아의 자격에 대해 논의

하려는 것이 아니다. 아나 파트리시아에게 죄가 있다면 그의 성이 '보틴'이라는 것뿐이다. 하지만 [앤론과 월드컴 사건 이후] 오늘날의 세계는 정실주의가 기업 경영을 위협할 경우 이를 용인할 수 없다." (〈뱅커〉 2002년 5월 1일)

9 2004년 8월 1일 〈선데이 텔레그라프(Sunday Telegraph)〉, 〈선데이 타임스 (Sunday Times)〉, 〈선데이 헤럴드(Sunday Herald)〉, 〈익스프레스 온 선데이 (Express on Sunday)〉, 〈데일리 메일(Daily Mail)〉, 〈옵저버(the Observer)〉, 〈EIU-비즈니스 유럽(EIU-Business Europe)〉 참조. 〈미러(Mirror)〉 2002년 8월 4일; 〈인디펜던트 온 선데이(Independence on Sunday)〉 2004년 8월 5일; 〈더 헤럴드(The Herald)〉 2004년 8월 7일 〈데일리 메일(Daily Mail)〉 2004년 8월 8일; 〈스코틀랜드 온 선데이(Scotland on Sunday)〉와 〈옵저버〉 2004년 8월 15일; 〈더 타임즈(The Times)〉 2004년 8월 24일; 〈인디펜던스〉, 〈더 헤럴드〉, 〈가디언 (Guardian)〉 2004년 8월 26일; 〈데일리 텔레그라프〉 2004년 9월 8일 참조.

10 〈인디펜던트〉 2004년 7월 25일; 〈익스프레스 온 선데이〉 2001년 8월 1일; 〈더 가디언〉 2004년 8월 16일; 〈데일리 텔레그라프〉 2004년 8월 12일; 〈파이낸셜 타임스〉 2004년 8월 14일, 2004년 8월 15일, 22일, 2004년 10월 3일; 〈선데이 타임스〉 2004년 9월 19일 참조. 이 중 〈더 타임즈〉(2004년 7월 24일)가 가장 신랄하다. 〈더 타임즈〉는 다음과 같이 보도했다. "그들은 산탄데르 센트랄 히스파노에 있지만 아마도 런던에서 현재 실행되고 있는 포스트 힉스(post-Higgsian) 기업 경영에 있어 가장 최근의 발전사항을 반영하지 않고 있다. 회장인 에밀리오 보틴은 동생인 하이미가 이사회에서 물러나는 것에 대해 어떻게 생각하느냐는 질문에 '괜찮소. 내 아들(하비에르)이 하이미의 자리를 대신할 겁니다'라고 대답했다."

11 〈유로머니〉 2004년 9월. 〈코퍼릿 카운슬(Corporate Counsel)〉 2005년 9월 1일 참조

12 〈디미너(Deminor)〉 등급, 기업 경영 등급과 투자자 보고서: 산탄데르 센트랄 히스파노 SA(2006년 4월 7일), p.2

13 스페인 공산당 노동조합의 공식지인 CCOO: 〈가세타 신디컬(Gaceta Sindical - 디지털판)〉 129(2001년 4월 19일): 3,www.ccoo.es 그리고 사회주의 노조 UGT, 유니온 174(1998):19 참조

14 아나 파트리시아 보틴의 형제 중 에밀리오 보틴 4세와 하비에르 보틴만 금융계에 종사하고 있다. 에밀리오는 뱅커스 트러스트(Bankers Trust)에서 일하다가 산

탄데르로 돌아와 1998년까지 일했다. 그는 1990년 산탄데르의 이사가 됐다. 그 후 에밀리오는 헤지펀드 회사를 세웠다.

15 〈엘 파이스〉 2002년 2월 14일; 2004년 11월 8일; 〈나이트 라이더 트리뷴 비즈니스 뉴스(Knight Ridder Tribune Business News)〉 2002년 2월 17일; 〈파이낸셜 타임즈〉 2002년 2월 22일; 〈BBC〉 2004년 10월 6일 참조

16 〈파이낸셜 타임즈〉 2002년 3월 25일; 〈이코노미스트〉 2002년 4월 6일 참조. 이런 도전을 할 때 생기는 어려움과 답답함의 정서가 〈월스트리스 저널〉(2004년 5월 10일)에 나타나 있다. 스페인에서 가장 수익이 좋은 은행을 만들겠다고 한 부친의 공약에 대해 어떻게 생각하느냐고 묻는 독일 기자에게 아나 파트리시아 보틴은 다음과 같이 대답했다고 한다. "제가 기자님 아버지는 훌륭한 기자냐고 물어봤나요?"

제9장 세계적 그룹의 미래

1 La banca es un negocio difícil, hecho de prudencia y paciencia, enel que no se puede nunca bajar la guardia."

2 〈도표 9.3〉에 나온 것과 같이 우리는 어떤 사건이 일어난 날 후 5일까지 새롭게 발표된 것이 있었는지 조사했다. 인수, 제휴, 배당금 지급, 재무 실적 발표, 정부와 체결된 주요 계약 건, 또는 새로운 제품이나 서비스 출시 등과 같은 사건에 대한 신문이나 뉴스 출처 등을 조사했다. 이 모든 사건이 주식 가격에 영향을 미칠 수 있는 것들이다. 우리는 소버린 뱅코프 지분을 일부 인수했을 때와 같이 잠재적으로 혼란스러운 사건은 분기별 재정 상태 발표가 있고 이틀이 지난 후 발생했다는 점을 발견했다. 그러므로 이 경우 1일 후 반응이 3일, 5일 후 반응보다 더 적절하다고 볼 수 있겠다.

3 〈익스판시온〉 1999년 2월 24일

4 초기 기간 동안의 언론 보도 사례는 〈이코노미스트〉 1994년 4월 30일, 1996년 12월 14일; 〈파이낸셜 타임즈〉 1995년 6월 30일, 1998년 10월 20일; 〈월스트리트 저널〉 1996년 5월 23일; 〈월스트리트 저널 유럽〉 1996년 5월 24일 참조

5 〈이코노미스트〉 2002년 1월 5일; 〈파이낸셜 타임즈〉 2002년 2월 1일, 9월 3일, 10월 8일, 10월 31일, 11월18일; 월〈스트리트 저널〉 2002년 7월 23일, 8월 14일, 9월 29일 참조

| BIBLIOGRAPHY |

Archives and Libraries

Banco de España, Library, Madrid.
Biblioteca Nacional, Madrid.
Comisión Económica para América Latina (CEPAL), Buenos Aires.
Comisión Nacional del Mercado de Valores, Library, Madrid.
Fundación Fondo para la Investigación Económica y Social, Library, Madrid.
Instituto Nacional de Industria, Library and Archives, Madrid.
Ministerio de Economía y Hacienda, Biblioteca, Madrid.
New York Public Library, New York City.

Interviews

Argentina

Juan Miguel Arranz, Vice President, Santander Investment, Buenos Aires, 7 May 1998

Rodolfo A. Corvi, Assistant General Manager, BBV Banco Francés, Buenos Aires, 7 May 1998

Carlos M. Fedrigotti, President, Citibank Argentina, Buenos Aires, 8 May 1998

Fernando Fragueiro, Dean, Instituto de Altos Estudios Empresariales, Buenos Aires, 4 October 1998

Ricardo Augusto Gallo, Vice President, Banco de Boston, Buenos Aires, 22 March 1995

Julio J. Gómez, President, Asociación de Bancos de la República Argentina, Buenos Aires, 8 May 1998

Alejandro Henke, Deputy Director, Superintendency of Financial Institutions, Banco Central de la República Argentina, 7 May 1998

Enrique Ruete, CEO, Banco Roberts, Buenos Aires, 22 March 1995

Gloria Sorensen, Staff Economist, BBV Banco Francés, Buenos Aires, 7 May 1998

Brazil

Angelim Curiel, Director for Latin America, Citigroup, São Paulo, 9 February, 2006

Jean Philippe Leroy, Managing Director, Bradesco, São Paulo, 10 February, 2006

Gabriel Jaramillo, President, Santander Banespa, São Paulo, 9 February 2006

José Paiva Ferreira, Executive Vice President, Santander Banespa, São Paulo, 10 February 2006

Walter Piacsek, Manager, Banco Safra, São Paulo, 10 February 2006

Caio C. O. Ribeiro, Manager, Santander Banespa, São Paulo, 10 February 2006

Sérgio Ribeiro da Costa Werlang, Executive Director, Banco Itaú, São Paulo, 9 February 2006

Luiz Simione, Manager, Santander Banespa, São Paulo, 10 February 2006

Veronica Valente Dantas, Partner, Opportunity, Rio de Janeiro, 6 February 2006

Chile

Claudio Chamorro, Research Director, Superintendencia de Bancos e Instituciones Financieras, Santiago, 6 May 1998

Guillermo LeFort, Banco Central de Chile, Santiago, 4 May 1998

Francisco León, Citibank, Santiago, 5 May 1998

Ernesto Livacic, Superintendencia de Bancos e Instituciones Financieras, Santiago, 4 May 1998

Raimundo Monje, Chief Financial Officer, Banco Santander, Santiago, 5 May 1998

Arturo Tagle, Adjunct to the President, Banco de Chile, Santiago, 6 May 1998

Mexico

Alejandro Díaz de León Carrillo, Deputy Director, Financial Sector Analysis, Bank of Mexico, Mexico, DF, 13 May 1998

Carlos García Fernández, Director General of Foreign Investment, Secretaría de Comercio y Finanzas, México, DF, 13 May 1988

Javier Gavito Mohar, Vice President, Comisión Nacional Bancaria y de Valores, Mexico, DF, 13 May 1998

Gabriel Kuri, Grupo Santander Mexicano, Mexico, DF, 14 May 1998

Miguel Navas Moreno, Director, BBV, Mexico, DF, 14 May 1998

Gerardo Vargas Ateca, Operations Director, Fondo Bancario de Protección al Ahorro, México, DF, 15 May 1998

Spain

Luis Abril, former Director of Communications, Santander Central Hispano, Madrid, 9 March 2006

Víctor Barallat, Director of Strategy and Investor Relations, Banco Santander, Madrid, 25 June 1998

Ana Patricia Botín, President, Banesto, Madrid, 30 November 2004

Ángel Corcóstegui, CEO and Vice President, Banco Central Hispano, Madrid, 17 June 1998

Fernando Delage, Director of the Training Center, Casa Asia, Madrid, 28 April 2006

Fernando González Urbaneja, President, Asociaciación de la Prensa, Madrid, 3 February 2006

Keith·Grant, former Communications Manager at Abbey National Bank and at Banco Santander, Madrid, 6 March 2006

Francisco Martín, General Director, Banco Santander, Cambridge, Mass., 27 April 1994

Miguel Angel Noceda, Director of the Economy Section, *El País*, Madrid, 8 March 2006

Carmen Posadas, writer, Madrid, 7 March 2006

Jaime Requeijo, Vice President, Banco Zaragozano, 14 June 1995

Juan Rodríguez Inciarte, General Director, Banco Santander, Cambridge, Mass., 27 April 1994

Alfredo Sáenz, CEO, Banco Santander, Madrid, 4 October 2006

United Kingdom

Paul Beckett, *Wall Street Journal*, London, 26 April 2006

Fiona Maharg Bravo, journalist, breakingviews.com, London, 26 April 2006

Francisco Gómez Roldán, President, Santander Abbey, London, 25 April 2006

Kato Mukuru, Stock Research Analyst, Citigroup, London, 25 April 2006

Michael Verdin, journalist, breakingviews.com, London, 26 April 2006

Secondary Sources

Almirón, Núria. 2003. *Juicio al poder: El pulso de la justicia con el BSCH*. Madrid: Temas de Hoy.

Alvarez Junco, José. 2001. *Mater dolorosa: La idea de España en el siglo XIX*. Madrid: Taurus.

Alvarez Llano, Roberto, and José Miguel Andreu García. 1986. *Una historia de la banca privada en España*. 2 vols. Madrid: Orbis.

Amsden, A. H. 1989. *Asia's Next Giant: South Korea and Late Industrialization*. New York: Oxford University Press.

Anderson, R. C., and D. M. Reeb. 2003. "Founding Family Ownership and Firm Performance: Evidence from the S&P 500." *Journal of Finance* 59: 1301–29.

———. 2004. "Board Composition: Balancing Family Influence in S&P 500 Firms." *Administrative Science Quarterly* 49 (2): 209–37.

Bartelsman, E. J., and M. Doms. 2000. "Understanding Productivity: Lessons from Longitudinal Microdata." *Journal of Economic Literature* 38 (3) (September): 569–94.

Benedict, B. 1968. "Family Firms and Economic Development." *Southwestern Journal of Anthropology* 24 (1) (Spring): 1–19.

Bendix, Reinhard. [1956] 2001. *Work and Authority in Industry*. New Brunswick, N.J.: Transaction.

Cardoso, Fernando Henrique, and Enzo Faletto. [1973] 1979. *Dependency and Development in Latin America*. Berkeley: University of California Press.

Casanova, Lourdes. 2002. "Lazos de familia: La inversión española en América Latina." *Foreign Affairs en Español* (Web edition, Summer issue). www.foreignaffairs-esp.org.

Casilda Béjar, Ramón. 1997. *La banca española: Análisis y evolución*. Madrid: Pirámide.

Chandler, Alfred D. 1990. *Scale and Scope*. Cambridge, Mass.: Harvard University Press.

Choi, S.-R., D. Park, and A. E. Tschoegl. 1996. "Banks and the World's Major Banking Centers, 1990." *Weltwirtschaftliches Archiv* 123 (4): 774–93.

————. 2003. "Banks and the World's Major Banking Centers, 2000." *Weltwirtschaftliches Archiv* 139 (3): 550–68.

Choi, S.-R., A. E. Tschoegl, and C.-W. Yu. 1986. "Banks and the World's Major Financial Centers, 1970–1980." *Weltwirtschaftliches Archiv* 122 (1): 48–64.

Church, Roy. 1993. "The Family Firm in Industrial Capitalism: International Perspectives on Hypotheses and History." *Business History* 35 (4) (October): 17–43.

Claessens, S., A. Demirgüç-Kunt, and H. Huizinga. 2001. "How Does Foreign Entry Affect Domestic Banking Markets?" *Journal of Banking and Finance* 25: 891–911.

Claessens, S., and M. Jansen, eds. 2000. *The Internationalization of Financial Services: Issues and Lessons for Developing Countries*. Boston: Kluwer Academic Press.

Colli, Andrea, and Mary B. Rose. 2003. "Family Firms in Comparative Perspective." In *Business History around the World*, edited by Franco Amatori and Geoffrey Jones, pp. 339–52. Cambridge: Cambridge University Press.

Cuervo, Alvaro. 1988. *La crisis bancaria en España, 1977–1985* Barcelona: Ariel.

Davis, James H., F. David Schoorman, and L. Donaldson. 1997. "Toward a Stewardship Theory of Management." *Academy of Management Review* 22 (1): 20–47.

de Gregorio, J., and P. Guidotti. 1995. "Financial Development and Economic Growth." *World Development* 23 (3): 433–48.

de Paula, L. F. R. 2002. "Expansion Strategies of European Banks to Brazil and Their Impacts on the Brazilian Banking Sector." *Latin American Business Review* 3 (4): 59–91.

Deeg, Richard E. 1999. *Finance Capitalism Unveiled: Banks and the German Political Economy*. Ann Arbor: University of Michigan Press.

Demirgüç-Kunt, A., and H. Huizinga. 1999. "Determinants of commercial bank interest margins and profitability: Some international evidence." *World Bank Economic Review* 13 (2): 379–408.

Denis, D. J., D. K. Denis, and K. Yost. 2002. "Global Diversification, Industrial Diversification, and Firm Value." *Journal of Finance* 57 (5): 1951–79.

Dietsch, M., and A. Lozano Vivas. 1996. "How the Environment Determines the Efficiency of Banks: A Comparison between French and Spanish Banking." Wharton Financial Institutions Center Working Paper No. 97-29.

Dopico, L. G., and J. A. Wilcox. 2002. "Openness, Profit Opportunities and Foreign Banking." *Journal of Financial Markets, Institutions, and Money* 12 (4–5): 299–320.

Doukas, J. A., and O. B. Kan. 2006. "Does Global Diversification Destroy Firm Value?" *Journal of International Business Studies* 37: 352–71.

Doz, Y. L. 1996. "The Evolution of Cooperation in Strategic Alliances: Initial Conditions or Learning Processes?" *Strategic Management Journal* 17: 55–83.

Dufey, G., and B. Yeung. 1993. "The impact of EC 92 on European banking." *Journal of Financial Management* 2 (3–4): 11–31.

Echenique Gordillo, Rodrigo, and Joan-David Grimà Térre. 2001. "Rentabilizar las inversiones industriales: Estrategia del Santander Central Hispano." *Economía Industrial* 341: 79–82.

Eisenmann, Thomas, R., G. Parker, and M. van Alstyne. 2006. "Strategies for Two-Sided Markets." *Harvard Business Review* 84 (10): 92–101.

Engwall, L, and M. Wallenstäl. 1988. "Tit for Tat in Small Steps: The Internationalization of Swedish Banks." *Scandinavian Journal of Management* 4: 1147–55.

Evans, Peter. 1979. *Dependent Development*. Princeton, N.J.: Princeton University Press.

Fernández, Pablo, and José María Carabias. 2006. "Creación de valor para los accionistas del Banco Santander." Working paper. Madrid: IESE.

Fields, Karl J. 1995. *Enterprise and the State in Korea and Taiwan*. Ithaca, N.Y.: Cornell University Press.

Flowers, E. B. 1976. "Oligopolistic Reactions in European and Canadian Direct Investment in the United States." *Journal of International Business Studies* 7: 43–55.

Frank, André G. 1967. *Capitalism and Underdevelopment in Latin America*. New York: Monthly Review Press.

Fry, Maxwell J. 1995. *Money, Interest, and Banking in Economic Development*. Baltimore: Johns Hopkins University Press.

Galve Górriz, Carmen, and Vicente Salas Fumás. 2003. *La empresa familar en España: Fundamentos económicos y resultados* Madrid: Fundación BBVA.

García de la Granja, Pilar. 2005. "Luis Abril: El Comunicador." In *!Me equivoqué! Los grandes empresarios españoles nos cuentan sus mayores fracasos*, pp. 181–202. Barcelona: Planeta.

García-Herrero, Alica, and Francisco Vázquez. 2006. "International Diversification Gains and Home Bias in Banking." Working paper. Bank of Spain and International Monetary Fund.

García López, and José Ramón. 1994. "El sistema bancario español del siglo XIX." In *Lecturas de Historia Empresarial*, edited by Juan Hernández Andreu and José Luis García Ruiz, pp. 377–400. Madrid: Civitas.

García Ruiz, José Luis, and Gabriel Tortella. 1994. "Trayectorias divergentes, paralelas y convergentes: La historia del Banco Hispano Americano y del Banco Central, 1901–1965." In *Lecturas de Historia Empresarial*, edited by Juan Hernández Andreu and José Luis García Ruiz, pp. 401–27. Madrid: Civitas.

Gerschenkron, Alexander. 1962. *Economic Backwardness in Historical Perspective*. Cambridge, Mass.: Harvard University Press.

Goldstein, M., and P. Turner. 1996. "Banking Crises in Emerging Economies: Origins and Policy Options." BIS Economic Papers No. 46.

Gómez Escorial, Angel. 2004. *Los secretos de las fusiones*. Madrid: Cuadernos de Historia.

Gomez-Mejia, Luis R., Martin Larraza-Kintana, and Marianna Makri. 2003. "The Determinants of Executive Compensation in Family-Controlled Public Corporations." *Academy of Management Journal* 46 (2): 226–37.

González Urbaneja, Fernando. 1993. *Banca y poder*. Madrid: Espasa Hoy.

Grosse, R., and L. G. Goldberg. 1996. "The Boom and Bust of Latin American Lending, 1970–1992." *Journal of Economics and Business* 48, 285–98.

Grubel, G. H. 1977. "A Theory of Multinational Banking." *Banca Nazionale del Lavoro Quarterly Review* 123: 349–63.

Guillén, Mauro F. 2000. "Corporate Governance and Globalization: Is There Convergence across Countries?" *Advances in Comparative International Management* 13: 175–204.

———. 2001. *The Limits of Convergence: Globalization and Organizational Change in Argentina, South Korea, and Spain*. Princeton, N.J.: Princeton University Press.

———. 2005. *The Rise of Spanish Multinationals: European Business in the Global Economy*. Cambridge: Cambridge University Press.

Guillén, M., and A. E. Tschoegl. 2000. "The Internationalization of Retail Banking: The Case of the Spanish Banks in Latin America." *Transnational Corporations* 9 (3): 63–97.

———. 2002. "Banking on Gambling: Banks and Lottery-Linked Deposit Accounts." *Journal of Financial Services Research* 21 (3): 219–231.

Haggard, S., and C. H. Lee. 1993. "The Political Dimension of Finance in Economic Development." In *The Politics of Finance in Developing Countries*, edited by Stephan Haggard et al., pp. 3–20. Ithaca, N.Y.: Cornell University Press.

Haggard, S., and S. Maxfield. 1993. "Political Explanations of Financial Policy in Developing Countries." In *The Politics of Finance in Developing Countries*, edited by Stephan Haggard et al., pp. 293–325 Ithaca, N.Y.: Cornell University Press.

Heinkel, R. L., and M. D. Levi. 1992. "The Structure of International Banking." *Journal of International Money and Finance* 16: 251–72.

Hennart, J.-F. 1988. "A Transactions Costs Theory of Equity Joint Ventures." *Strategic Management Review* 9: 361–74.

Hernández Andreu, Juan. 2000. "Don Emilio Botín-Sanz de Sautuola y López: El banquero y la economía española." Unpublished manuscript.

Horwood, Clive. 2005. "The Masters of Retail Banking." *Euromoney*, July, pp. 52–55.

Hoyo Aparicio, Andrés. 1993. *Todo mudó de repente: El horizonte económico de la burguesía mercantil en Santander, 1820–1874* Santander: Universidad de Cantabria.

———. 2000. "Emilio Botín-Sanz de Sautuola y López (1903–1993)." In *Los 100 empresarios españoles del siglo XX*, edited by Eugenio Torres, pp. 398–402. Madrid: LID Editorial Empresarial.

Hymer, Stephen H. [1960] 1976. The International Operation of National Firms: A Study of Direct Investment Cambridge, Mass.: MIT Press.

Jacobsen, S. F., and A. E. Tschoegl. 1999. "The Norwegian Banks in the Nordic Consortia: A Case of International Strategic Alliances in Banking." *Industrial and Corporate Change* 8 (1): 137–65.

Jado Canales, Angel. 1957. "Fundación del Banco de Santander en el año 1857." In *Aportación al estudio de la historia económica de la Montaña*, pp. 613–47. Santander: Banco de Santander.

Johanson, J., and J. E. Vahlne. 1977. "The Internationalization Process of the Firm: A Model of Knowledge Development and Increasing Foreign Market Commitments." *Journal of International Business Studies* 9: 23–43.

Jones, Geoffrey. 1993. British Multinational Banking, 1830–1990. Oxford: Clarendon Press.

Jones, Geoffrey, and Mary B. Rose. 1993. "Family Capitalism." *Business History* 35 (4): 1–16.

Kerr, Clark, John T. Dunlop, Frederick Harbison, and Charles A. Myers. [1960] 1964. *Industrialism and Industrial Man* New York: Oxford University Press.

Kindleberger, Charles P. 1969. American Business Abroad. New Haven, Conn.: Yale University Press.

King, R., and R. Levine. 1993. "Finance and Growth: Schumpeter Might Be Right." *Quarterly Journal of Economics* 108 (3): 717–37.

Knickerbocker, Frederick. 1973. *Oligopolistic Reaction and Multinational Enterprise*. Boston: Division of Research, Harvard Business School.

Koford, K., and A. E. Tschoegl. 2005. "Foreign Banks in Bulgaria, 1875–2002." In *Capital Formation, Governance and Banking*, edited by E. Klein, pp. 179–206. Hauppauge, N.Y.: Nova Science.

Kogut, B. 1988. "Joint Ventures: Theoretical and Empirical Perspectives." *Strategic Management Journal* 9: 319–22.

La Porta, Rafael, Florencio Lopez-De-Silanes, and Andrei Shleifer. 2002. "Government Ownership of Banks." *Journal of Finance* 57 (1): 265–302.

Landes, D. S. 1951. "French Business and Businessmen in Social and Cultural Analysis." In *Modern France*, edited by E. Mead Earl, pp. 334–53. Princeton, N.J.: Princeton University Press.

———. 1993. "Bleichröders and Rothschilds: The Problem of Continuity in the Family Firm." *Family Business Review* 6 (1): 85–101.

———. 2006. *Dynasties: Fortunes and Misfortunes of the World's Greatest Family Businesses*. New York: Penguin Group.

Lazonick, William. 1991. *Business Organization and the Myth of the Market Economy*. Cambridge, Mass.: Harvard University Press.

Lewis, W. A. 1978. *The Evolution of the International Order*. Princeton, N.J.: Princeton University Press.

Lindgren, H. 2007. "Succession Strategies in a Large Family Business Group: The Case of the Swedish Wallenberg Family." Working paper. Stockholm: Stockholm School of Economics.

Linz, J. J. 1973. "Early State Building and Late Peripheral Nationalisms against the State: The Case of Spain." In *Building States and Nations*, vol. 2: *Analyses by Region*, edited by S. N. Eisenstadt and Stein Rokkan, pp. 32–116. Beverly Hills, Calif.: Sage.

Lopez-de-Silanes, F., and G. Zamarripa. 1995. "Deregulation and Privatization of Commercial Banking." *Revista de Análisis Económico* 10 (2): 113–64.

Loriaux, M. 1991. *France after Hegemony: International Change and Financial Reform*. Ithaca, N.Y.: Cornell University Press.

———. 1997a. "The End of Credit Activism in Interventionist States." In *Capital Ungoverned: Liberalizing Finance in Interventionist States*, edited by Michael Loriaux, pp. 1–16. Ithaca, N.Y.: Cornell University Press.

———, ed. 1997b. *Capital Ungoverned: Liberalizing Finance in Interventionist States*. Ithaca, N.Y.: Cornell University Press.

Maddison, A. 2001. *The World Economy: A Millennial Perspective*. Paris: OECD.

Mann, T. [1901] 1994. *Buddenbrooks: The Decline of a Family*. New York: Vintage International.

Marois, B., and T. Abdessemed. 1996. "Cross-Border Alliances in the French Banking Sector." *International Studies of Management and Organization* 26 (2): 38–58.

Márquez Dorsch, M., and J. Barbat Hernández. 2005. *Retratos de liderazgo*. Madrid: McGraw-Hill.

Martín Aceña, Pablo. 2007. *Banco Santander: 150 años de historia, 1857–2007*. Madrid: Banco Santander.

Martín Aceña, Pablo, and Francisco Comín. 1991. *INI: 50 años de industrialización en España*. Madrid: Espasa-Calpe.

Maudos, Joaquín, José Manuel Pastor, and Javier Quesada. 1997. "Technical Progress in Spanish Banking, 1985–1994." In *The Recent Evolution of Financial Systems*, edited by Jack Revell, pp. 214–45. London: Macmillan.

Mody, A. 1993. "Learning through Alliances." *Journal of Economic Behavior and Organization* 20: 151–70.

Montoya Melgar, Alfredo. 1975. *Ideología y lenguaje en las primeras leyes laborales de España*. Madrid: Civitas.

Mosley, L. 2006. "New Currency, New Constraints? The Euro and Government-Financial Market Relations." In *The Year of the Euro: The Cultural, Social, and Political Import of Europe's Common Currency*, edited by R. M. Fishman and A. M. Messina, pp. 186–211. Notre Dame, Ind.: Notre Dame University Press.

Muñoz, Juan. 1967. *El poder de la banca en España*. Madrid: ZYX.

Muñoz, Juan, Santiago Roldán, and Angel Serrano. 1978. *La internacionalización del capital en España, 1959–1977*. Madrid: Edicusa.

Nadal, J. 1975. *El fracaso de la revolución industrial en España, 1814–1913*. Barcelona: Ariel.

Nakamura, M., J. M. Shaver, and B. Yeung. 1996. "An Empirical Investigation of Joint Venture Dynamics: Evidence from U.S.-Japan Joint Ventures." *International Journal of Industrial Organization* 14: 521–41.

Novoa, Josep Manuel. 2003. *El botín de Botín*. Madrid: Foca.

O'Sullivan, M. 2000. *Contests for Corporate Control: Corporate Governance and Economic Performance in the United States and Germany*. New York: Oxford University Press.

OECD. 1995. "Financial Markets and Corporate Governance." *Financial Market Trends* 62: 13–35.

———. 1998. *Corporate Governance: Improving Competitiveness and Access to Capital in Global Markets*. Paris: Organization of Economic Cooperation and Development.

Pablo Torrente, Joaquín de. 2003. *45 Años de Economía en Libertad: 1958–2003*. Madrid: Actualidad Económica.

Papp, I. 2005. "Do Banking Crises Attract Foreign Banks?" *Journal of Emerging Markets* 10 (1): 42–50.

Pastor, J. M., S. A. Pérez, and J. Quesada. 2000. "The Opening of the Spanish Banking System: 1985–98." In *The Internationalization of Financial Services: Issues and Lessons for Developing Countries*, edited by S. Claessens and M. Jansen Boston: Kluwer Academic Press.

Pérez, Sofía. 1997. *Banking on Privilege: The Politics of Spanish Financial Reform*. Ithaca, N.Y.: Cornell University Press.

Pérez Escolar, Rafael. 2005. *Memorias*. Madrid: Foca.

Perotti, E. 1992. "Cross-Ownership as a Hostage Exchange to Support Collaboration." *Managerial and Decision Economics* 13: 45–54.

Porter, Michael E. 1980. *Competitive Strategy*. New York: Free Press.

Rivases, Jesús. 1988. *Los banqueros del PSOE*. Barcelona: Ediciones B.

Rodríguez, J. M. 1989. "The Crisis in Spanish Private Banks: An Empirical Analysis." *Rivista Internatinale di Scienze Economiche e Commerciali* 36 (10–11): 1033–55.

Rodríguez, Jesús, and Jorge Rivera. 1999. "La banquera de hierro." *El País Semanal* 1169 (21 February): 20–33.

Roe, M. J. 1993. "Some Differences in Corporate Structure in Germany, Japan, and the United States." *Yale Law Journal* 102: 1927–2003.

Roldán, Santiago, José Luis García Delgado, and Juan Muñoz. 1973. *La consolidación del capitalismo en España*. 2 vols. Madrid: Confederación Española de Cajas de Ahorro.

Ross, D. M. 1998. "European Banking Clubs in the 1960s." *Business and Economic History* 27: 353–66.

———. 2002. "Clubs and Consortia: European Banking Groups as Strategic Alliances." In *European Banks and the American Challenge*, edited by S. Battilossi and Y. Cassis, pp. 135–60. Oxford: Oxford University Press.

Rostow, W. W. 1960. *The Stages of Economic Growth: A Non-Communist Manifesto*. Cambridge: Cambridge University Press.

Sachs, J. 1993. *Poland's Jump to the Market Economy*. Cambridge, Mass.: MIT Press.

Sagardoy Bengoechea, Juan Antonio. 2006. *La evolución de las relaciones laborales en la empresa española, 1980–2005*. Madrid: Ediciones Cinca.

Schulz, H. 2005. "Foreign Banks in Mexico: New Conquistadors or Agents of Change?" University of Pennsylvania, unpublished manuscript.

Shleifer, A., and R. Vishny. 1986. "Large Shareholders and Corporate Control." *Journal of Political Economy* 94: 461–88.

Sjögren, H. 2006. "Family Capitalism within Big Business." *Scandinavian Economic History Review* 54 (2): 161–86.

Smith, R. C., and I. Walter. 2003. *Global Banking*. Oxford: Oxford University Press.

Snodgrass, D. R., and T. Biggs. 1996. *Industrialization and the Small Firm*. San Francisco, Calif.: International Center for Economic Growth.

Tamames, Ramón. 1977. *La oligarquía financiera en España*. Barcelona: Planeta.

———. 1986. *The Spanish Economy: An Introduction*. London: C. Hurst.

Tedde de Lorca, Pedro. 1974. "La banca privada española durante la Restauración, 1874–1914." In *La banca española en la Restauración*, vol. 1, edited by Gabriel Tortella, pp. 217–455. Madrid: Banco de España.

———. 1994. "La banca privada en España, 1830–1930." In *Introducción a la historia de la empresa*, edited by Gregorio Núñez and Luciano Segreto, pp. 176–89. Madrid: Abacus.

Tortella, G. 1994. *El desarrollo de la España contemporánea: Historia económica de los siglos XIX y XX*. Madrid: Alianza.

———. 1995. "The Hispanic American Connection in the Banco Hispano Americano of Madrid." In *Wirstchaft, Gesellschaft, Unternehmen: Festschrift fur Hans Pohl zum 60 Geburstag*, edited by W. Feldenkirchen, R. Schönert-Röhlk, and Günther Schulz, pp. 1179–85. *Vierteljahrschrift fur Sozial- und Wirtschaftsgeschichte*, Beiheft Nr. 120b. Stuttgart: Franz Steiner Verlag.

———. 2001. "Bank Mergers and Consolidation in Spanish History." In *A Century of Banking Consolidation in Europe*, edited by Manfred Pohl, Teresa Tortella, and Herman van der Wee, pp. 18–49. Aldershot: Ashgate-European Association of Banking History.

Tortella, G., and José Luis García Ruiz. 2003. "Banca y política durante el primer Franquismo." In *Los empresarios de Franco*, edited by Glicerio Sánchez Recio and Julio Tascón Fernández, pp. 67–99. Barcelona: Crítica.

Tortella, G., and Jordi Palafox. 1984. "Banking and Industry in Spain, 1918–1936." *Journal of European Economic History* 13 (2) (Fall): 81–111.

Tourani Rad, A., and L. Van Beek. 1999. "Market Valuation of European Bank Mergers." *European Management Journal* 15 (5): 532–40.

Tschoegl, A. E. 1987. "International Retail Banking as a Strategy: An Assessment." *Journal of International Business Studies* 19 (2): 67–88.

———. 2000. "Foreign Banks, International Banking Centers and Geography." *Financial Markets, Instruments and Institutions* 9 (1): 1–32.

———. 2002a. "FDI and Internationalization: Evidence from US Subsidiaries of Foreign Banks." *Journal of International Business Studies* 33 (4): 805–15.

———. 2002b. "The Internationalization of Singapore's Largest Banks." *Journal of Asian Business* 18 (1): 1–35.

———. 2003. Comment on "Determinants of Cross-Border Bank Mergers." In *Foreign Direct Investment in the Real and Financial Sector of Industrial Countries*, edited by H. Herrmann and R. Lipsey, pp. 349–63. Frankfurt: Deutsche Bundesbank.

———. 2004a. "'The World's Local Bank': HSBC's Expansion in the US, Canada and Mexico." *Latin American Business Review* 5 (4): 45–68.

———. 2004b. "Who Owns the Major US Subsidiaries of Foreign Banks? A Note." *Journal of International Financial Markets, Institutions and Money* 14 (3): 255–66.

———. 2005. "Financial Crises and the Presence of Foreign Banks." In *Systemic Financial Distress: Containment and Resolution*, edited by P. Honohan and L. Laeven, pp. 197–231. Cambridge: Cambridge University Press.

Tuñón de Lara, Manuel. 1984. "Progeso técnico y conciencia social, 1898–1936." In *España, 1898–1936: Estructuras y cambio*, edited by José Luis García Delgado, pp. 17–70. Madrid: Universidad Complutense.

Unal, H., and M. Navarro. 1999. "The Technical Process of Bank Privatization in Mexico." *Journal of Financial Services Research* 16 (1): 61–83.

UNCTAD (United Nations Conference on Trade and Development). 2003. *World Investment Report 2003: FDI Policies for Development* New York: United Nations.

———. 2004. *World Investment Report, 2004: The Shift towards Services*. New York: United Nations.

Villalonga, B., and R. Amit. 2006. "How Do Family Ownership, Management, and Control Affect Firm Value?" *Journal of Financial Economics* 80 (2): 385–417.

Walter, Ingo. 1988. *Global Competition in Financial Services*. Cambridge, Mass.: Harper and Row.

———. 1997. "Universal Banking: A Shareholder Value Perspective." *European Management Journal* 15 (4): 344–60.

———. 2004. *Mergers and Acquisitions in Banking and Finance*. Oxford: Oxford University Press.

Weber, Max. 1978. *Economy and Society*. Berkeley: University of California Press.

Tourani Rad, A., and L. Van Beek. 1999. "Market Valuation of European Bank Mergers." *European Management Journal* 15 (5): 532–40.

Tschoegl, A. E. 1987. "International Retail Banking as a Strategy: An Assessment." *Journal of International Business Studies* 19 (2): 67–88.

———. 2000. "Foreign Banks, International Banking Centers and Geography." *Financial Markets, Instruments and Institutions* 9 (1): 1–32.

———. 2002a. "FDI and Internationalization: Evidence from US Subsidiaries of Foreign Banks." *Journal of International Business Studies* 33 (4): 805–15.

———. 2002b. "The Internationalization of Singapore's Largest Banks." *Journal of Asian Business* 18 (1): 1–35.

———. 2003. Comment on "Determinants of Cross-Border Bank Mergers." In *Foreign Direct Investment in the Real and Financial Sector of Industrial Countries*, edited by H. Herrmann and R. Lipsey, pp. 349–63. Frankfurt: Deutsche Bundesbank.

———. 2004a. "'The World's Local Bank': HSBC's Expansion in the US, Canada and Mexico." *Latin American Business Review* 5 (4): 45–68.

———. 2004b. "Who Owns the Major US Subsidiaries of Foreign Banks? A Note." *Journal of International Financial Markets, Institutions and Money* 14 (3): 255–66.

———. 2005. "Financial Crises and the Presence of Foreign Banks." In *Systemic Financial Distress: Containment and Resolution*, edited by P. Honohan and L. Laeven, pp. 197–231. Cambridge: Cambridge University Press.

Tuñón de Lara, Manuel. 1984. "Progeso técnico y conciencia social, 1898–1936." In *España, 1898–1936: Estructuras y cambio*, edited by José Luis García Delgado, pp. 17–70. Madrid: Universidad Complutense.

Unal, H., and M. Navarro. 1999. "The Technical Process of Bank Privatization in Mexico." *Journal of Financial Services Research* 16 (1): 61–83.

UNCTAD (United Nations Conference on Trade and Development). 2003. *World Investment Report 2003: FDI Policies for Development* New York: United Nations.

———. 2004. *World Investment Report, 2004: The Shift towards Services*. New York: United Nations.

Villalonga, B., and R. Amit. 2006. "How Do Family Ownership, Management, and Control Affect Firm Value?" *Journal of Financial Economics* 80 (2): 385–417.

Walter, Ingo. 1988. *Global Competition in Financial Services*. Cambridge, Mass.: Harper and Row.

———. 1997. "Universal Banking: A Shareholder Value Perspective." *European Management Journal* 15 (4): 344–60.

———. 2004. *Mergers and Acquisitions in Banking and Finance*. Oxford: Oxford University Press.

Weber, Max. 1978. *Economy and Society*. Berkeley: University of California Press.

Weill, L. 2003. "Banking Efficiency in Transition Economies: The Role of Foreign Ownership." *Economics of Transition* 11 (3): 569–92.

Wolfe, T. 1979. *The Right Stuff*. New York: Farrar, Straus and Giroux.

Woo, Jung-En. 1991. *Race to the Swift: State and Finance in Korean Industrialization*. New York: Columbia University Press.

Yip, G. S. 1989. "Global Strategy ... in a World of Nations?" *Sloan Management Review* 31 (1): 29–41.

Zysman, J. 1983. *Governments, Markets, and Growth: Financial Systems and the politics of Industrial Change*. Ithaca, N.Y.: Cornell University Press.

옮긴이 **조은경**은 성균관대학교 번역/TESOL 대학원 번역학 석사과정을 졸업했으며, 현재 펍헙 번역그룹(www.pubhub.co.kr)에서 전문 번역가로 활동하고 있다. 우리말로 옮긴 책으로는 〈대포알 왕(The Cannonball King)〉〈높게 높게 낮게 낮게(High and Low)〉가 있으며, 그리고 〈입소문 마케팅(Word of Mouth Marketing)〉〈포괄적 스트레스 관리 (Comprehensive Stress Management)〉 출간을 앞두고 있다.

Building a Global Bank
산탄데르 은행

지은이 _ 마우로 기옌, 아드리안 최글

옮긴이 _ 조은경

펴낸이 _ 박영발

펴낸곳 _ W 미디어

등록 _ 제2005-000030호

초판 1쇄 인쇄 _ 2008년 11월 3일

초판 1쇄 발행 _ 2008년 11월 8일

주소 _ 서울 양천구 목동 907 현대월드타워 1905호

전화 _ 6678-0708

팩스 _ 6678-0309

ISBN 978-89-91761-22-3   03320

값 15,000원